方圆

海洛 著

文匯出版社

卷首的话

  人们日复一日地在平常的日子里品尝体味生活中的欢喜甜蜜或艰苦困顿的时候，或许并不会设想自己处于怎样的一个时代，风起云涌也好，波澜不惊也好，人们都将沿着时间这条唯一的轨道，走完自己的人生。只有当后人翻开历史的瞬间，才会赫然意识到，原来发生过的一切，都已被时光记载在册。

上卷 小世界

20 世纪 10—40 年代

第一节

周锦顺从镇西胡秀才的私塾下了课,正沿着河边的青石板路往父亲的裁缝铺走,忽然听到有人叫他的名字。回头看去,只见表叔惠宝刚从一只靠了边的橹船上跨下,正沿着石阶往上走,便停下脚步,站在岸上等他。

惠宝好几年前随亲戚从家乡棠坞去了上海,到一家叫"聚兴隆"的木器行做学徒,头三年里只回过一趟家,出师后留在店里做工的三四年里,也只在过年或中秋时才回乡。

锦顺听惠宝对父亲说过,木器行的老板姓朱名鸿兴,因面孔长得像老家无锡惠山的泥人,块头又大,人称朱阿福。朱老板在上海从学徒做到师父,后来自己在南市开了聚兴隆,从小店开大,发展到前店后工场,生意一年比一年兴旺。惠宝白天在店堂里当伙计,铺子打烊后到后面工场间接着做两个钟头木工活,才回朱老板家吃饭,每天洗刷打扫完后睡觉,平时家里买米买煤这些力气活,也包在惠宝身上。

从无锡到棠坞,机动船在漕河里只要开一个多钟头,摇橹船小半天也就到了,对在外的人来讲,老家隔这点路,就是同乡。朱老板对同乡一向多加关照,见惠宝性情温厚,满师后仍留他在自家吃住。惠宝平日没什么开销,拿了工钱后,将那点钱省下来,全部寄回家里。

这天早上,惠宝从上海乘上火车,近中午到了无锡,在码头问询后,搭上一条运货的机动船,在离棠坞不远处落船,又候到一只经过棠坞的橹船。刚上岸,正巧见到锦顺在河边走。

"不是过年过节,今天怎么回来了?"锦顺接过惠宝手上的布包,想着中秋节惠宝才回过一趟家,这才没过多久。

"老板差我到他老家办事,正好我娘托人带信说有东西要捎给我,我就顺道回来一趟。"天虽还没完全冷下来,惠宝的娘想到他早几年带去的棉衣已经很旧,他又不舍得花钱买,就让外甥周裁缝绗了件新的,等有人到上海时带过去,不然只好等惠宝过年时回家,才好让他穿去。

棠坞镇不大,两人一路说着话,没多久就到了周裁缝的铺子门口。

"爷叔,阿哥,"锦顺的弟弟锦荣正坐在门口的一张凳子上用手缝盘长脚纽用的细带子,见到他们二人,规规矩矩地开口招呼,却没有放下手上的活,只转过身,对正背着门站着、拿着烙铁熨衣服的周裁缝说道,"惠宝叔来了。"

周裁缝家祖上靠读书出过几任大小朝廷官员,在棠坞镇中央的棠溪河边买了个大宅院居住,还在镇东热闹地方买了个铺面收租。周家男丁不旺,周裁缝父亲是独子,生下他后就卧病在床。他娘只能陆续将值钱的东西都变卖了,换成求医问药的续命钱。到了他十来岁的时候,家里再没什么可卖,他娘动了镇东街面上铺子的脑筋,他爹却再三关照,铺子不能卖,留着可以收租过活用,只有一家三口搬到大宅旁的柴房里、将祖传的大宅卖掉,才是权宜之计。小镇上的铺子收不到多少租金,病人又不能不花钱,他娘不得已,停了他小学堂的学费,送他去学了门裁缝的手艺,因为住在师父家可以省去一个人的口粮。他吃了三年萝卜干饭,学成手艺回到棠坞镇,将自家铺面房收回来开了爿裁缝店。小裁缝人和气,手艺也不错,生意渐渐好起来。周裁缝的娘原指望他的喜事可以给家里带来好运,但他父亲还是每况愈下,没能活着见到两个孙子出世。

苏南地方自古好文,周裁缝心气又高,日子比以前好过些后,虽知道"荒年饿不死手艺人"的说法，还是想让自己的两个儿子做读书人，遂送了他们到镇西胡秀才开的私塾启蒙。老大锦顺功课好，深得胡秀才喜爱。老二锦荣虽也聪明伶俐，就是读不进书。周裁缝心疼学费，无奈之下，只能让锦荣辍了学，跟自己在铺子里学手艺。

从棠坞镇中央经过的棠溪河是胥河众多支流中的一条，只要天降暴雨，胥河水泛滥，总有田地被淹。胡秀才写了文章评议当地官员治水措施，托了在衙门为官的昔日同窗递给上头，却如石沉大海。后来胡秀才在街市无端遭人寻衅，除被警告不要不知好歹多管闲事，还吃了顿打。愤世嫉俗之下，胡秀才放弃乡试，在棠坞镇办起私塾，从此与官场无缘。因怕小辈为自己所累，他送了小儿子胡秉文到上海的新式学堂求学。胡秉文读大学期间回乡探亲，遇见锦顺，也不怕自己父亲不高兴，向周裁缝提议让锦顺从私塾退学，去上海读新学，将来和自己一样升读大学。

周裁缝为买缝纫机的事到上海去过两回，只见车站码头人来人往，白天人来人往热闹非凡的街道到了夜里，更是车水马龙，灯红酒绿。看到黄浦江边建起的气派非同寻常的高楼大厦和人们时髦光鲜的衣着，周裁缝心里暗想，儿子们应该到这样的大地方见世面、展身手，若是锦顺到上海读书做事先立住了脚，将来锦荣学成手艺，将铺子开到上海去，岂不正好。

见表弟惠宝和锦顺一同走进来，周裁缝忙将烙铁搁妥，掀起充当柜台的长桌尽头的一块板，叫惠宝到里面去坐，一边提起紫砂茶壶，倒了一盅茶递给惠宝。

"谢谢阿哥。"惠宝娘和周裁缝的娘是两姐妹，虽是小家女，从小也是礼数周到，故惠宝和周裁缝两个人平时说话总是彬彬有礼，也因此，两人都讨众人喜欢。他接过茶盅，道谢后一口气喝完，因一路行来实在渴得厉害，自己倒上一盅，喝干了，才又倒上一盅，将茶放在一张小桌上，在桌边坐下。

"在上海好吗？"这是周裁缝看到惠宝时的开场白。

"好的，这两年店里生意越来越好，工场间都快忙不过来了，老板还叫我回家时顺便问问，是不是有人想到上海去做生活，店堂间要找伙计，工场间也要招两个后生做学徒。"惠宝老老实实地回答道。

"那你就真得帮他问问，无锡周围想去上海做工的人多了，我们棠坞也有不少。"惠宝知道表哥说得不错，这几年上海日益兴旺，别说离得近的江浙，就连外国人也到那里寻发财的机会。

"惠宝，"周裁缝想起来什么，又开口说道，"将来锦顺到上海去读书时，还要靠你带他去了。"

"好的，什么时候要过去，阿哥你说一声，我回来带他。"惠宝知道表哥在棠坞镇上开裁缝铺，生意还过得去，负担一个儿子到上海读书应该没大问题，本来就想让锦顺早点和他爹说说看，现在听表哥先开口，他心里一阵高兴。他和锦顺虽辈分不同，年纪却只差几岁，两人从小在一起玩，要能在上海做伴相互照应，就太好了。

不过后来周锦顺真的去上海时，却不是如周裁缝先前和惠宝说的，到上海去读书。

第二节

朱阿福坐在客堂里的一张靠背太师椅上，从旁边的茶几上端起一把紫砂茶壶，对着壶嘴喝了口茶，见惠宝领着一个十五六岁的少年走进大门。

"老板，这就是我同你讲的表侄周锦顺。"惠宝将锦顺领进客堂，面对朱阿福，站在离门不远的地方。

周锦顺对朱老板鞠了一躬，站直身体后，又略低了头，像上课前在课堂上向胡秀才问好一般，口齿清晰地道了声"朱老板好"。

朱阿福"嗯"了一声，在不露声色中，打量了锦顺一下。和其他伙计新来时乱头粗服的模样完全不同，这是一个长得眉清目秀、举止彬彬有礼的后生，一头乌黑的短发梳得整整齐齐，穿一件新的宽大的灰布长衫，脚上的黑布鞋虽蒙了些灰尘，却看得出也是新的。

前不久朱老板刚回掉一个来了不久的店堂里的伙计。一年里他已回掉四个了。为生意上的事，朱老板不时要到外面跑，店里生意忙起来，惠宝带个小伙计应付不过来，朱老板就想招个得力的人，不论店里店外，还是柜台上、工场间，都可以充当自己的左膀右臂。

如此一个角色，在铺子里招呼客人，首先样貌要端正，又要回答客人问询，人要活络，笨嘴拙舌不行，油嘴滑舌也不行，逢到客人讨价还价时，既要懂客人心思，又要会算账。最起码，要做得到让客人开开心心买下自己本来打算买的东西；做得再好点，就要靠介绍使得客人心动，买下本来没计划要的东西，哪怕顺手多买一两件小器具；更高一筹，就是客人回去后，非但觉得买下来的东西物有所值，心里还惦记着眼里看到当场没有买下的货，回转头到店里再跑一趟。其实能做到这些已经很不容易了，还要在老板出去和供料的人谈事或出去给订做的木器量尺寸时，兼管工场间的事，这样的人实在不是轻易能觅得到的。

眼下，店里的师傅和伙计中，并没有这样一个可以挑大梁的人才。惠宝有手艺，人厚道可靠，也不失机灵，无论店里家里，替老板做个管家的角色是最理想的人选，可是要在店堂和工场间压住阵，还欠些魄力。朱老板更需要的，是一个可以里里外外一把抓的人。

他试了些人，不是完全不懂行、胡乱编派一通敷衍搪塞客人，就是老油条，老板在时一副卖力的样子，老板一走就偷懒样样靠惠宝。确定找一个现成的好伙计是奢望之后，朱老板打算不如趁早自己调教一个。

一方面，朱老板开始物色人选；另一方面，棠坞的周家出了状况。惠宝小心翼翼地向朱老板提起了表侄周锦顺。

他在棠坞做裁缝的表哥原先准备送儿子到上海读书，可天有不测风云，去年棠坞周围方圆百十里遭了水灾，田里几乎收成全无，镇上各个行当的生意跟着惨淡起来。周裁缝年纪不大，却得了一种病，无端端会头晕眼黑，轻的时候，忍一忍，最多坐下喝杯水，但发得厉害起来，转瞬间便天旋地转，非躺倒几日不可。胡秀才说，得这种病主要是耳水不均，光靠吃郎中的药不够，还需要宽心宁神，休息调养。每天不能弯腰低头做裁缝活太久，跟他学手艺的小儿子还嫩了点，不能将生意撑起来，表哥只好将上辈传下来的镇上的街面铺子租出去，给别人开了油盐杂货店，自己带了小儿子在家里接些老客人的活来慢慢做，收入大不如从前。大儿子锦顺年纪不大，心思却蛮老成，眼看父亲身体不好，弟弟还小，自己是老大，本应帮父母分担养家的责任，现在倒由稚嫩的弟弟帮着家里挣钱，心里不安，便说不去上海读书了，还是弃了学跟着父亲学手艺，等学成了将镇上的铺子收回，兄弟俩重起炉灶将裁缝铺开回去。表哥思前想后，还是觉得大儿子天资高，留在小地方实在有些可惜，坚持让他去上海读书。锦顺先是不肯，表哥想到家里的状况，要负担锦顺到上海的学费和生活开销确实困难，也退了一步，说到了上海可以暂时不读书，先找份合适的工作做起来，反正年纪还轻，等攒下些钱，家里境况也好些时，再进学校也不迟。锦顺这才答应他爹爹，跟惠宝到上海来试试。

听了惠宝对锦顺的一番介绍，朱老板心想，倒是个懂事也有孝心的孩子。

朱老板见过周裁缝两次。周裁缝到上海来，都由惠宝事先跟朱老板商量，能否让表哥到自己房里借宿，朱老板点了头他才住到惠宝那里的。后一次来，朱师母趁着周裁缝在家里住方便，请他为自己做过两件出客的衣服。朱师母按上海的行情付工钱给周裁缝时，他怎么也不肯收，说表弟一向受老板家照顾，自己到上海还来叨扰借宿，谢都来不及，要给工钱，下次就不敢再来。朱师母见周裁缝说得实诚，拿出一块缎子衣料送给他，让他带给周师母，周裁缝不好再推，再三谢过收下了。

朱老板在生意场中多年，看人自有一套。眼前的锦顺，不光长得端正，关键还在于他的眼神中透着一股清爽的灵气，朱老板一眼便看得中。不过从之前惠宝的介绍中，又知道锦顺心存继续读书的念头，恐他未必肯潜心学艺，而他更担心的是，这样一个人，即便学成，自己也留不住他。

这样一想，朱老板便打算给惠宝个面子，留锦顺住几日，再帮他荐份其他的工。好在锦顺有私塾的底子，识文断字的，要在上海找份工作不会特别难，那样既帮到锦顺，惠宝在棠坞的周裁缝那里也交代得过去。

"来了上海，就在我这里住下，找工作的事不急，明天先让惠宝带你到城隍庙大世界玩玩。今天在路上耽误吃中饭了吧？惠宝，带你侄子去厨房，有啥就随便吃点。"朱老板嘱咐道。

锦顺又鞠了一躬，谢了朱老板。

惠宝当下就明白了朱老板的用意。想想幸好在棠坞只是说带锦顺到上海找工作，没有说出让锦顺到自己做的店里试试的话，不然老板不留锦顺的话，自己在两头显得唐突倒也算了，只怕亲戚道里觉得自己讲大话。

惠宝领了锦顺去厨房，将碗橱里的一碗冷饭用开水泡了，两人就着点腌大头菜分着吃了，又带了他到自己住的房间，将他带来的一条薄被在临时搭起来的一块单人铺板上铺好。见时间还不算晚,就说带锦顺认一下从后门出去转到前弄堂回来的路。

第三节

　　锦顺由惠宝领着见朱老板时,朱师母在通客堂的走廊里站了一会儿。听锦顺说话斯斯文文的,不由得走上一步,从板壁后略探出头去打量他,这一看,朱师母心里不禁十分喜欢,只见锦顺不但面庞端正,五官精致,站姿举止言谈皆温文尔雅。
　　从朱老板的口气,朱师母听出他并不想留下锦顺。在惠宝他们去厨房后,她走到客堂里,在茶几另一边的一张靠背椅上坐下,看了朱老板一眼,故意问道:"你打算怎么安排这个后生?"
　　朱老板带些遗憾地轻声道:"囝是好囝,只怕留不住心,何况做木工赚不了快钱,还是读好书出息大,不留也罢。"
　　朱师母摇了摇头,不赞成朱老板的主意:"这样的好囝,就看你怎样留了。"
　　"那你是什么意思?"朱老板转脸看着他太太。
　　"看他的样子,必定聪明,我敢打包票,他一定学啥像啥。只要吃得起苦,就学得好手艺,若动手差些,你可以多教他些生意经,将来必派得上用场。"
　　朱老板平日蛮听太太的话,既然朱师母有心要将锦顺留下,他想不妨就称了她的心吧,却又添了句:"做体力活,他身体好像也单薄了些。"
　　朱师母听得出丈夫已松口,只是还有些这样那样的担心,笃定地说道:"三年学徒工做下来,身体就结实了。"

如此一来，朱老板便点了头。只是先前他已嘱咐惠宝带锦顺在上海玩两天，也不好改，晚上看见惠宝，让他隔天起领锦顺到工场间学艺。

锦顺到朱家的第一天就见到了朱老板的女儿玉莲。下午惠宝带他出去转了一圈回来，从天井跨进客堂时，她正从西面的房间出来，往客堂靠里一边的饭桌那里走。

"小姐。"惠宝笑着招呼。

玉莲闻声转过头来，叫了声"阿宝叔"，看了锦顺一眼，冲惠宝问道："你从无锡回来啦？"白天她陪小姐妹到百货公司去买东西，没有见到他们。

"唉，回来了。这是我表侄锦顺。"惠宝答应着拉了拉锦顺的手臂。

"小姐。"锦顺欠了欠身，学着惠宝的样子叫了声。

朱小姐留着齐耳短发，穿了件下摆刚过膝盖的湖水绿旗袍，个子不高，身材丰满，长得不算好看，看着却令人觉得蛮舒服的。

看锦顺年纪和自己相若，也许还小一些，举止却老成持重，不禁多打量他一下。见他一头新剪的短发显得精神利落，眉目间藏着秀气，一声"小姐"的调子也是软糯好听，玉莲竟有些腼腆起来，涨红了脸应了声，一时不知说什么好，转脸看到她母亲站在饭桌边，父亲也正从房间走出来，就赶紧过去和她爹娘一起吃饭。

当天晚上，锦顺就将周裁缝特地为他做的新长衫掸净，折好，收了起来，换上平时穿的短衫长裤。周裁缝说出门要有件像样的衣服，又知道做学徒没什么机会穿长衫，就将新衣服做得稍长大些。锦顺还没完全发育，即使个子再长高些，几年里还是可以穿出去，实在小了，成色也不会太旧，可以传给锦荣穿。

窗口的蓝布窗帘后透出亮光，惠宝掀开被子下了床。他不用看钟头，每天到点就会醒来。

锦顺睁开眼，坐了起来问道："爷叔，到起来的时间了吧？"

"今天你跟我去，过几天就要自己去了。"新到的学徒都是要先负责早上开门迎客前去老虎灶泡开水，洒扫庭除的。

出了小间的门，就是厨房。有几根麻绳绕过厨房顶头的横档，垂下打结做成圈，挂上两头弯的铁钩，每个铁钩上都挂着个篮子。惠宝取下一个密实的大藤篮，从里面拿出个盖了块白布的小箩筐，在桌上倒转来，将里面的几块发糕扣在白布上，又放进一个装了几根萝卜干的玻璃瓶，对着角将布扎成一个小包袱，带上锦顺去店里。

从朱老板家到店里路不远，走一刻钟左右就到了。蛋格路踩上去没有棠坞镇上的青石板路舒服，不过锦顺慢慢也就习惯了。

朱老板说过让锦顺留下的话后，惠宝就将朱老板关照的事和锦顺说了说。学徒三年，住在老板家里，早上和中午带干粮到工场间去，晚上回家里吃饭。出师后如果老板留用，就开始拿工钱。平时伙食由朱师母管，她会在厨房给叔侄俩留好当晚和第二天早上的吃食。

惠宝和锦顺一起在煤炉边一张靠墙的小方桌边坐下吃晚饭。"饭菜总是管饱的，荤菜一个星期吃一回。在朱老板这里，比在外面当学徒不知好了多少。"锦顺家虽不是大富大贵，日子总还算过得去，惠宝担心他嫌这里的饮食寡淡。

锦顺咽下嘴里的粥，夹了一筷子腌菜，淡定地回了句："我听到过我爹爹讲他学徒时的事。"他爹时常说起当年自己学徒时的苦日子，还给家里人学大家都唱过的《糟冬瓜坏冬瓜》，在无锡常州一带的方言里，"冬瓜"和"东家"说起来差不多。

"但是我爹爹说学徒工都是要替帮老板家做家务事的。"没听惠宝再说有其他要做，锦顺有些疑惑地加了句。

"做什么老板自有安排，你不要去问，记住，老板叫你做什么就做，不懂的事，可以来问我。"惠宝从学徒开始就住在朱老板家，

13

朱家的杂活一直由他做，他天生耐心，虽是个尚未成家的年轻男子，却能将粗活做得十分细致。一住好几年，他对每一年里和每一天里的什么时候该做什么事，心里煞清，不用朱师母操半点心，资格也老许多。朱老板对惠宝放心，却觉得他性格太过温和，做不了大事，即使再值得信任，也没办法撑起一爿店。倒是朱师母再三讲，家里换了任何人都不可能仔细到惠宝这个程度，她完全将他当成自家的管家婆来看待。

朱老板最早的打算，是让锦顺浅浅地学些手工技艺，先入了门，自己再着重教他做生意的门道，将来主要在店堂里招呼客人。让他学些木工常识，无非是为了向客人介绍店里货物、招揽生意用的。

怎知锦顺一踏进工场间，看到一块木料在师傅们手中切割打磨成木器的部件，又合拢连接起来，成为一件器具，不由得两眼发光，竟然入了迷似的站在那里半天一动不动。朱老板将这情景看在眼里，顿时觉得锦顺和其他被家里硬送来学艺的愣头愣脑的年轻人不同，决定破例一开头就由自己亲自传授手艺。朱老板的破例，还包括了不要锦顺这个新来的学徒接替惠宝做家里的杂活。

锦顺天资聪明，又有私塾底子，识别工具、木料自然一点不在话下，测量标记更是十分精准，劈、锯、刨、凿、锤这些生活，除了照师父的样动手之外，每晚又将师父白天说的话记下来。

做师父的要求严，每道工序必要学到精，锦顺恰是天生凡事一丝不苟之人，很快学会了攒边、扣槽、装板之类，不出一年，已跟朱老板学会了二十多种榫卯的做法。

起初，对不得不辍学转习手艺这件事，锦顺心里尚十分痛惜，夜里摸着磨出水泡的手掌流过不少眼泪，想着有朝一日自会放下墨斗继续拿笔。时日一久，学艺渐渐地入了门，他越来越觉得，木匠活计内里乾坤不小，读书的念头不知不觉渐淡了些去。

趁星期天来店里看家具的人最多，朱老板有意让锦顺到工场前面的店堂间帮惠宝一起招呼客人。几次之后，朱老板叫了锦顺到自己跟前，问比起在工场间做木工，和客人打交道感觉如何。

锦顺想了想，不慌不忙地答："直接和客人搭话蛮好，起码我可以知道他们最近都想买什么家什，现在兴什么式样。不过也有不好的地方。客人一般不识木性，不懂如何选，我要听他们的话，先晓得派什么用场，再揣测他们的心思，要多想一想才能回答他们的问题。"

朱老板边听边点头。其实先前锦顺招呼客人时，他已在一旁观察了他一阵。

在刚进店的客人眼里，锦顺只是一个木器行的小伙计，交谈之下，不需要太久，他们就发现，这位嘴唇上长着淡黑色稀疏绒毛的年轻人，不但说话中规中矩，对木料木器也是了如指掌，于是客人们纷纷流露出满意之情。

两三年下来，经锦顺的手做出的木器家什，已是严丝合缝，四平八稳。在挑剔的朱老板眼里，并不输给工场里任何一位师傅，完全可以当成好货拿出手了。

一日不远处开剧场的杨老板到聚兴隆订做一对给评弹艺人专用的靠背椅，除了交代椅子、椅背的高度和要有踏板，杨老板对细处未提过多要求。朱老板有意考考锦顺，交了此活给他。

朱老板的用意，锦顺心知肚明。他跑去杨老板剧场看过原先那对松动了的旧椅子，心里有了谱。不出半月，一对榆木直背雕花隐漆官帽椅呈现在众人面前。

朱老板一见，不由得心中欢喜，只见这对椅子框架端正，榫卯牢固，搭脑、腿脚及座面无不打磨精细，就连角牙都做了些卷草纹，靠背板上更以浮雕装饰，最出彩的就是这椅背上的雕花，上面的圆形里刻着如意祥云，下面的方形，皆以旋枝卷草饰边，却不对称地一刻三弦，一刻琵琶，此实为前所未有的大胆之举。

锦顺见朱老板的目光停在雕花上，有些担心。一是杨老板并未提过椅子上要有雕刻的要求；二是怕自己标新立异的雕刻不合规矩。他想了想，轻声道出自己的想法："我听剧场的人讲，杨老板最近和苏州有名的艺人马小云谈妥去他剧场唱弹词，我想椅子做得好看点，既配得上她的名气，也能显出我们店的功夫，才花了点时间在雕刻上。"

"依我看，这对椅子最出彩的就是这雕花了，图案虽简单，胜在用心，上圆下方，正合天圆地方的意思，上手三弦，下手琵琶，又似为马小云订做，实在是妙！"

听到杨老板对椅子的评语，朱老板哈哈地笑出声来。

杨老板将簇新的椅子放到台上时弃用了原先置办的织锦缎椅套。灯光一亮，这对椅子果然吸引了一众听书客的眼光。这事被小报一渲染，聚兴隆一下多了不少各种椅子的生意。"就算有手艺，也是多读点书好。"朱老板在家里对朱师母道。

店前店后的活都能做，锦顺就算出师了，朱老板也放心让锦顺独自接待客人。凡看了样要求选不同材料订做的客人，锦顺必定将他们的要求一五一十地记下来，对工场间师傅嘱咐得十分详细，出货时还要亲自核对过，保证客人满意。

只二十岁出头，周锦顺在南市已有了些小名气。这是后话。

第四节

"你究竟觉得鞋帽店郭家的小开怎么样？"晚饭后，朱老板见玉莲回了房间，轻声地问朱师母。

前几天，在同一条街的另一头开鞋帽店的郭家听说朱老板的独生女玉莲年届十八尚未找好婆家，赶紧托了人过来替儿子郭耀昌说媒。

"郭家家境是好，耀昌人样长得也不错，人品怎样就不知道了。只是我看不上他娘，说话刁钻得很，不是厉害的媳妇对付不了这样的婆婆。"朱师母一向不喜欢鞋帽店那个每天将脸涂得白一块红一块的老板娘，宁可多跑点路去别的店买东西。

"这倒是，玉莲是老好人性格，嫁到这家必定会吃亏。"朱老板原先只想到两家算是门当户对，没往其他地方想，给朱师母一讲，顿时省悟。

"你倒是说说，看锦顺这个小囝呢？"朱师母问出这个问题，自己被自己的直截了当吓了一跳。

朱老板也是一惊，看着他太太若有所思。

朱师母做了个手势让丈夫进房间去，两人关起门，轻声商量起来。

"这个小囝长相好，又懂规矩，我第一眼看到就想认他做过房儿子，你不是也讲他聪明，什么都学得快，要是做了女婿，将来家里生意就有人接班，不是正好？"朱师母心里喜欢这个小伙子，恨不得这是她自己的儿子，每次想到将来他要去做别人家的女婿，心里竟都会舍不得起来。

朱师母生了一个女儿后，没有再怀上孩子，她曾经试着问过朱老板，是否要讨一个小的。当时朱老板的神情有些尴尬，她就知道他是动过这念头的。朱老板心里也确实有他的小九九。他正当壮年，膝下只有一个女儿，正应了"人无远虑，必有近忧"的老话，他担心自己年纪渐渐上去，没人接自己的班，不由得隐隐动了讨小的心。朱师母先问出来，他似乎倒讪讪得不好意思明说了。

不过，朱老板实在是宝贝玉莲这个聪明乖巧的女儿，心里舍不得这唯一的孩子嫁出去，最好她一直住在娘家，可又不能让女儿变成老姑娘。朱师母提到锦顺，他眼前倒是一亮："嗯，他本来是读书人，家里底子虽不怎么好，总还不至于拖累，现在看来手艺也学得不错,玉莲嫁给他,对我们的生意倒是最好的。"

"周裁缝人不错,看锦顺这样,他娘也差不到哪里去。"朱师母由周裁缝和锦顺父子联想到周家的门风想必可以,当然,男方条件再好些自然更理想。

朱师母又想起来,玉莲讲过现在提倡恋爱自由,婚姻不应该再是包办的形式,想必是受了学校里新式教育的影响。朱师母决定先在家留意观察一下玉莲和锦顺两人见面时的情形。

一日朱老板从工场回家,朱师母已泡好一壶茶在客堂的茶几上。朱老板坐在太师椅上喝着茶休息,朱师母就去厨房忙晚饭。

玉莲和弄堂里的小姐妹到街上逛了一会儿回来,拿了副圆的绷架,坐在她爹侧面的靠背椅上绣枕套。

锦顺进门后,躬身对朱老板说了句"老板,我回来了",又招呼了玉莲一声"小姐",就打算往厨房那边走。

朱师母走到厨房门口,正好将玉莲偷偷追着锦顺背影看的眼神看在眼里,便知她已对锦顺动了春心。不过锦顺看似和平常一样,对玉莲一副恭敬的样子。

"你找机会摸摸锦顺的心思,男孩子开窍晚,玉莲比他大两岁多,一是怕他不愿,二是怕他乡下说好了人家。万一不成,现在答应郭家还来得及,不然玉莲的婚事就真会耽误了。"晚上朱师母在枕边给丈夫吹了吹风,让他探探锦顺的口风。

隔日朱老板本打算派人去公共租界里的一家店铺,替他们丈量一下做柜台的尺寸,想到朱师母的话,决定自己带了锦顺一起去。

"家里都好吧?"朱老板问跟在他身后侧的锦顺。在店里他总是一脸威严,从不和任何一个学徒工聊家常,到了家里,锦顺从来只待在厨房或是自己屋里,不在老板一家人面前晃动,因此朱老板想说些什么话,也不是一直有机会。

"都好,谢谢老板问询。"锦顺有些意外,还是稳稳当当地答了话。

"你爷叔这回就要成亲了。你出来前，家里有没有替你订过人家？"朱老板借惠宝的事发挥。

"还没，我年纪还小。"锦顺以为朱老板只是随口一问，有点害羞地答了。

朱老板却放了心，回家将这话告诉了太太。

隔日朱师母见锦顺走进厨房，将桌上一个盛了猪油渣的碗推了点过去："刚熬好猪油的油渣，香得来，趁热吃。"

焦黄的猪油渣在碗里嗞嗞地冒着香气，朱师母尖起两个指头，拿了一粒来吃，锦顺谢了，也吃了一粒。

"我娘也喜欢叫我吃猪油渣。"这样说了句，锦顺突然想起棠坞的家来，马上要过年了，这将是他生平第一次在外面过年。

朱师母见锦顺眼眶泛红，有点心疼。自从朱老板告诉她锦顺在乡下没说好人家，她心里就拿他当未来女婿的人选来待了，常在玉莲那里夸锦顺。只是，事情还没有眉目，她暂时也不好做什么。

第五节

锦顺到上海后的第一个年，没有回棠坞过。

见有锦顺可以替自己几天，惠宝在小年夜告了假，回棠坞娶亲，说好到年初三回来。临走前，他仔细将店里家里的杂活如何做教给锦顺。

惠宝家里早就托媒人为他说好一门亲事，只是他一直没回乡娶亲。一方面当时年龄不算大，另一方面因为他长年在上海，朱老板家的活又停不下来。惠家听媒人讲，这个叫水芹的姑娘是家里老大，既懂事又能干，家务活样样会做。水芹家是种田的，她平时照看弟妹，农忙时充当家里强劳力下地干活，反正已落实好婆家，她父母并不急着让她出嫁，只是到了她大弟弟娶亲、家里可以有弟媳妇代替她时，他们才托人婉转地催惠家办婚礼。

年三十时，朱师母对朱老板说："年夜饭叫锦顺一起吃吧。"

朱老板犹豫了一下，别的倒没啥讲究，他只是怕这样做破了规矩，以前惠宝做学徒时，年三十不回乡，总是由朱师母用两只大碗，装满满两碗菜，再盛一大碗饭，还有些八宝饭、糖年糕之类，放在厨房的桌上留给惠宝当年夜饭。

玉莲在一边说："锦顺年纪还小，刚刚出来，一个人吃年夜饭，只怕他心里会难过的。"

朱师母想起上次给锦顺吃猪油渣的事，到底是做母亲的人，心一下子软了，轻轻拍了拍朱老板的手背："你不是说若他学得好，日后要重用他吗？"

朱老板就明白了她的用意，看了玉莲一眼，笑眯眯地答应了。

大年初一铺子不开门，工场也不用去。锦顺起床后第一件事就是梳洗好，穿上那件长衫，给老板、老板娘磕头拜年。

看着眼前青春年少的锦顺，朱师母心里有说不出的高兴，拿出个红纸包来，塞到锦顺手里。锦顺握着红纸包，边道谢，边又是一躬到底。

玉莲一大早也出了房门，到客堂给父母拜年。

朱师母用大盘子装了几样炒货蜜饯，放在客堂的桌上。

"锦顺，大年初一不用拘谨，随便抓了吃，当在自己家一样。"她说着往锦顺手里塞了一把裹着糖衣的京果。

店里其他伙计也约好了，早上就过来拜年，各人都备了份薄礼。这是聚兴隆多年来约定俗成的规矩：一来新年里给尊长拜年图个吉利，人多热闹；二来平日吃饭靠的是这份工，伙计们送点礼略表感激之情也是天经地义的。不过朱老板早就关照过，送礼可以，但不能重，新年里讲个仪式而已。朱老板会给每个上门拜年的人包一个红纸包，朱师母照例也会备好些年糕、干果之类作为回礼，从不会让众人空双手回去。

锦顺拿了几只半尺多长的炮仗走去门口的街上放，玉莲就跟在他身后，一起吃过年夜饭，两人的关系一下子亲密起来。

惠宝从无锡回来，没几天就看出老板对锦顺的态度跟以前有所不同。

朱老板不算老脑筋，也不能够算新潮。他没要玉莲裹脚，还送她去女子学校读书，却又在她初中毕业后，就让她歇在家里跟朱师母学女红。玉莲虽是朱老板夫妇的独生女，倒一点没有大小姐脾气，性情还很温和，也听父母的话。朱师母一直在她面前说锦顺怎么讨人喜欢，她就懂了她母亲的意思。

锦顺也从朱老板不善于或者说不打算掩饰的神情里洞悉了他的用意。锦顺早熟，早看出玉莲对自己有点意思，论年龄，她比自己大两岁，也算是年纪相若，长辈有意撮合，两人天天见面，又都看过不少才子佳人的折子戏，彼此间自然就有了默契。一旦有了这层意思，两人看对方的眼神就显露了出来，于是，玉莲对锦顺开始了大姐对小弟般的嘘寒问暖。

朱老板夫妇将这些看在眼里。在工场间，朱老板一如既往地向锦顺传授技艺，一回到家里，两人和他说话的口气倒像对自家儿子一样。

如此一来，即便内心矛盾过，锦顺也暂时打消了求学的念头，想先一门心思学好木匠，至少要让朱老板对自己的手艺满意。

中秋节回乡时，锦顺向周裁缝说了他当时的状况。周裁缝本来对自己没机会读书一直耿耿于怀，原打算培养儿子读好书，将来做学问也好，踏上仕途也好，总比做手艺人要有地位，如今见锦顺自己对放弃学业已是一副坦然的样子,他这个做父亲的即便心里不甘,儿子已经大了,也不好再多说什么。

  惠宝托锦顺带了些钱给他娘,还捎了些城隍庙的五香豆回去。之前水芹偶尔提起,只听人讲五香豆味道好,却不曾尝过。惠宝知道锦顺要回乡过中秋,便抽空去买了些。

  锦顺去惠家时,见水芹的肚子鼓得高高的,惠宝娘说是坐床喜,新年里惠宝从上海回来结婚时,水芹就怀上了孩子。过了些时候,惠宝刚打算告假回乡看看水芹,那边倒先来了消息,水芹只腹痛了半个时辰,便顺顺当当生了个男孩。

  等惠宝回去,他娘笑着告诉他:"难怪水芹爹娘不舍得她,一嫁过来,我家就有福了,你没看到她多勤快,手不停、脚不停地做,连生起孩子来都快。"惠宝爹给孙子取了个单名叫惠林。

  朱老板夫妇见玉莲、锦顺两个年轻人眉目间都有了意思,特地写信,请了锦顺父母来上海。两家长辈在饭桌上将这门水到渠成的婚事定了下来。朱老板择吉日在饭店摆了酒席,请了上海的亲朋好友,为两人完了婚。

  朱老板夫妇又和新人一起到棠坞,在周家的场地上摆了几桌,将两家在当地的亲亲眷眷都请来喝了喜酒。两个新人既是听从了父母之命,彼此间又情投意合,两家人也算是乡里乡亲,门当户对,这桩婚事可谓皆大欢喜。

第六节

  结婚没多久,玉莲就怀了孕。

  朱老板想到家里要添丁,环视了一下不够宽敞的客堂,自语般地说道:"现在这房子还是当年我生意做了没多少年后买的,一晃就住了十好几年,也该换换了。"

换大房子,朱师母自然觉得好,只是要搬出住惯了的地方,她心里有点不舍。她心里明白,添两三个外孙的话,现在的房子的确会变得太挤迫。

朱老板从积蓄里拿出五万大洋来,在靠近法租界边缘的华界买了间新造的石库门房子。进了黑漆大门,就是一方天井,客堂和厨房在楼下,除了三上两下五个正规的房间,楼梯转角里还有个亭子间。

朱老板安排一家都住在楼上,自己和太太住东厢,女儿女婿住中间一间,至于西厢,他心里有他的安排,对朱师母,只说想暂时空着,算是机动的客房。

"爹爹,姆妈,楼下的房间你们打算怎么安排?"玉莲问道。

朱老板知道玉莲是特地趁锦顺不在家的时候问他们。玉莲本来就乖巧,跟锦顺结婚后,似乎又懂事不少,朱老板欣慰的同时,也有些伤感,成了家的女儿和爹妈总是会生疏些的。

"你是不是有啥主意?"朱老板有意让玉莲先说,夫妇俩心里都明白,玉莲要说的,就是锦顺的想法,只是由玉莲来说,万一不妥,也好有回旋的余地。

"我想设一间书房。"玉莲直截了当,不过这倒出乎朱老板意料。

在朱老板眼里,和亲戚家同辈的女孩比起来,玉莲在上海既没裹小脚,又读了好几年的书,自己已经是很开明的了。几年前玉莲初中毕业时,还想升学,他没赞成。当时他对朱师母说:"我是从乡下上来的手艺人,条件和上海的富贵世家不能相比,那些人家的小姐读大学不稀奇,留洋的都有。我们这种人家,女孩子初中毕业已经很好了。只要家境过得去,女孩子长相好点,也算上得厅堂,下得厨房,已经能嫁个好人家。就说玉莲,在外,若是夫家有生意,可以管货和钱两本账;在内,逢年过节的礼数,平日里缝衣做饭,将来生儿育女,相夫教子,都是没有问题的。"

朱师母点头道:"我们只有一个女儿,最好早点嫁个称心的人,再读下去,错过好时光,等下做了老姑娘。"

这样想着,朱老板就劝玉莲不用再读上去了,在家多跟她娘学些料理家务的本事就好。玉莲虽有些不甘心,也听从了父亲的安排。

现在看来,自己那时眼光未免还是浅了。几年里,外面世道变化速度快,女孩子受新式教育不再像以前那样稀奇。看到街上穿男装骑自行车大学生模样的女孩子,朱老板有时也会悄悄怨自己,家里有条件却没让玉莲再多读几年书。好在命里注定似的,来了个小同乡周锦顺,玉莲和他有缘分,这桩婚事算不得上上,也有中上。

"书房好啊,书中自有黄金屋嘛,既然你们住楼上,书房干脆就做在楼上西面那间好了,方便点。"朱老板知道,和女儿比起来,女婿对半途辍学更心存遗憾,就算平时节约,也买过好些书回来,现在家里有宽余的房间,要个书房,也算风雅,又称了孩子们的心。他临时决定,将楼上西厢房给他们做书房用,心想等女儿女婿有了孩子,也好让他们在书房玩,从小有个读书的环境。

本来打算留的机动房间,就放到楼下东厢。西面的房间,朱老板和朱师母商量后,让惠宝将他老婆水芹接到上海来,水芹就在朱家做用人,粗活由她一人做,细活有朱师母和玉莲两人在,不用另外请人。朱师母说水芹要是想带惠林来,也是可以的,水芹年轻有力气,带着惠林也不会影响做事。惠宝思忖了一下说,孩子还小,先在乡下他娘那里养两年再说。

朱老板用带着些讨好的口气对朱师母说:"你也辛苦了这些年了,以后家里力气活就交给惠宝娘子做。"

"这么多年我做惯了,也不觉得辛苦。"朱师母嘴上这样讲,心里却觉得，将房子换大，请个用人，名义上为自己不用再太辛苦，其实还不是因为聚兴隆的生意越来越好，经过这么些年家底丰厚了。再则，让水芹从棠坞到上海来，除了帮家里做家务，也是想到惠宝现在成了家，老婆来了，他可以更安心地在店里相帮。

"不单这个，玉莲和锦顺这小两口这样恩爱，说不定会连生几个小囡，你要帮手带的话，家里是需要一个用人的。"朱师母恍然大悟，原来朱老板想得更远，不过又想到一个问题，"楼下东面那间，你到底想派啥用场？"

朱老板犹豫了一下，还是说："先放一放，有个机动。"

朱师母无论如何都不会想到丈夫口中"机动"的用意。

"茹芳。"一日她正低头缝一件衣服，朱老板一反常态地站在她面前，叫了她的名字，她抬头见到的他脸上无比尴尬的表情，让她瞬间猜到了他要说的事，她的心猛地沉了下去。

朱老板早几年瞒着家里所有人在外纳的小妾范春兰悄悄地搬进了朱老板家石库门房子楼下东面的机动房间。

朱师母在玉莲的房间里不知哭了多少回。在她的脑子里，老辈人口中的"天字出头夫当家"这句话天经地义，事实上，她也将丈夫当成她的主心骨，他就是她头顶的一片天。"我一直以为自己嫁了个好男人。在你小的时候，我就探过他口风，他讲过再有钱也不会讨小的，谁知还是背着我在外面找了。现在看我老了，才敢领进家门。原来叫惠宝娘子来做用人，无非是哄我开心。男人一旦有了钱，都会动花心。"

玉莲找不出话安慰母亲，二十年了，爹爹只有劝她看开点。在锦顺那里，她却也忍不住落泪："我以为爹爹对姆妈好，没想到原来他骨子里和其他男人一样，存着朝三暮四的心。"

"唉，民国之前，男人讨小的多了，何况爹爹身体还强壮得很。"锦顺是站在男人的立场为朱老板说话的。确实，岳父虽比岳母大两岁，从外表看，他的相貌却显得比她年轻好几岁，长年做力气活的身体也仍壮实有力。锦顺心里通透，在玉莲面前说话还是故意绕开了一个重要的方面，朱老板讨小，并非为了女色，更多的是为有亲生儿子继承他的香火。

范春兰看上去比玉莲大不了多少岁，五官生得虽有些粗俗，年轻的身体却丰腴结实，她还有一个被看作利于生育的宽大浑圆的臀部，这点让朱师母非常不安。面对这样一个女人，非但不能吆三喝四，反倒要拿出大太太的姿态，对她客客气气，朱师母心里委屈透顶。就因为自己没生出儿子，自以为和自己琴瑟和鸣的丈夫竟然背着她在外面找人传宗接代，她感到她的天塌下来了似的。

不过这范春兰还算懂规矩，对大太太和小姐、姑爷相当恭敬，白天只在吃中饭时从房间里出来，话也不多。晚上朱老板回来，一家人围着桌子坐定，她总要等大家都动筷子了才开始吃，从来不会第一个吃完，也不会是最后一个，吃完了总要说一句"你们慢吃"，就坐着等最迟一个人吃完，才起身回房间。

范春兰刚住进来的头两年，朱老板基本上就睡在楼下了。只是过了不少日子，范春兰还是没有怀孕。

水芹将自己看作朱师母的人，平时对范春兰不冷不热的，范春兰开头试图帮她做些家务，却被她挡了回去。不过态度归态度，分寸水芹还是有的，她照样替范春兰做洗衣服、倒马桶这样的粗活。

第七节

玉莲头胎顺利生下个男孩，朱老板喜不自胜。

"爹爹，"锦顺结婚后，改了对朱老板的称呼，"小团的名字还请你来取。"锦顺早就和周裁缝商量好，由朱老板为孩子取名。

"男孩，就叫云祥吧。周云祥，怎样？"朱老板看着锦顺。

朱老板让孩子姓周，出乎锦顺的意料。他父亲周裁缝关照过他，即便朱家没有明白要求过，但他一个伙计，做了朱家的女婿又住在朱家，自然就是入赘，玉莲生的孩子该跟女家姓。周裁缝早和老婆说过，以玉莲的条件，锦顺是高攀了，再说亲家待锦顺不错，做上门女婿就做了吧，反正家里还有锦荣这个儿子。

"我听爹爹的。"锦顺明白，上海如今会聚了四海八方的人，还有许多做派迥异的洋人，上海人对一些老规矩也渐渐不是非讲究到刻板的地步。再想想自己的婚事，在如此重大的事情上，朱老板肯定早经过深思熟虑，也从未对自己父母提过入赘二字，应是当成新式的婚姻来办了。这令他更加确定，朱老板找范春兰绝不是嫌弃朱师母年老色衰，也非效仿前人三妻四妾，他既未给过范春兰名分，用意还只在于借她生下"朱"姓男孩。

云祥虽是男孩，却眉目清秀，粉妆玉琢，看上去更像女孩，平日里也不怎么吵闹，逢人就笑，全家人都拿他当宝。云祥满月时，朱老板在老饭店包了两桌筵席。

范春兰看到玉莲抱着孩子的满足样，脸上竭力保持平静，眼里露出的却是掩饰不住的羡慕。她本想提醒朱老板，云祥生得贵气，又得众人喜欢，还要取个听起来贱些的小名才好，又怕自己的身份多言讨人嫌，也就没有开口。

那天她替继母去买一只脚盆，朱老板正好在店里，攀了同乡后知道她家住得不远，就让惠宝拿了盆送她回去。惠宝回来后告诉朱老板，从一路上的闲聊中，他得知她妈在乡下死后不久，她出来投靠她爹，没想到她那个在旅店打杂的老爹已将早已认识的一个拖了两个小孩的寡妇续进门，家里日子并不好过。

后来她路过木器店，朱老板再次见到她，出门和她一起走了一段,开门见山地说想养起她来,讲明就是想要她为他生儿子。她答应了朱老板,因为她不想看到家里促狭的继母和只知道讨年轻老婆欢心的老爹。

范春兰辞了在她爹做的那家旅店里的保洁工作,朱老板在木器行附近给她租了一个小房间,平时给她些钱作日常开销和零用,范老头知道后时常问她讨些去,见朱老板送她的一个嵌红宝石金戒指好看,又想问她要去,范春兰没有答应。

朱老板只在白天不定时地去她那里,每次一去就直接做事,完了就走。日子久了,虽然他们之间并没说过多少话,她也没怀上他的孩子,两个人多少也有了些家里人的感觉。

朱老板搬了新房子,觍着脸和大太太打好招呼后,就将范春兰接进家门。他认为她这个年纪,生孩子的希望还是很大的。之前一直没做成,或许是因为他太匆忙,不利于事,现在范春兰能住进朱家,他不用再心急慌忙,说不定就会有了。

生了云祥不到两年,玉莲又生下个女儿,取名云怡。

看到玉莲儿女成双,范春兰不淡定了,她开始怀疑是不是自己的身体有问题,就跑去看郎中。郎中嘱咐她先补肾提气,开了方子叫她先吃一段时间药,吃完每次去配药时再给她诊一诊。

朱老板什么话也没说,却不再一直在楼下过夜了,一半的时间,他又在楼上睡觉。一家人对范春兰依然客客气气,她却为自己在朱家的存在感到尴尬。

一天,在拎了一捆药回家的路上,范春兰迎面遇到了住在她爹隔壁的同乡陆永平。她刚到上海时曾经和他好过,但陆永平好吃懒做,还吸上了大烟,实在是穷,范老头看从他那里捞不到半点油水,硬是不准女儿和他来往,不然就算为了少一张嘴吃饭,他也早就打发她跟陆永平去了。

"你跟这个老男人过,又没有名分,不生个男孩出来,你啥好处也不会等到。好歹我们也有过一段,你还不如住到我家,跟我一起过日子。"陆永平只是随口一说,没想到范春兰却认了真。

"我在乎的不是名分,当初讲好的,他要我做的就是为他家传宗接代。我一直拿他的钱,这么长时间不生小孩,再住下去,就是不识相了。反正我娘家也回不去了,要么暂时先住到你那里,算和你搭个伙,等我再找份工作,贴你房钱。"陆永平听下来自己不会有损失,还白捞个女人,让她马上搬去。

范春兰整理了自己的衣物,等朱老板回家和他说了要走,朱老板沉默了片刻,拿出些钱来给她,她也没推,收下便独自离开了朱家。

范春兰走了之后,关于这个人,朱家人无一例外地保持缄默,也再没人开口提起朱老板在外有过人这桩事。

第八节

南市一带又陆续开出几家家具店,家家生意都不错。聚兴隆是老字号,生意依然红火,朱老板自从有锦顺相帮,更是如虎添翼,眼见附近的新铺有样学样,他未雨绸缪地开始盘算着到别处再开家铺子。

只是玉莲婚后不久就有了孩子,朱老板爱惜女儿,怕开新铺子会拖住锦顺,女儿就少了陪伴,故暂时不提开新店的事,只是除了单纯的家具制作和买卖,他有意让锦顺将经营店铺的生意经再学得精一些。

白天,家里的男人们去木器行做工,家里粗活由手勤脚快的水芹包下,朱师母就在家帮着玉莲照看孩子。晚饭时间,客堂先开饭，老板一家吃完，惠宝才和水芹在厨房里吃，大大小小一屋子人，日复一日的生活安宁平静，井然有序。

为外孙云祥六岁生日办完酒水的当天晚上，朱老板留了锦顺在客堂，陪自己继续喝酒。

思忖着时机已成熟，三盏黄酒下肚后，朱老板将自己酝酿了多年的想法说了出来，问锦顺怎么想。锦顺听岳父说要再开一间铺子，连声称好，说自己其实也有过这个想法，但这事毕竟要岳父有心才好，自己不便开口。听锦顺和自己想到一处，朱老板更是高兴。锦顺又说他早就留了心开始观察，连地方都想好了，租界进不去，就开在紧靠租界边缘的新沿路上。朱老板连说那地方好，离几个新开的百货公司不远。但他的另一个决定却让锦顺有些意外，就是新开的店铺不是用聚兴隆的名字开分号，而是直接取锦顺的名字，就叫"周锦顺"。

锦顺原想劝朱老板沿用老字号聚兴隆，新店就当分号，但朱老板伸手做了个打住的动作，示意他先听自己慢慢说出原委。"现在做家具生意的人越来越多了，要做得比别人好，就要有特色，新入行的人，投下去的本钱未必马上回来，只求先走稳，必然保守。我们有实力，可以到好些的地段，做高档家具生意。"朱老板平稳的语气并不能掩盖他的雄心，锦顺边听边点头。

朱老板见锦顺专注地看着自己，更来了劲，继续说下去："小木器和单件家具价廉利薄，卖出去的量却大，靠这块就能保本，不能放弃，普通家具道理也是一样的。我们聚兴隆是靠这些做开的，名气在外，客人印象中的样子不能随便改。开新铺子的话，就不要再走我以前守旧的老路了，小木器可以保留一些，但要以高档家具为主。老店开分号的话，新店虽可得益于老字号的影响，客人还是会以为两家店只是地点不同，货色是一样的，不能达到我们的目的。既然两家店打算卖不同的货，新铺子不如起个新店名，这样能引出客人的好奇心来，去过后留下的就是新印象。"朱老板说出道理来后，锦顺不由得佩服，心想岳父到底在行内经历的事多，想得周全，姜还是老的辣这话，的确有道理。

朱老板接下去说的话，让锦顺更加吃惊，就是由朱老板出资，锦顺自力经营这家新店，自己和锦顺五五分成。锦顺连忙回他岳父，钱是他出的，自己挂个老板的名已是勉强，再五五分成，自己岂非白占好处，自己不能同意朱老板的提议："我拿份工钱就好。"

"我出资，你拿本事抵一半本钱，这是你该得的。"朱老板挥了挥手，不容锦顺多说，就算决定了。

朱老板拿出一笔现钱，租了铺面，将自己仓库里部分木料好点的存货运过去，又进了些新货。除了惠宝跟锦顺过去，还招了两名伙计，新铺子就风风光光地开了出来。

锦荣成了家，早在棠坞的裁缝铺独当一面，周裁缝也可以偶然走开几日，到上海来看看孙儿孙女。这次，以儿子名字命名的新铺"周锦顺"开张，他定然是要来见证开张之日的热闹。见到朱老板，周裁缝连连作揖，称他贵人，朱老板忙说自家人，不必见外。

第九节

"周锦顺"新开张时，并未进红木的货。候到流水渐丰，账上资金充足，朱老板和锦顺分了次利。锦顺看时机成熟，当机立断拿这笔利钱投回店里，购进少量柚木、花梨、酸枝木的家具来。早在刚开始学艺时，他就听朱老板说过，自古以来，红木家具能显示身价，有钱的人愿意买来撑面子。朱老板说这话时，只是一带而过，锦顺却将这话记在心里。朱老板也说过，不是不想做高档家具生意，只是聚兴隆刚开出来时，怕好高骛远拉不住近邻街坊，卖的货多为日常居家所有，价格也低廉，这才聚集起人气来。

朱老板和锦顺都没想到，租界扩展时新铺子所在的新治街成了公共租界里又一条商业主街。锦顺从红木工坊订来的第一批货很快卖空，第二批货刚下订，客人就按图纸的式样将货挑好，付下定金订了去，锦顺立刻又下订单增加品种。

"周锦顺"店里传统式样的家具还是以批发价从聚兴隆的工场拿货，白天锦顺常常步行到南市的工场间去，一走就是小半天，惠宝在店堂里有些忙不过来。怕招待不周怠慢了客人，锦顺又招了两个新的伙计。这两人是他亲自从来应聘的人中挑选出来的，年纪不大，面相看着和善，眼神却都机灵，手脚也伶俐。锦顺除了亲自传授店里的生意经，还和惠宝手把手教他们些木工小技艺，没用多久就将他们调教出来。

到了午饭时间，惠宝将早上带来的饭菜隔水在煤炉上蒸热，叫锦顺到后面仓库里去吃。"幸亏有你在，我还可以坐下吃口热饭。"店里生意会好，锦顺事先便知道，但好到现在的地步，却出乎他的意料。"现在上海有钱人多，我们这里家具档次上等价钱中等，样子又称他们心，红木家具备的现货也越来越多，要买好货，个个要到我们这里看过，我们怎么会不忙。"

惠宝讲得不错。几年里，人就像潮水一样涌到上海，生意也就跟着一家接一家地开出来。市口好的地方，租店铺的价钱越来越高，不少木器匠人不想冒风险花大价钱租铺面，选偏僻些的地方开工场间，只专门给不同的店铺供货。有了这样的加工场供货，加上聚兴隆本身有工场，锦顺大胆决定自己不再另置工场了。

锦顺选货的眼光好，家具样式新不算，做工也精，但定的价钱不比普通的高多少，铺子里的货出得比别的店都要快。每隔半年，锦顺就将账仔细算过后分出一半的利来交给朱老板。

过了三四年，朱老板郑重地找了顺锦，说因为回利数目大，自己投的本已回来了不算，还赚了一些，如果不是锦顺将分得的利投进红木家具，赚头不会这样好，让锦顺从此不必再分成给自己。锦顺忙说账不好这样算，没有朱老板的本钱，"周锦顺"根本开不起来，自己将分得的利投进店里，算是归还朱老板代他出的本钱，今后店里资本和分成比例应该仍各人一半。一时间两人相持不下，朱老板说那就退一步，今后自己只收一成利。

见朱老板坚持，玉莲来和朱师母说，爹爹实在不肯再对半分，收三成也好。朱师母劝朱老板顺了由女儿辗转表达来的女婿的意思，朱老板怪她不明白事理："你也看到了，这个女婿实在不错，钱到他手上，不但不会败家，还会生出钱来。你要从长远看，女儿女婿手头有钱，对后面几辈人都有好处，都是自家子孙。"

"你想通了，不再想要自己生儿子了？"朱师母心里的怨气还没出干净，趁这个时候挖苦一句。

"你以后能不能不要再提这件事了。就是上次那么一来，我怕女儿女婿心里有疙瘩。现在我也想明白了，我只有这个女儿，我们的家当迟早都要传给他们，既然这样，不如早点传，他们就会觉得我们两人和别家老人不一样，我们才不必将钱牢牢抓在手里，迫使儿女养老。他们俩都孝顺懂事，做长辈的帮他们，不用多说，他们心里自会感激。"

朱师母见丈夫终于还是个明白人，自然知晓自己该怎么做，隔天就去了玉莲那里，说锦顺是拿赚到的钱真金白银地投回了生意，才有了现在的势头，只要赚得多，一成利已相当不错了，店里开销大，况且孩子们大了，用钱的地方也多了。

听玉莲说师母也出面劝了，锦顺才答应了朱老板。

第十节

租界里的人口越发密集了起来。

"现在时髦人喜欢模仿电影里外国人的吃穿用，西式家具一定有市场，我们先进些单件的家具来试试。"锦顺一踏进店门，将他的主意对惠宝说了。

回到家，他问玉莲最近有没有买时装杂志。玉莲递了几本给他，这是攒在那里等有机会带到棠坞给锦荣的。她不解地问道："你怎么对衣裳感兴趣起来？"

锦顺翻开一页，指了指一个西洋妇人做的香水广告背景里的梳妆台："我看的是这个。"

"我还以为你要看画报美女，也就是你主意多。"玉莲似嗔非嗔地看了锦顺一眼，眼神中却含着笑意，对这个比自己小两岁的丈夫，她是从心里佩服。

锦顺却只顾一本正经地说："爹爹讲卖的货要有特色是不错，依我看，这还不够，还要巧做生意。"

锦顺按他收集的图片，画好图纸，自己先打出样品，再让聚兴隆的师傅仿照样品打制。聚兴隆自家店里的活本来就不少，增加了品种，师傅们有点忙不过来，锦顺想到若另雇人到聚兴隆的工场专门替"周锦顺"做，定会有诸多不便。他和惠宝一起算了笔账，干脆在南市找了一间大些的工场，将订制普通成套的家具的活包给他们。

锦顺将账本还给惠宝。只消快速浏览一遍，他就知道在红木家具之后，西式家具的选择又对了："普通家具包出去，赚头少了，销量还是一样。多了西式家具这块，卖出去利高，这样算下来，赚得还是比以前多。"

一日，店里来了位三十多岁的西洋妇人，转了一圈后，在一件带镜子的梳妆台前站定，比比画画地说，这个梳妆台和自己在英国用的几乎一模一样，当即就买了去。没两天又返来，自我介绍说是哈特太太。哈特太太诚恳地邀锦顺去她家看看，说她想为饭厅订做一个餐具台。

这一去，锦顺结识了哈特先生。哈特先生在英国是建筑师，和人在上海合开了家建筑公司。见锦顺年纪轻轻，竟然做出欧洲风格的家具，做工还如此精巧，一定聪明过人，且必有不俗的手艺。哈特先生向来尊重有技术专长的人，和锦顺相处下来，觉得他不同于多数有些手艺却不懂礼节的工匠，相反神态从容，行动沉稳，言语间斯文有礼，开始对他另眼相看。

锦顺跟西洋人打交道多了，英文从只会几个简单的词，到勉强将词语断断续续连起来，再渐渐讲得流畅起来。哈特先生见他能听懂自己的话，还可以在自己和其他工匠之间做翻译，邀他包下专门替他设计的西式住宅订做家具的活。每有房子开工，锦顺总从聚集较多木匠的川沙请了手艺好的师傅到市区做工，付租跟朱老板租下亭子间当作他们的宿舍，这些开销全由自己垫支，日后再从包工程的酬劳里取回。他告诉玉莲，这叫公私分明。

锦顺每天到场察看不算，关键的部分皆亲自动手，每个工程的木工家具活，他都会亲自安排，直到房子竣工。哈特先生对做工要求苛刻，付的工钱比其他建筑商略高一点，但锦顺用的料好，开给师傅的工资不低，一套活做下来的报酬，去掉各项开销，最后留在账上的利润也谈不上丰厚。

"铺子赚的钱够用了，造房子那里的活需要操心的事太多，顾不过来就不要再接了吧。"玉莲听锦顺说收入的大头还是店里的家具生意，却见他为了建筑工地的活从早到晚地忙碌，有点心疼。锦顺自有他的想法："店里有惠宝和其他伙计，我不用一直去。建筑业这一行，打交道的人多，我多结交些人，没坏处。自从到外面包活做，我多领了不少外面的行情，对自家生意也多有好处。"他懂得，在生意上的思路要走在别人前头才好。

小夫妻俩住在玉莲娘家，朱师母并不要他们管家用。但有了孩子不比从前，男人有本事赚钱，玉莲说不能再让父母负担孩子的开销，一定要朱师母收下他们贴补的生活费。就算钱渐渐地多起来，玉莲和锦顺依然节俭。锦顺在生意上拿得出大手笔，但在家里，除了寄钱给棠坞的父母，自己从来不乱花一个角子。不过，在给一家珠宝店订做陈列柜时，他却破了个例。

那家珠宝店的橱窗里，有件首饰吸引了锦顺的眼光。那是一对金镶玉的耳坠，每一个耳坠都有两个精细的黄金绞丝圆圈相扣，金圈下垂吊的是一朵由白玉雕琢出花瓣的莲花，玲珑剔透的白莲花更有碧绿的翠玉荷叶衬托，最奇妙之处，每朵只有一片指甲大小的莲花上，竟然还有一只用金丝打造出栩栩如生的蝴蝶。锦顺双眼定定地看了一会儿，想到玉莲收在抽屉里的几件普通首饰都是结婚前就有的，自己还从未给玉莲买过一件像样的礼物，遂下决心跟珠宝店老板买下了这对耳坠。那是他一生中唯一花在首饰上的一笔开销。

玉莲做姑娘时，家里条件好，时常和小姐妹出去玩，也爱买些新鲜的小东西。成家之后，怜惜丈夫的辛苦，除了买点一般的雪花膏、花露水，也就是偶尔买本书或杂志，不再在自己身上花闲钱了，不要说首饰，连平时穿的衣服，也是看到喜欢的式样后画下来，等去棠坞或是周裁缝到上海来时，依样子做的。见到锦顺买给她的这对昂贵的耳坠，虽有些心疼，却实在是喜欢得不得了，平日也舍不得戴，只有逢年过节时，才拉开大衣柜抽屉，取出锦顺亲手做的一个精巧的木匣，将耳坠从里面的一个缎盒里拿出来，小心翼翼地换上。

一日哈特先生看着报纸，突然问锦顺生意里挣到的钱怎么办。"存在银行里。"锦顺实话实说。"不，你应该兑成金条。"哈特放下报纸，认真地看着锦顺，见锦顺脸上露出不解的神色，哈特想了想，"这么说吧，你现在先花20个银洋买回一块黄金，放上一段时间，再拿去换银洋，也许就是40个了，因为黄金可以兑美元，价值不会随便变动。"

锦顺听人说起过美元和股票，却从未试过买卖，对哈特的话，一时似懂非懂。他特意去了趟书店，买了两本书回来，来回读了几遍，边读边和玉莲讨论，虽不能说完全理解，多少懂了哈特的意思，遂将银行里存的钱绝大部分兑成黄金。

第十一节

"半年前我说什么了？黄金真的涨了，我要记下这发生在1930年的奇迹。"哈特兴奋地冲锦顺比画着。

锦顺不敢相信，哈特的预言在短短半年的时间里竟然成了真，自己手上的黄金已可以换回比原来两倍都多的银元。

"你应该在租界里建房。"在一栋即将建好的花园洋房里，哈特先生直截了当地对正在检验橱柜做工的锦顺说。

这正说中了锦顺的心思。和建筑行当有了关联，锦顺自然而然关心起房地产的消息。地价涨得飞快，自己真得趁早建房。他算过，连买地带建房，他手上的一百几十根金条够数了。

"租界里不是只有外国人才可以买地？"说是买地，其实也只是永久租用，就算有规定，锦顺却发现也有国人在租界里盖房，这令他有些不解。

"是有规定，不过，只要有外国人买下来，转租给华人就可以了。这个我可以帮你做到。"锦顺知道只要哈特的话说出来，就真的会这么做，而且如果做一件事有条件，他不会转弯抹角地暗示，一定是当场将条件开出来，就等着听他说下去。

果然，哈特说道："但我有一个条件，就是地买下来后，你要保证，房子一定要由我来造。"在利益上做相对公平的交换，这就是西洋人比较通常的特点。哈特帮他买地，自然会要求做他这单造房的生意。

哈特先生出面，帮锦顺在公共租界里买了块他朋友割出的近两亩大的地皮。"在看地的时候，我脑子里已经初步有图纸了。"哈特先生伸了伸双臂，为自己又将诞生的一个设计兴奋不已。

锦顺怕哈特真的先有了构思，先入为主了改动不易，连忙将自己的想法告诉他。他先费力地向哈特解释了一番中庸的意思，说自家人不多，房子不必太大，一眼看去房子也不要显得太豪华，宽敞舒适就好，但材料要用坚固的。哈特点头道："我明白了，你想要的是低调的经典。"

几个月后，一栋由院墙环抱、花草树木点缀的崭新的楼房便出现在原先的空地上。

应主人周锦顺的要求，主楼占整幅地的比例并不大，坐北向南，朝向略偏东些，分了上下两层，房间也不多，只两上两下四个卧室。

楼下进门即有个比走廊略宽的门厅，迎面连着条南北向的走廊，两间有着朝南大窗的房间对称地分布在走廊的各一边。走廊朝里直直地通进东面的客厅，西面是饭厅，两扇宽阔的镶了磨砂玻璃的移门使客厅和饭厅可分可合，饭厅西面连着厨房。也许哈特是为一家人边煮边吃更有家庭氛围,在饭厅和厨房之间,他只设了半截齐胸高的矮墙。厨房靠北一面的墙上有扇后门,直通后院。

从楼下客厅里的转弯楼梯上楼,楼梯到头后的走廊与楼下不同,是东西走向。走廊中间的一扇门开进去,是间起居室,正对面的墙其实由一排六扇两两对开的落地玻璃钢窗构成,长窗外是宽大的阳台,站在阳台的白石栏杆边,可以俯瞰整个花园的景色。起居室东西两边各有一个房间,东面的房间和楼下的一样大,房间里有通阳台的门。因为中间的起居室比楼下的门厅宽得多,西面的房间就比楼下西屋小许多。

楼上的走廊西面尽头有扇小门,推门出去是一个方方正正的大露台,这个露台恰位于厨房顶上。

主楼外,另有一排附在厨房西面的墙边、和主楼垂直的三间平房,哈特先生说用来做用人房或是杂物间都可以。主楼外东面,哈特也借墙建了个凉棚,里面仅够放置一张白石小圆桌和两个小石凳。

在上海待了好几年的哈特先生去过江南一些中国园林,对充满自然趣味的亭台水榭颇为喜欢,尤其是错落有致的假山和层次分明的花草树木,最是让他念念不忘,总想尝试着将东方风格融合进他的设计。锦顺将自己的要求告诉了他后,哈特先生也表示有将他的房子造成中西合璧之典范的想法,锦顺听了立即赞同。

有了锦顺这个最为理想的愿意尝试他新设计的顾客,哈特先生特意和他一道又去了一趟苏州,回来就将草图画了出来。不过哈特先生有自己的原则,主建筑楼和平房的风格还是完全设计成西式的,他做不到在自己的设计图中加进一丁点中国老房子的式样。

因此,所谓的中西合璧,中式的部分其实只能是花园了。哈特先生决定以江南园林风格的树木、假山和凉亭来衬托主楼。

哈特在主楼前铺了条长长的鹅卵石铺就的车道,可以并排开两部汽车。"你应该买辆汽车。"他向锦顺建议。按照"周锦顺"的生意走势,买部汽车也是正常的事,光顾店里的客人中有车出入的也不少,锦顺却摆手说各处离得不远,不是非要乘汽车不可,不过有条车道还是好的。

车道两边各有一片草坪。靠平房一边比较小的一片草坪上,哈特打算放一尊雕塑,设想会和东方园林特有的假山有异曲同工之妙。另一边的大草坪上,他倒真的找来一卧一竖两块嶙峋的太湖石,从车道旁另辟出的一条鹅卵石小径,绕过两块假山石,蜿蜒地伸至楼房东侧,通往后院。

前院的墙边种了几株玉兰、木香和夹竹桃,树下高低有致地栽了玫瑰、栀子、茉莉和茶花之类,虽不及一般西式庭院华丽,看着却清幽雅致,别具风情,确有几分江南园林的风格,和这栋西式别墅相配,竟然丝毫没有不和谐的感觉。

后院里,只在离墙一尺来宽处砌了排齐脚踝高的石栏,种了些喜阴的兰花,其余地方就都做成磨光的水门汀地坪,中间搭了副铁制的晒衣架。虽简单,却显得干净整齐。

锦顺告诉过哈特,中式庭院里要有"水"这个元素,但哈特不得不遗憾地告诉锦顺,受制于面积和比例,他实在没有办法给院子添加理想的庭院中小桥流水的景致:"那样这个院子会太'忙'了,实在需要水,可以砌一个金鱼池。"对锦顺,他用了"忙"这个词代替"拥挤"。

锦顺一点就通:"的确,在这样一块地上,有这些已经够多了,金鱼池也不必了。不过依我看,平房前那一小片草地上,与其放尊雕像,不如打口水井,那比雕像实用,岂非两全其美。"

哈特立刻拍额称好:"这真是个绝妙的主意,"他又加了一句,"我们注重装饰,你们将实用放在首位。"

水井打好后，锦顺亲自在白石井栏上方做了个人字坡顶的木棚，涂上红漆，这个漂亮的井栏倒成了这院里最为独特的一景。

哈特设计的围墙是齐腰的砖墙上嵌入镂空雕花的铁栏杆，锦顺原先不太赞同，他不喜欢被人从外面将自家院里的情形看得清清楚楚，要哈特砌上整面的砖墙，哈特却否定了他的提议。最后哈特建议了个折中的办法，沿着铁栏杆种上成排的冬青树，既和花园内的草木呼应，又阻挡得了路人视线，锦顺点头接受。只是应锦顺的坚持，大门放弃了原先铁栏杆的设计，而是以两扇厚实的大木门取而代之，深红色的对开木门上镶了对黄澄澄的铜门环，沉稳中显出殷实的富态。

站在附近从不同的方向抬头眺望，一眼就可以看到周家的这栋别墅，簇新的青砖灰瓦高高地矗立在一片暗黄或灰白的老旧平房当中，气派非凡。

"好房子是可以延续几百年的，预算足够的前提下，我会替你挑选买得到的最好材料。"计算成本时，哈特就对锦顺说。锦顺的想法和哈特不谋而合，他生意正旺，手头充裕，建房这件以百年计的大事，他舍得用上等的材料。明白了锦顺的意思，哈特心里有了底，亲自选料监工，将这栋楼造得特别精致坚固。两个人的关系自然也因这次建造又近了许多。

新楼落成时，吸引了周围众多人来看热闹，有人干脆直接将这个宅子称为周家花园。"不过是个带点花草的私宅，哪里称得上花园！"锦顺谨记朱老板的训导，"出头椽子先烂"，从不欲太过招摇，总要对称赞房子的客人摆手谦虚一番。

由锦顺捐资，工部局将周家楼前本来并不清晰的一条小径修成一条蛋格路，在路口竖起一根石柱，上面横了块石头路牌，白底黑字标着周家宅弄，周家的地址就是周家宅弄壹号。哈特先生在左边门上装了个钉了铜质阿拉伯数字"1"的西式信箱。

第十二节

"太不可思议了,我简直不敢相信这是在东方的上海。"环视着客厅里的绛红色丝绒面的沙发,彩色玻璃罩的落地灯,天花板上垂下来的分叉水晶吊灯,米黄色底子上印着褐色花纹的墙纸,还有墙上镶着的金色镜框的油画,木地板中央红地大朵白色玫瑰花围成一圈边框的羊毛地毯,哈特太太激动到几乎流泪。空气里弥漫着她身上的香奈儿五号香水那融合着玫瑰的浓郁与茉莉的新鲜的芬芳,恍惚间她仿佛回到英国自己的家里。

房子内的装潢比锦顺设想中的奢侈,但布置各个不同功能的房间所需对象的列表是由哈特太太列出的,锦顺不好意思拂了她的好意,于是照单采买。

朱老板和朱师母是家里最早到新房子去参观的人。"我家玉莲真是有福之人,你看,我挑的这个女婿多有出息。生女儿一定要嫁对人,'男怕入错行,女怕嫁错郎'!"楼上楼下前前后后兜了一圈,朱师母有点累了,在前院的亭子里坐下,朝朱老板看了一眼,话里有话,意味深长。朱老板当然听得出,范春兰的那件事还在她心里作梗,为息事宁人,他就不开口去接她话茬。

隔了一会儿,他才岔开话题道:"这房子好是好,就是有一个地方我觉得有点不大放心。"朱师母忙问详情。朱老板犹豫了一下,才说出来:"楼上这条笔直的走廊,一头是主人的房门,另一头通外面露台,两扇门直接相对,老法来讲,怕会漏了财气。"

朱师母听了,也担忧起来,露出愁容:"英国人画的图没有这种讲究,倒真不晓得会不会有碍风水。"

朱老板安慰道："有办法，在走廊上放置些东西可以化解。"遂嘱咐伙计送来张红木条几，怕传到哈特耳朵里不好，故没明说原因，只再三嘱咐玉莲要放置在楼上走廊靠房门处。

　　搬家前，玉莲在朱老板的石库门房子里整理东西，她母亲坐在一边，想帮忙却插不上手，不舍地叹了口气。

　　玉莲过去揽住她母亲的肩："你和爹爹年纪大上去，家里清静些比较好，现在我们四个人加上这些伙计，实在太挤了。我们搬出去后，爹爹店里的伙计还是和你们住一起，晚上也有个照应。"

　　"我们老的不会有事，你们搬出去后，照顾好孩子是最要紧的。"朱师母反过来安慰她。

　　锦顺和玉莲看过皇历，择了个好日子，带着云祥和云怡从朱老板的石库门房子搬到了自家全新的楼房里。

　　云怡岁数小，跟爹妈一起住在楼上东面的房间，云祥是男孩，独自住了楼上西间。

　　楼下的两间房，东面一间作为书房用，还有一间就布置成客房。

　　三间平房中，靠着厨房一间最大，由惠宝和水芹夫妇住了。

　　锦顺知道店里单身的伙计舍不得花钱租靠近市区的房子，一般都住在市区边缘破旧的平房或是棚户里，自己新搬的家，零星杂物不多，有头上一间小屋子来放已经足够，就安排了几个伙计合住在当中的一间。

　　水芹背地里对惠宝说："锦顺一家才几个人，住这么大一栋楼，也太冷清了，楼下客房空着，要是给我们住就好了。"

　　惠宝用力甩头："我还以为你比从前懂事多了，你又糊涂起来，是不是日子过得太好，忘了自己的本分？我一向怎么叮嘱你的？不要贪心不足去想不是自己的东西。"

第十三节

女儿一家搬走后，朱老板家里一下子少了孩子的声音，顿时少了许多生气。

朱老板在冬天一个凶猛的寒潮袭来时着了凉，得了场来势汹汹的大病，又喘又咳，看了郎中，吃了不少日子的药，都不见好。

哈特先生听锦顺说起这件事，马上说这是急症，让锦顺说服朱老板，去教会开的医院，打了针，用了西药，病情才好转。

朱老板病情严重的时候，人瘦了一大圈。他以为这一劫多数是过不去了，躺在床上想了不少。自己操劳一生，别说享受，连轻松的日子也不曾过过，不能就这样去了，反正女儿女婿已自立，自己也积攒了些财物，于是发誓若老天保佑能痊愈，就将木器铺子盘出去，不再为财劳心劳力。

但到病真的好了，他却又不舍得放手，回到了几十年不变的日常作息当中。

朱师母见朱老板决定了的事起了反复，知他还是贪恋钱财，心里不悦，在一旁劝说："阎王殿前都走过一回了，你如何依然将身外之物看得这样重？"女儿嫁给锦顺，照眼前情形，日后也应该衣食不愁，自己没有儿子，再多的钱也带不到地下去，她就盼着朱老板盘掉生意，趁还不太老，早些歇在家里，多陪陪自己，享享清福。再说，每次想到范春兰的事，她就心灰意冷，甚至觉得一切都是虚妄，对钱财更是不存半点贪恋之心。

禁不起朱师母的再三催促，朱老板总算艰难地将打算付诸行动。他将店铺和存货折算了银钱数，盘了出去。生意一转手，原来住在朱老板家的伙计们也都知趣地从朱老板家搬了出去。

银洋钿到手,朱阿福打算留下足够养老的数,多余的部分拿到无锡乡下,买块田地,租给人种。

玉莲在娘家听朱师母说起此事,赶紧回去和锦顺商议。这可是件大事,锦顺没有让玉莲带话,直接去了岳父家。"我做小辈的本来不应该干涉,只是爹爹你人在上海,却要拿大把的钱去乡下买地,此事恐怕不妥,还请爹爹三思而行。"朱老板却听不进,说在无锡乡下还有间老宅,叶落归根,自己最终还是要回乡养老的,在乡下再置办些田地,将来也好有份收入。

玉莲背地里叫朱师母去对她爹讲:"不如拿那些钱在上海买房子,比起田地,房子收的租更稳,再说家当在自己眼皮底下,至少看得到。"朱老板丝毫不为所动:"还是有田踏实。我住到乡下去前,会托乡下的两个堂兄弟代我收租管账,没啥好担心的。"锦顺即使忧心忡忡,但老人倔起来,不是轻易会改变想法的,他无奈之下只得放弃劝说。

朱老板亲自去了趟无锡,看中一块将近七十亩的水田,办好买田的一应手续,找了租户,请两个堂弟吃了饭,委托他们代为收租且保管钱物,待全部事项安排妥当方回上海。这以后,他日日和朱师母在家,邀人到家里打打麻将,偶然出去吃茶看戏,打算就这样安度晚年。

可惜天不遂人意,这样的日子过了不到一年,朱老板再发恶疾。在洪水猛兽似的疾病跟前,朱老板感觉到了血肉之躯的渺小。这次躺倒,他丧失了意志,自知不久于人世,叫了锦顺和玉莲到跟前,将家里的大小事宜做了交代,长叹口气说道:"当初没听你们的劝,买了那块地,现在晓得后悔已经晚了。"

一天有人敲门,被玉莲派到朱老板家照料病人的水芹开了门,外面站着的竟是范春兰。她没有顾站在门口满脸惊讶的水芹,直接走进屋。

朱老板靠在床上，见到范春兰，似乎并不吃惊，只说了声"你来了"，想到她还念及旧情来探望自己，眼睛有些湿润，又怕朱师母看见心里不好受，便将头转向床里，不再作声。

范春兰看着朱老板苍苍的样子，落下眼泪来，见他不多理睬自己，自觉有些尴尬，轻声说了句"你好好养身体"，便向他辞别。

"多长时间过去了，你怎么现在还想起到这里来？"朱师母跟着范春兰走到天井里，压低声音嗔怪道。"我好坏也跟过他几年，总是有点缘分，听郎中讲他身体不好，我只是想来看看。"范春兰怕朱师母多心，急忙辩解。

实际上，是陆永平见家里一如既往地穷，怂恿范春兰去找找朱老板，想办法住回朱家，平时弄点钱出来花，只要她时常找机会出来和自己私会，迟早会有孩子，不管是谁的，以后朱老板归西，都能分点朱家的家当。范春兰没想到陆永平会想出这种主意来，后悔自己明明知道他是个无赖，还是答应了跟他过。到了那种时候，她怨天怨地也没用，倒又想起朱老板的好来，却听到之前替自己看病的郎中说朱老板病得不轻，她控制不住再看一眼朱老板的念头，明知朱师母不会给她好脸色看，还是敲开了朱家的门。

朱老板的病未能治愈，撒手尘寰。

料理后事期间，从无锡乡下来了不少亲戚。朱师母娘家的人跟她住在石库门，朱老板那一头的亲戚，由玉莲领到锦顺的周家别墅去住。朱老板风光大葬，本在所有亲戚意料之中，倒是住过周家别墅这样的房子，成了他们回去后值得向人炫耀的谈资。到后来，周家别墅在他们口中被传成达官贵人的奢豪府邸。

玉莲不放心老娘一个人住，和锦顺商议将她接到家里来和他们同住。但任由玉莲和锦顺怎么劝，朱师母都不肯搬去和他们一起住。玉莲拗不过母亲，只好从无锡乡下老家找了个五十来岁的用人阿翠，住在老太太那里日夜陪伴她。阿翠做了一段时间后，老太太习惯了和她相处，平日待她不薄。阿翠家里写信来说她丈夫和儿子都得了病，下不了地，叫她回家住一段时间，等他们病好些再出来。阿翠心里着急，又怕回去后这份工作不保，朱师母见她可怜，承诺不另找人，等她回来。

玉莲张罗着另找个人："现在要出来做的人多了，不妨再找一个来试试，说不定比阿翠还好。"

老太太摇头说："外面人要做的人虽多，我习惯阿翠了，她人老实，又是同乡，她说回去少则半个月，最多一个月，我答应她的。"玉莲还是不放心。朱师母让步道："要是阿翠来信讲家里留她，她出不来了，你再去找人。不然她回来，我答应下来的事不守信，还要回掉新来的人，两处都显得我做人不厚道。"

她这样讲了，找人替阿翠的事就只能暂时不提。偌大个石库门房子，朱师母晚上独自在家，又实在让人不放心，锦顺说不如干脆将多余的几个房间租出去，哪怕租出一间也好，为的主要是有人和老太太做伴。朱师母还是不答应，说怕吵，不会就在这一个月的时间里有事。

玉莲怨她老脑筋，说她年纪大上去，脾气变得比以前古怪，也不管她说什么，自作主张开始再找住家用人。合适的人还没找到，朱师母却在一个晚上下楼时，从几级楼梯上一脚踏空，跌到地上，昏了过去，等玉莲第二天去发现，已经隔了太久，老太太昏迷了几天没能救过来。

玉莲痛哭流涕，怪自己没有坚持在阿翠回乡后马上另找用人，也没及时将房间租出去，要是两件事做了一件，事情或许就会不同。锦顺也是万分自责，说有的时候以为依从了老人的意愿是孝顺，其实却是大不孝。

还是惠宝的一句话让两人释怀了："生死由命，富贵在天，这是师母的命,你们不要再责怪自己了。"

锦顺和玉莲给老太太操办了丧事,将二老的骨灰一起送到无锡落了葬。

第十四节

锦荣的手艺成熟之后,周裁缝将街面房收了回来,交给他重新挂起了周记裁缝铺的牌子。周裁缝的身体一年比一年差,到后来跑一趟上海也有点力不从心,本想多替锦荣分担些,无奈有心无力,白天坐在铺子里就当是陪陪儿子,顺便做些零星手工。

锦顺有心让弟弟锦荣将生意开到上海去。锦荣却说乡下有年老的父母要照顾,自己又有两个年幼的孩子,要去,就是牵动一大家子的事,没有那么容易。锦顺暂时只能留下句活络的话:"哪天你准备好到上海做生意,随时告诉我,我早点替你找门面,反正住处是现成的。"

想想这些年来,一人在外专心学艺,勤俭度日,总算所有的苦没有白吃,也是赶上百年不遇的好时机,自己能在上海建起一栋楼房来,父母兄弟却还住在乡下自家过去的柴房里,锦顺不免想让他们全到上海来,一家人团团圆圆,共享天伦,但面对兄弟的坚持,他不得不让步。

朱阿福夫妇的田契、房契和一些零散的细软现洋都到了玉莲和锦顺手中。

玉莲将朱师母留下的石库门房子收拾腾空后,租了出去。锦顺说租房来住的人苦恼,自家不是全靠那些钱来吃饭,只要收的租足以付房捐地税,也就够了,故而收的租金比市面上的房租便宜不少。

　　锦顺要惠宝将他放在棠坞父母家的惠林带出来："惠林早就到读书的年龄了，让他到上海来比在棠坞好。""放他在乡下识几个字就可以了，怕他出来会给你们添麻烦。"惠宝夫妇不是没想过让儿子住在身边，只是这要等东家先开口，现在听锦顺这样讲了，心里高兴，嘴上却还是习惯性地讲客气话。"这个年代了，光认识几个字怎么行，"锦顺知道惠宝有另一层顾虑，就是舍不得孩子在上海读书的学费，"你只管带惠林出来，他的学费由我这个阿哥出。"

　　惠林来上海时，水芹肚里又怀了一个孩子，不久生下个女孩，取名惠萍。玉莲和水芹说好，不要将孩子送到棠坞去。如此，惠宝一家四口就算在上海生稳了根。

　　惠林在乡下耽误了上学，和比他小了四岁的云怡上了同一年级。

　　玉莲将自家两个孩子用过的摇篮给了水芹，水芹就让惠萍躺在摇篮里，做活时从主楼到平房搬进搬出。看水芹带着小的不方便，不少事玉莲自己做了。水芹过意不去，玉莲嗔怪她说："我们是自家人，你还客气。"

　　一日，朱老板从前的一名伙计长青找到"周锦顺"，说聚兴隆转手后，新东家人不如朱老板厚道，不舍得多用人，自己刚刚被辞退了，想问问"周锦顺"要不要人。锦顺看在长青是朱老板的旧人，自己也想添个熟手，便留了他在自己铺子里做。惠宝嘱咐其他伙计在平房中间加了个床铺，让长青也住了进来。

　　过了些日子，长青看惠宝夫妻带着儿女，一家人齐齐全全地住在周家别墅，心里羡慕，又特意到杂物间里看了，见并没有多少东西，找惠宝说了几次，想让他问问锦顺，可不可以在杂物间辟出块空地来搭个铺给自己住，那样他老婆也可以从乡下来上海找事做。

"朱老板以前常说我从江阴来的，和他无锡人也算江苏老乡呢。"每次他都要说上这一句。长青一提杂物间的事，惠宝就婉转地劝他打消念头。

后来水芹听见长青又找惠宝说这事，在家里对惠宝说："你就帮着问一下，听听锦顺怎么说。"惠宝拿手指点了点自己的脑袋："说话前先动动脑筋，锦顺有他自己的打算，我不挡着点长青，还帮他去求情，不是更让锦顺为难吗？"水芹还是没懂惠宝的用意，想想不过是帮长青提句话，趁玉莲到厨房帮自己择菜，忍不住和她提起这件事。

玉莲一笑，看着她："你既说起，我就和你交个底。惠宝叔和你结婚前，家里早听说过你有多能干，我们巴不得你早点嫁到婆家，早点来上海。我们是亲戚，自家人住在一起，除了热闹，也是相互照应。"

水芹听了表侄媳褒赞自己的话，心里先舒服不少，竖起耳朵听她讲下去："家里有房子，让一班单身伙计住一起，可以省他们开销，原是件好事。长青虽说是我爹爹店里的旧人，也总不能和自家亲戚比。若是其他伙计有样学样，锦顺这里肯定没办法一碗水端平，事情就不好办了。所以长青老婆要来，他们只有自己出去借房子了。从我这头讲，男人们白天出去做工，晚上回来睡觉，没啥花样。家里的事，我们两个女人对付，也刚刚好。如果多出些女眷来，万一大家合不来，再请出去就难了。"

玉莲说到这份上，水芹还是没明白这里面的道理。等丈夫回家和他一说，惠宝一阵摇头："但凡是件事，就会有个事理。这里房子再大，也不可能让所有伙计都带家眷住，喧宾夺主，没有这个道理，再说外面来的人不知根不知底，哪能随便请进门。锦顺能没想到过这点吗？玉莲是老板娘，又是房东太太，真要让其他女眷住进来，她哪里用得着顾忌她们，她还不是为你着想。"

水芹这才明白过来，原来这个玉莲，年纪轻轻，人情世故倒懂得不少："你不说，这太湖十八弯一样的心思，我怎么转得出来？"

惠宝感叹道："在辈分上你还是婶婶呢，还要侄媳妇来告诉你怎么做。玉莲自从跟了锦顺，这几年不知长进多少。男人主外，女人要主得了内才好。"

第十五节

云祥读到中学时，不单东北有战事，政府军队和日本人在许多地方打开了仗。

"以目前的形势看，日本人不久就会占领上海。"哈特先生紧紧皱着眉，告诉锦顺他的想法，其实这也是在上海的英美法几个国家的多数人分析下来做出的一致判断。

"没有人会在打仗时造房子。"哈特夫妇做了回英国的决定。

他们离开前，锦顺特地在家中设宴为他们饯行。这天哈特先生带了部照相机，他们一家四口和锦顺家四人在周家楼房前的大草坪上拍了张合照。

哈特太太一向喜欢云祥，带自己的儿子们去游泳打网球时，常叫上云祥，逢西洋节日，也常接他去家里吃饭。云祥第一次跟哈特太太去教堂的那天，被唱诗的孩子们空灵纯洁的声音打动，静静地坐在长条椅上听了半天。就在他仰望着圣母慈祥美丽的面孔时，哈特太太看到了他眼中闪动着的充满崇敬的光泽，她心中的柔情被这小小的孩童融化了，领着他去见了神父，安排他受了圣水洗礼。哈特太太做了云祥的教母，从那时起，他就称她为外国姆妈。

哈特太太有心带云祥去英国读书，让哈特先生去和锦顺说。锦顺将和玉莲商量的结果告诉他们，说云祥目前年幼，还不适合离家，等他到了十八岁，再根据他的意愿决定。

哈特太太知道云祥是家里唯一的男孩，凭她这些年在上海对中国人的了解，知道周家的确不太可能在小小的年纪放心让云祥独自留洋，也相信锦顺怕孩子在生活不能自理时去了给他们增加额外的负担，便揽着他的手和他合了影，叮嘱他过几年一定要去英国。

哈特先生将照片在照相馆冲洗放大了，给锦顺送了过来。锦顺将它们镶在镜框里，却又怕放在外面见光褪色，舍不得挂在墙上，让玉莲找出块丝绒将两个镜框包起来，放进写字台的抽屉里。

云祥对哈特太太这位外国姆妈和两位卷头发哥哥十分喜欢，跟他们学的英语有腔有调。他心里很想跟他们去英国，无奈父母不松口，他自己还小，也没法拿主意。

惠林才读到初中毕业，已经满了十八岁。惠宝特地找了锦顺，说惠林自知不是做学问的料，想早些找份工作来做。锦顺想了想，初中毕业的文化可以找到份不错的工作了，便说早些工作也好。

果然，惠林很快进了邮政局的办公室当文员。

云怡小学毕业后，去了女中读书，她功课一般，对家政课倒是兴趣浓厚。一天她按课堂上抄的配方在家如法炮制了一个蛋糕，玉莲让水芹切了分给大家。

水芹直夸云怡："小姐不但会烧菜，蛋糕也做得好，将来嫁给谁，谁就是有福气的人。"

玉莲假装嗔怪水芹："她不过是心血来潮，你就给她戴高帽子好了。"

水芹忙辩说："我是讲真的。"她脑子里再次闪过让云怡做自家儿媳的想法，一瞬间又暗暗自嘲起自己的不切实际，按辈分惠林是云怡的表叔，何况现在两家身份不同，主仆、贫富有别。一认了命，她就想通了，打趣地问云怡："你将来是打算嫁作豪门媳妇呢还是高官太太？"

云怡对水芹的问题大不以为然，一本正经地说道："新时代的女性不应该攀附高枝，而是要找志同道合的人。再说我上家政课就是自己喜欢，又不是为了嫁到男人家服侍人。"

玉莲笑嘻嘻地在一边看着她们。锦顺听了玉莲告诉他的这些，频频点头："新式学校的书没有白读。"两个孩子里，他平日里明显对女儿更迁就。

锦顺正在为云祥高中毕业后升学的事做打算时，哈特先生来了信，正式邀请云祥去英国读书。

"去英国也好，现在上海沦陷了，将来还不知道会是什么样子。"锦顺点头道。哈特刚回到英国写信来报平安时，和锦顺约定过此事，现在他是按算好的时间来履行自己的承诺。

"云祥一个人去那么远的地方，我总有些不放心。"玉莲不止一次地对锦顺说同样的话。这天坐在桌边等云祥回家吃晚饭，她又皱紧眉头说了一遍。

锦顺正想安慰她几句，云祥兴冲冲地走进饭厅："关仲良今天告诉我，他有个老邻居也要去伦敦读书，说我们正好可以搭伴。"关仲良是云祥要好的同学。

玉莲一听，忙让云祥请关仲良牵线，邀那位同学和家长一起来家里喝茶，大家认识一下，今后好常联系。

在约好的周日，关仲良陪着陈尚明和她父母一起来到周家。

玉莲提早从橱里取出平日不太用的精瓷盖碗，洗净擦干。到约好的那天，她亲自以上等龙井在杯中泡好茶头，放在厨房的茶盘上，嘱咐水芹，等客人一到，添上热水，就可以端到客厅了。又用细瓷盘将四种点心各装一盘，放在客厅沙发前的茶几上。

那是一个风和日丽的下午。第一眼看到尚明，玉莲就喜欢上了这个女孩，只见她挽着她母亲的手臂，跟在她父亲和关仲良后面娉娉婷婷走进来,白色的绒线开衫下穿着条淡天蓝色的连衣裙,两根辫子用鹅黄色的蝴蝶结扎住,发梢正好垂到肩上,初春淡淡的阳光下,她目光灵动,带着一丝微笑的脸恬静宜人。

两家的先生太太寒暄几句后,向彼此做了自我介绍。陈家是中医世家,陈先生在自家中药店前厅坐堂问诊。

听陈太太说和自己一样,没有出去工作,玉莲便问她平日打不打麻将,陈太太迟疑了一下才答:"我不太擅长打麻将的。"

玉莲怕陈太太误会自己的问话是在邀她加入麻将圈子,赶紧解释道:"我虽然不出去做事,麻将这东西,也是极少碰的。"

两家父母一见如故,因为各自的孩子要出远门到同一个地方读书,他们边喝茶吃点心,边热烈地谈论着出国前后各种可能发生的情况,一致表示,任何时候两家都要保持互通消息。

但凡陈太太有事找玉莲,需要将电话打到店里去,让锦顺或是惠宝转告玉莲,她向玉莲提议道:"周太太,给家里装部电话吧。"

本来周家并没在家里装电话的打算,陈太太提了,玉莲想也是需要,便去电话局申请了一部,至于将电话机装在哪个房间,玉莲费了一点小心思,反复想了,最后选定楼上中间的起居室。

云祥和尚明两人在伦敦并不同校,住处离得也并不算太近,但每个周末,他们还是会见面。哈特夫妇邀请云祥去他们家里吃饭,总要他带上尚明。哈特太太告诉云祥,她喜欢尚明的性格,安静而不古板,大方却不轻浮。

哈特太太每次看到云祥,都会回忆起在上海的日子,不免提起锦顺:"你越来越像你父亲的样子了。"她渐渐苍老的脸上添了不少皱纹,眉目却显得更慈祥安宁。几次搬迁,她丢了不少东西,却保留着两家人的合影,她将自己和云祥合拍的那张照片的样张和她自己儿子们的照片一起放在钱包里。

陈太太接到尚明的信,在电话里告诉玉莲:"他们一起去过不少地方游玩，有时只有两个人，有时也和其他同学结伴。尚明说了，如果不是有云祥，一个人在外的日子还不知会怎样难过呢。"

玉莲忙说："云祥也在信上说，还好有尚明在一起互相照顾，不然我还真不放心。"

第十六节

各地打仗的消息令锦顺日夜担忧，他和玉莲商量早点将乡下的田卖出去，玉莲赞成锦顺的想法。乡下的田地山高皇帝远，自己顾不到管不着，再说父亲后来也已后悔买地。

锦顺派了惠宝陪玉莲去无锡。朱老板的两个堂弟早就看中这块上好的水地，对玉莲说时局不好，税赋又重，之前收上来的租全部交了田赋都不够，地卖不出好价，夫妇两人迁就了两个堂叔，将一块好地连卖带送地给了他们。虽蚀了不少钱，锦顺夫妇倒觉得是卸掉了一个包袱。乡下的老房子，也只稍许收些钱，让两兄弟里的老大得了去。

云祥去英国前，云怡心里不舍哥哥，跟在他后面走来走去的。这倒提醒了云祥，他特地对父母说，自己外出读书，不会太早成家，有合适的人让妹妹先嫁了，不必顾忌长幼顺序，免得耽误她。

云怡读完女校后，看到市面上多了不少新花样，平日多数时间就是和以前女校最要好的同学余淑秀约好去外面逛街。锦顺劝了几次，见她真的无意继续读书，又舍不得逼她，不由得为此烦恼，对玉莲说："云怡小时候功课还算不错，我以为除了云祥，家里还有一个爱做学问的女公子，谁知她长大之后心思就散了，我空欢喜一场。"

玉莲劝道:"读书这件事,自己不想读,靠别人逼也是读不好的。女孩子大了,心思有了变化。好在云怡现在的文化算是能上能下,想做新派人,可以找到份体面的工作,嫁人的话,也能相夫教子了。"女儿读书多少,她并不像锦顺这么在意,她只希望看到女儿嫁入好人家。

云怡在女校时的同学有些没毕业就嫁了人,毕了业的人中,有的升读大学,也有的找到份工作做了职业女性,不过在家等着父母替自己找个好人家的也是有的,和云怡谈得来还能一起出去的余淑秀就是。说来也巧,余淑秀的舅父,就是当年有人给玉莲说媒的郭家鞋帽店小开郭耀昌,不过那时他早已继承家业,做了老板,还讨了两房太太。

"这是我表哥郭忠民。"见一个穿米色西服的高个男子朝她们走来,余淑秀忙向他招手,将他引到云怡跟前。

云怡和忠民早就知道彼此,自从那次碰到,忠民见云怡长得好看,便时常约她出去,不是请喝咖啡、吃饭,就是逛公园、看电影。

云怡读小学时,天天和惠林一起进出,似乎对他有过些懵懵懂懂的感觉,但年纪大上去一些,才懂了自己和惠林是属不同辈分的亲戚,又见女校同学嫁的人家非富即贵,而惠林父亲只是自家店里的伙计,母亲也在自己家帮佣,不由得有意疏远起惠林。和郭忠民往来后,她暗中拿他和惠林比,忠民是小开,风流倜傥,出手大方,云怡和他在一起自然玩得开心。再回头看惠林,不过是一个办公室小职员,在他爹调教下老实得有些木讷,说话做事也一本正经。

郭家托了从前朱老板的朋友、和锦顺也熟的南货店蔡老板到周家来,为长子忠民和云怡做介绍人。

玉莲极力反对,说当年有人到父亲那里替郭耀昌和自己说媒,父亲就没答应,现在到了小一辈,这郭忠民虽是长子却是二姨太生的，自己更不能让云怡嫁过去了。

云怡将自己关在房间里，不吵不闹，好几天不理睬她父母，一日三餐也是由水芹端到她房间去，锦顺和玉莲拿她没办法。

那边郭耀昌也禁不起儿子忠民的坚持，让蔡老板再去周家帮忙讲讲好话。

蔡老板对锦顺说："上一辈的事我略知道些。周围人人都晓得郭老板的老娘精刮，谁家都怕女儿嫁过去会被这个婆婆欺负。不过这都是老底子的事了，郭家老太太早就过世，郭老板人不错，他讲了虽然两个儿子都是二姨太生的，但忠民是老大，郭家的生意早晚要传给他的，他家还有几处房产，他大太太只有两个女儿，分不走多少家当。忠民这个小囝我接触过，看上去有点花哨滑头，其实人还是相当本分的。"

锦顺道："上一辈的事不谈了，我倒不在乎他是否会接他家的生意，关键是人要可靠。现在的年轻人我懂，我家云怡也是这样的，从小过惯好日子，又被家里宠得有点脾气，但我这做爹的知道，她是懂道理、守本分的好囡。"

蔡老板接下去说："你们两家绝对是门当户对，几代人又都认得，关键是现在两个小的已经要好上了，照他们的话讲，是自由恋爱，这是件大好事，还反对做什么？"

锦顺想想，蔡老板的话也对，劝玉莲说："既然两个小的都有意思，就成全他们吧。不过先不要松口，让这男小囝到家里来，我们亲自试试他，实在不好再推掉也不迟。"

等忠民到周家来过，玉莲也不再反对云怡和他交往了。这个小伙子，长得不错，举止温文尔雅，言语之间也对锦顺和玉莲恭敬有礼。

"从客厅移到饭厅去吃饭，他站在那里，我叫他坐，他说要等我们两位长辈先入座，看来从小规矩做得不错。我们一坐下来，他又过去替云怡拉椅子，这是洋人的习惯，叫绅士风度。"饭后云怡和忠民去了书房听唱片,玉莲朝门口张了一眼,轻声对锦顺说道,面上露出满意之色。

"蔡老板说了,他现在在沪江大学读书。"锦顺向来对读书人另眼相看,蔡老板最后加上去的这点是对他的偏向起决定作用的一个砝码。既然玉莲已经不反对了,锦顺自然更没意见,答应了和郭家结亲。

云怡嫁了,整栋楼里只有锦顺夫妇住着,显得有些冷清。倒是平房里,一间住着惠宝夫妇和儿子女儿,还有一间有几名伙计,一到晚上就热闹起来。

水芹说女孩子迟早要嫁人,花钱给她读书是白搭,会做家务过日子比读书要紧,没打算送惠萍去学校。还是锦顺劝惠宝说,即使是女孩也至少要识字才好。惠萍读了三年小学,见爹娘对阿哥和自己态度不同,嘴上不说,心里记恨。到了十岁,听到棉纺厂招工,想想有工资拿,就自作主张退了学去厂里做了工。和厂里的一个小男工好上后,早早地嫁了,也不怎么回娘家。水芹有时怨道:"这个女儿没良心,好像我前世欠了她,嫁出去就真成了泼出去的水,算了,当我没生过她。"话传到惠萍耳中,她更是有意断了娘家路。

第十七节

周家别墅的门铃嘟嘟地响了起来,水芹去开了门,却被眼前的景象吓了一大跳,原来是锦荣夫妇带了两个孩子,携了几个包袱,狼狈不堪地站在门外。

玉莲赶紧请了他们进来,打电话到店里,叫锦顺赶快回家来,一边先拿茶水点心给他们垫一下饥,一边让水芹马上准备饭菜。

"只听见嗡嗡的飞机响,一个炸弹下来,我们家原先的大宅立马坍倒,里面的人全部埋在砖瓦堆里,我见不妙,叫了一家人拎起老早收拾好的包裹就逃,又一个炸弹下来,我们家里的房子就烧起来了。"锦荣将刚对玉莲说的话又对锦顺说了一遍。

"爹爹姆妈现在还在棠坞吗?"锦顺急忙问他。

"最近飞机常来,他们前些天就躲到宜兴山里娘舅家去了。"

"乡下这么乱,你怎么不早送他们到上海来?"锦顺埋怨他弟弟。

"上次来吃云怡喜酒,我是想让他们留在你这里住一段时间,他们怕不习惯,不肯住在上海,硬是要和我们一起回去,爹爹也不放心裁缝店的生意。"

锦顺知道爹妈暂时没事,弟弟一家也到了自己这里,算是松了口气:"搬到柴屋,倒是逃过大劫,不然大宅倒塌,命就没了。"周裁缝家住在大宅里时将现在住的杂物间称作"柴屋"。锦顺又问:"那店铺呢?"

"还好店铺没给炸掉,我挂了'歇业'的牌子。不过家里房子烧光了,一大家子就算愿意挤在铺子里住也挤不下。"锦荣的眉皱得紧紧的,他老婆秀珍一直在边上带着哭腔重复一句话:"这下怎么办好呢?"玉莲劝她,她反而哭得更伤心,孩子也跟着她哭起来,锦荣终于按捺不住,也抹起泪来。

"这样的乱世里,人都在,就算万幸了。"锦顺用力在弟弟肩上拍了拍。

"你们先在上海住下,再做打算。"玉莲也跟着说道。云怡稍大些时,云祥说她该有自己的房间了,将楼上西面的卧室让了给她,自己搬到了楼下客房。直到云怡出嫁,虽云祥人在英国,玉莲还是将他的东西搬回楼上西间,将楼下的房间又做了客房,因此有现成的地方给锦荣一家歇息。

待兄弟一家睡下，锦顺关起卧室的门，和玉莲商议起日后如何安排。

"现在乡下生意没办法好好做，我想让锦荣干脆到上海来开店，把两个老的也接来，这么大栋楼，就算他们全部搬来，还是住得下。"说这话时，锦顺觉得对玉莲有点不公，毕竟父母兄弟一大群人，即使玉莲识大体，遇事好好商量后再做决定也是他信奉的夫妻相处之道。

玉莲一脸坦然："乡下日子不好过，他们早该出来了，住在这里理所应当。"

秀珍和两个孩子对有希望留在上海欢喜雀跃，锦荣却在去留之间反复掂量。再三考虑后，他决定在上海先住一段时间，等乡下太平一点就回去。

锦荣的担心不是没有原因："乡下人穿衣服简单，在式样做工上远没上海人考究，我在乡下学的手艺，做得最多的就是家常短袄衫裤，长袍旗袍都做得不多，不要说上海街上流行的这些洋装了。不是我不想留在上海，但我有自知之明，只怕在上海没办法做。"

玉莲从外面带了一张报纸回家来，见锦荣坐在花园的凉棚里发呆，便将报纸翻到广告的一页叫他看。

"西式服装裁剪教学班，"锦荣才念了标题，就放下报纸来，"这是给做上海人生意的人学的，我学了也没用，乡下现在还没多少人穿西式衣服。"

"你哥哥还是希望你在上海开裁缝店，趁现在有空，你去看看，你有底子，学起来应该很快的。学费你不用担心。"玉莲见锦荣没有兴趣，耐心地劝他。

锦荣摇头道："嫂嫂，我们在乡下都听说过，上海的裁缝生意基本上是浙江人的红帮控制的，外来的人进不去。我在这里人生地不熟,上海房租又贵,一样收小钱做街坊生意,不如在乡下,都是回头客,还好混口饭吃。我们留在上海的可能性真的不大。"

玉莲只好让锦顺另外再找机会去劝锦荣。

锦顺和锦荣说这事时,秀珍也在,锦荣对学西式裁剪没什么兴趣,秀珍倒是起劲得很,将玉莲拿给她的时装杂志硬塞给锦荣,一个劲地撺掇他去西式裁剪班报名,锦荣只是摇头。秀珍恨得咬牙推了一把锦荣的胳膊,被锦荣瞪了一眼后,又有点怕,不再出声。

锦顺也不再劝,回自己房间后长叹道:"我兄弟一直在乡下,眼光浅,胆子也小,他自己不愿意留在上海,别人奈何不了。"

玉莲说了句公道话:"我倒觉得他是知趣,怕给我们添负担。"

隔了段时间,打听到乡下安定了一些,锦荣寻思着开了口:"我们该回去了,出来这些天,我实在是不放心。"

锦顺叫他回去后将父母亲送到上海来过日子:"乡下房子炸掉了,我这里有的是地方住。"

锦荣带了一家回到棠坞,找零头布拼拢来缝了块挂帘,在铺子后面隔出一块,一家人挤在里面住。他带了口信到宜兴,让他父母先回棠坞,待他安排停当后即去上海。

带信的人从宜兴回到棠坞后转告锦荣,周裁缝讲了,他们在棠坞住了一辈子,到上海肯定处处不习惯,身体又不好,不如在乡下终老。锦荣只能在棠坞镇上再租一处房子,一家人从裁缝铺搬过去安置停当后,雇了船将周裁缝夫妇从宜兴接回棠坞。三代人住在一处,周裁缝方才心安。

父母不肯来上海过,锦顺便每月寄钱给锦荣,说自己在外,父母的事只能全靠弟弟了。玉莲问锦顺为何不将钱寄给他父亲,锦顺意味深长地看她一眼:"以后老人家的事,还要靠弟弟弟媳,秀珍的脾气性格和你不同。"玉莲立刻明白了他的用意。

第十八节

哈特先生善于观察时事，他断言，无论欧洲的战争如何发展，机器制造业都会变得越来越举足轻重，他推荐云祥读的是机械工程专业。

云祥毕业前，哈特先生介绍他到伦敦郊外一家大型机器制造厂实习，哈特和那家机器厂的一位厂东是朋友。那时的英伦全国上下都在备战，机器厂日夜开足马力生产，人手紧张。

云祥到了工厂，书本上的那些机器工作原理图刹那间生动起来，他不由得发自内心地欢喜，差不多每天都和技工们一起，在机器边上一待就是一整天。

尚明毕业时，陈先生担心德国人会打进英国，催促她赶紧回国。尚明到了上海，靠一封哈特太太写给故友的推荐信，在教会办的女子书院谋到了份教师的工作。那是一份令人羡慕的工作，学校不多的几个中国教师和外国教师一样，工资是以英镑结算的。

新闻一直报道英国在备战，锦顺夫妇心里实在担忧，请尚明帮忙一起说服云祥尽快回国。伦敦那家机器厂的厂东试着留过云祥，他还是递了请辞信。接到那位厂东和哈特先生分别为他写的推荐信，鼎鼎大名的大沪制造局在他起程前就下了聘书，请他担任工程师。

玉莲最开心的一件事就是云祥告诉他们，他和尚明已经说好，回国后征得双方父母同意就结婚。锦顺夫妻两人备了礼品，特地去陈家提亲。两家人原本对云祥和尚明会成一对早有预感，只是他们都算新派，小辈不明说，家长不好代替包办。儿女正式公布了恋爱的消息，两家父母见面自然可以放开来说话。

玉莲要将楼上自己住的东面大房间腾出来给儿子做新房。听云祥一说，尚明让他转告他母亲，那个房间朝东朝南，冬天晒得到太阳，夏天有东南风，下午没有西晒，最适合公公婆婆住。玉莲和锦顺说了由云祥转达的尚明的意思，锦顺频频点头："看来尚明是个懂事的女孩。"

玉莲想想近年来膝盖疼痛，上下楼不再利索，还是住在楼下方便些，反正楼下东面当书房的那间房，和楼上那间完全一样。在为儿子布置新房前，玉莲重新分配了家里的房间。老夫妻俩从楼上东间搬到楼下书房，楼上腾出的东间给儿子做婚房，楼上原先云祥住的西间改为书房。

云祥信天主教，因此在教堂办了婚礼。周家又按那时风行的西式宴会，在院子里的草坪上布置了自助晚宴，招待来参加婚礼的两家亲友。

每次想到从外国学成归来的儿子儿媳各自有薪酬优厚的工作，锦顺总会联想起一句熟悉得不能再熟悉的话来："书中自有黄金屋，书中自有颜如玉。"

郭老板去儿子那里，拿周家的例子训诫忠民，要他做好学问，将来才会有出息，忠民听了不响，心里却有些不服。郭老板一走，他马上和云怡说："发达并不是只有靠读书，况且光有手艺只能不挨饿，成不了富贵之人，你爹爹也是听了洋人的话以银元兑黄金，黄金大涨才赚到额外的钱。""人算不如天算"，他最后加了句。

第十九节

"周锦顺"开业以来，生意一路顺畅，没碰到过什么大起大落的事，锦顺偶尔也会暗自扶额称庆，感谢上天赐予自己的运气不错。即便如此，他并不敢掉以轻心。差之毫厘，失之千里，做生意所需的判断准确和匠人所求的精准是何等相似。长期以来，他在场面上行事果断，私底下却无时无刻不怀着如履薄冰的谨慎，凡事皆小心翼翼地权衡利弊，丝毫不敢有懈怠之情。

"周锦顺"做成的最大的一笔生意，是为一家新开张的大公司提供所有桌椅柜子。据说新公司从英国过来的老板一天里亲自跑了好几家店，进了"周锦顺"，见这家的货质量不错，老板能用英文和自己交谈不说，对西式家具的分类也是了如指掌，当即决定下订单。

锦顺生意好，却令其他家具铺眼红。一个月黑风高的夜里，铺子莫名其妙地着了火，幸好店里有人值夜班，发现得及时，扑救之下，只烧毁不多一些存货。

"亏得我们没有工场间，货多数在外面，损失不算大。"惠宝拍着额头宽慰锦顺。

关于火灾，在外锦顺只说是意外，回家和玉莲却实话相告："我曾经接到过威胁我的信，叫我收敛些，我没有理睬，这把火算是再次给我警告，还好这次损失这些财物不至于伤筋动骨。"

"放火的和写信的会是同一伙人做的吗？会不会是帮会？还是日本流氓？"玉莲闻言骤然大惊。

"是帮会和日本人就没这么客气了，"锦顺的眉头皱得紧紧的，谁都知道，真惹了那些人，性命都难保了，"应该还是同行，我们到底还是树大招风了。"

云祥问报了警之后，巡捕房那里有什么消息。锦顺只是摇头："即使猜到是谁做的，又到哪里去找证据？就算人抓起来，塞点好处也就没下文了，所以问都不要去问。"

玉莲想了几日，郑重其事地对锦顺说："赚钱总有个够的时候，我们自家有这栋别墅住,手里有卖掉乡下田地房屋的钱,还有爹爹留下的石库门房子可以收租,过日子、应急都不成问题,即使不再做家具店的生意,将来孙子辈还是不用愁没房子住。不如现在就把生意盘出去,我只求全家人有个太平日子过。"

刚开出口时玉莲心中有些忐忑,怕锦顺会责怪她经不起一点事,但想到究竟为的还是他和全家人,底气自然足了起来,她做好了和他软磨到底的准备,直到他答应为止。她怎么也没想到锦顺诧异地看了自己一眼,但这份诧异中除了意外更多的是惊喜:"看来,我们想到一起去了,我正想和你说这句话,怕你不赞成,没想到你倒先说出来了。"

说罢,锦顺走到窗前,双手推开窗,轻轻闭拢双眼,长长地呼出口气,又深深地吸进一口含着木香树郁香的空气,顿觉清风拂面,神清气爽。

"做生意,天时、地利、人和,缺一不可,现在第一条天时不利,生意做不大了,就不必盘桓。还好我们未雨绸缪,早就铺好后半生的路。"说话时,他依然闭着眼。玉莲站在他身后,目光停留在他四十好几却没有一丝白发、仍闪着乌亮光泽的短发上,"再者,我们这份生意长期以来稳定牢靠,引得别人家眼红,来争来抢,都撼不动,自然更加受人嫉妒,人和这条也谈不上了。一旦遭人惦记上,麻烦就会接着来,这次的火灾不过是开了个头。时也,命也,既如此,盘掉生意也好,在家休息休息,每年到棠坞去住住看看,不是很好吗?"

锦顺的语调听似平缓,玉莲却看见隐隐地有眼泪从他闭起的双目中溢出。

锦顺本来并没有打算早早就休息下来,怎奈前些时候,他发现自己的手有些不争气,开始微微发麻,后来就成了震颤,再往后,手抖动的幅度越发大起来,他就知道自己难以再掌握那些工具了。

从那时起，他时常想起朱老板来。岳父操劳一辈子，到想通放了手、可以享清福的时候，却已无命享受。锦顺亲眼看到这些，绝对不想步岳父的后尘，他想多留点时间给自己，将年轻时没来得及做的事做一遍。难得玉莲在大事上竟和自己如此默契，同进共退，他庆幸，他欣慰，这才叫夫唱妇随，这辈子有她，他满足了。眼中的泪，是因他如此想来，喜极而泣。

店里有个跟了锦顺多年的师傅昌茂，有心自己做生意，锦顺就将生意和存货都算了低价，依皇历择吉日立了字据，将店盘给昌茂，昌茂将店名改作了"茂发"。

昌茂受了"周锦顺"火灾一事的影响，又见各地都在打仗，不想将生意做得太大，乱世里还是循着船小掉头快的道理，压缩了生意，只留长青和另一个伙计在店里帮忙，将其他人都辞了。

和惠林一个科室的同事老黄见他为人可靠，又住在周家别墅里，遂给他介绍了自己的小妹黄彩娟。彩娟在一家文具纸张店做店员，人长得普通，家里条件一般，除了有正经工作、家里有地方住和人老实本分点，对找什么样的男人就没太多其他要求了。大哥安排她到他上班的地方偷偷看一眼惠林，见眼前这人非但条件都符合，长得还非常登样，她喜出望外。见过几次面后，两人都觉得双方条件相当，很快就决定结婚。

除了长青，原先住在平房里的其他伙计已全部搬了出去。长青因没找到合适的地方，成了留到最后的一个。长青的同乡回乡时告诉他老婆，说长青住在洋房里，一个人住一间屋，他老婆竟然从江阴径直到了上海，找到周家别墅来。长青只得为他老婆的自说自话找玉莲赔罪。玉莲说既然来了，就先住下吧。还是长青自己觉得再住下去，道理上说不过去，很快在闸北另租了房，硬拉着老婆搬走了。

中间那间平房空了出来。听到惠林要结婚，锦顺让惠林将新房安在那间房里。这实际上帮了惠宝的大忙,他本来想用木板在屋里隔出个房间来给小夫妻俩住的。

不过,他心里有些过意不去。他找锦顺说,自己已经不再是"周锦顺"的伙计,还住着周家的房子,现在儿子要再占一间,理应付房租。

锦顺听了,故作不悦说:"亏我叫你声爷叔,惠林是我的表兄弟,你和我提房租,岂不是拿我当外人,这种伤感情的话以后就不要再提了。"惠宝这才答应不提。

回家和水芹说起,惠宝还是有些不安:"俗话说亲兄弟明算账,以前我在店里做,你在这里帮佣,我们住着还算讲得过去。现在惠林有工作,结了婚还要多个人住进来,一分钱不付,等于占便宜。锦顺客气,我们不能当福气。"

水芹想了想,说:"付房租他们肯定不会收,搬出去又不便当,其实我们也是两难。要么暂时先听他们的,以后再说吧。"

第二十节

云祥和尚明回国后,时常和关仲良相约一起吃饭喝咖啡。关仲良从医科大学毕业后做了医生。仲良的祖父是一家毛纺厂的大股东,身家丰厚,在宝贝孙子十八岁时就送了他一套在苏州河边的新式公寓。

"什么时候吃你的喜酒?"云祥结婚后,问过仲良好多次,仲良只是笑而不答。

尚明刚怀孕时,还教了几个月课,直到身体不适加重,腰身明显变化,才不得已向学校要求暂停工作一年。她听得出教务处的庄士敦太太给她的答复有些模棱两可,大致是同意她现在停课,但是请她在希望回来工作前,先和学校联系。

关家和陈家是邻居,陈太太托了仲良在医院介绍一位好大夫替尚明接生。尚明一进医院,仲良就请别的医生代自己的班,自己一直在产房外陪着云祥。

锦顺预先取好了两个名字,男孩叫礼全,女孩则叫礼臻。尚明第一胎生的是个儿子。一家人欢天喜地地庆祝了一番。

生下孩子半年多之后,尚明怕学校那里夜长梦多,给儿子断了奶,打算早些回去上班,却还是被庄士敦太太告知她的位置已经被别人顶替了。原先的校长回了英国,接任的校长安排了自己的英籍友人担当了尚明的工作。尚明虽是由哈特太太推荐,但人走茶凉,再说新校长并不认识哈特太太。庄士敦太太用一对绿色的眼珠看着尚明,礼貌地向她说了抱歉,让她到下个学年再来看看有没有空缺。尚明见她言语闪烁,便证实了自己早些时候的感觉,自己常随云祥去教堂,却因自己父母笃信佛教而选择不受洗,这点对她十分不利,何况这份工作薪水高,想得到的外国人还不知有多少。她正打算按招聘广告找别的工作,却发现自己又怀了孕。

"干脆再迟一些,等生了这个孩子以后再出去工作。"云祥这么讲,尚明觉得有道理。凡是好些的地方,总不喜欢自己的员工忽来忽去。

尚明生下了女儿礼臻后,奶水不足。那时彩娟才生了儿子小江几个月,双乳常胀得痛,听到礼臻哭,就抱了她过来喂奶。

玉莲弯腰从婴儿床上抱起礼臻时,尚明看到,婆婆脸上已皱纹密布,想想自己若出去工作,两个幼小的孩子就得留给婆婆,再看一旁患病的公公,起居也需要婆婆照料,心里实在有些不忍,便对云祥说:"还是等孩子们大些,我再出去工作吧。"

云祥说是星期天休息,却经常被电话叫去加班。一家庞大的制造厂，只要机器开动，就需要有工程师随时待命。云祥是在英国读的专业，老板信得过他。

趁一个星期天云祥不用去厂里，尚明催他再试着拿些钱给他父母。他们结婚以来，家里开销由婆婆拿钱出来，她一直觉得不安。

云祥对玉莲说过多次，自己的工资是全厂最高的，还在家吃父母的，实在不像话，玉莲却坚决不肯接受云祥的贴补："爹爹姆妈现在还负担得起这个家，住在一起，做长辈的要是拿小辈的钱，就是和他们生分了。你的钱该存起来，将来孩子们身上要用的。"话虽是从玉莲口中说出来，云祥知道那也是坐在一边的躺椅里的父亲的意思。

第二十一节

云怡最近到娘家来，总是愁眉不展。玉莲问起缘由，她说，如今西洋的电影、画报传进来，有点条件的上海人追赶时髦，一窝蜂学洋派的穿着打扮，郭家店里传统式样的鞋帽不好卖，穷人们对式样没那么讲究，但饭都吃不饱，哪里有钱买新鞋新帽。郭家仓库里积压的存货变不了现钱，生意越来越差。

郭家由大太太管钱，郭老板问她要钱给忠民付读大学的学费，大太太和他闹得凶。不过忠民的学费确实也相当贵，郭家的生意一差，大太太将钱管得更严，郭老板拿她没办法，只好听任她减少二姨太一家日常开销。以前生意过得去，郭老板看在两个儿子的分上，暗地里贴些钱给二姨太，现在流水少，他即便有心也拿不出钱来。二姨太可以支使的钱少得可怜，再下去忠民的学费都快付不出了。

玉莲听云怡这样说，心想难怪她忧心，私底下拿出些钱来，塞给女儿，云怡没有推托，只叹了句"姆妈就是姆妈，阿婆就是阿婆"，就收下了。

不过，自从锦顺盘出店铺，周家没了生意进项，只靠石库门的房租过日子，手头也大不如以前宽裕，一家人的生活虽没问题，玉莲能给云怡的也有限，忠民还是从沪江大学退了学。

忠民这人场面上的礼数不差，却不谙人情世故，不会看人说话，更不会察言观色，郭老板嫌他去了店铺里只有帮倒忙。再说那时的生意不好，就是他去了，郭老板也拿不出一份额外的人工来。忠民没有别的经验，外面的苦活又不可能去做，只好成天混日子。

玉莲不时悄悄塞钱给云怡，锦顺心里有数，但他心疼宝贝女儿，乐得看到玉莲贴补云怡。尚明偶然撞见过云怡从玉莲那里接钱过去，却并不放在心上，更从不曾对云祥提起过。

云怡的女儿郭依依乖巧，玉莲因云怡日子过得清苦，不免对依依偏爱些，关照云怡常带依依来外祖父母家。她们一来，玉莲总亲自给女儿和外孙女做些好吃的，依依来了外婆家不肯回去，玉莲也就常留她和自己一起住几日。

锦顺在跟哈特先生一起做事时，养成了喝早茶和下午茶的习惯，尚明和云祥在英国待了几年，也入乡随俗渐渐喜欢西洋饮食，因此家里常备些糖果、西饼当点心，依依来了，尚明也总拿出点心来让孩子们分着吃。依依有时和礼全、礼臻争抢玩具、零食，礼臻还会和她对抢，礼全却什么都让着女孩子们。

过年前云怡到娘家来借饭厅里那套西式的紫檀木餐桌带八张靠背椅，说是婆婆做寿，宁波老家的娘家人要到上海来住一阵，婆婆家吃饭的桌椅太小，那些亲戚坐不下，想借一套大的桌椅去用。尽管云怡的借口有些勉强，锦顺还是一口答应下来，找人将桌椅从自家饭厅拉到云怡婆婆家，自己转头到昌茂那里订了套柚木的餐桌椅,让他将货送到周家别墅。

云祥不解,说那套红木桌椅云怡只是替她婆婆借去用,总有还的时候。他以为父亲忘记了,杂物间里有两张和八仙桌面差不多高低的长条凳,平时搭上三根木条,铺上竹帘就搭成一张大长台,专门用来晒被子、缝被子。眼前只要拿这两张高凳搁上块台面就是张桌子,椅子各个房间里也有,临时将就着用用没问题。锦顺笑笑说:"云怡婆婆家来还红木桌椅的话,我就送这套柚木的给她,不然,这套我就自己用。"

郭忠民找不到称心的工作,从他娘那里又拿不到多少钱,手头日益拮据起来。他从小过惯了小开的日子,在亲戚朋友那里好面子,富家子弟的样子总要维持。但是,场面这样东西没钱是装不出来的。

见岳父身体出了毛病,忠民担心现在不分家当,将来锦顺一归西,云祥是儿子,又和父母同住在周家别墅里头,近水楼台,肯定会分得更多财物,他娘也叮嘱他先下手为强。他常听云怡讲,母亲偏爱云祥,父亲却宠爱女儿,就让云怡暗中先和父亲开口,趁早要锦顺立好遗嘱,如此,就好知道父母的打算,如果分得不公平,只要父母在世,就有机会要求重分。

锦顺知道女儿耳根软,立遗嘱、分家必是女婿的意思,没有马上答允。忠民隔三岔五地提起这个事,要云怡去和父亲磨,云怡拗不过忠民,又不敢直接和父亲再提,到了娘家就眼泪汪汪地对玉莲诉苦。

玉莲无奈,只能在锦顺面前重提父亲朱老板突然病倒去世的事,劝他说,未雨绸缪,早点将家当分妥也好。

锦顺仔细想想也是,玉莲是岳父母唯一的孩子,继承遗产没有纠葛,现在自己有儿有女,既然女婿铁了心想要分家当,为女儿在夫家求个太平,不如同意女婿的要求。和玉莲再三斟酌后,锦顺做好决定立了字据。

周家别墅归儿子云祥，石库门先由自己留着收租，等自己和玉莲两人双双归西之后，再由女儿云怡继承。至于现钱和其他家当，要等办妥了两人中晚走一位的后事，摊开清点，算出详细数目后，由兄妹二人均分。

忠民觉得石库门的价值没法和周家别墅比，还要等二老归西以后才能到手，云怡在房产上明显分得少，吃了亏。云祥对父亲说，既然自己会继承周家别墅，其他财物就给云怡好了。锦顺让云祥不必多虑，又当女儿女婿的面，说云怡出嫁时，娘家陪了丰厚的嫁妆，如今加上一份房产，已是公平。

忠民见丈人意思坚决，想想自己分到的家当里，除了石库门房子，将来还能有金银现钱，确实已经相当不错，再争也多不到哪里去，就不再作声。

第二十二节

即使生意不好，日子过得远不如以前风光，云怡的公公郭耀昌还是又看上了一个年轻的女人阿珠。

阿珠跟她爹妈从外地逃难到上海，她父母在穷巷里住怕了，一门心思想靠女儿觅个有钱人家翻身。凭阿珠有几分姿色，她爹怂恿她到舞厅里去跳舞，那里虽多数是花花公子，但接触到有钱人的机会也多。"男人嘛，外面花让他去花，拿钱回家给老婆就行了。"她爹用玩世不恭的口气对阿珠说。没想到有些身价的人家大多不愿被穷亲家拖累，阿珠自己前前后后跟过几个男人，都是玩了些时候，阿珠一提出结婚，就被对方甩开。

阿珠心灰意冷，不想再找到舞厅去的男人，也不想再在舞厅做，逛马路时，顺便一家家商店问有没有工作。走到郭老板店里时，郭老板打量了她一下，见她眼带桃花，身材婀娜，转身间似乎有意在撩拨他，便让她留下试试，两个人心照不宣。没过几天，郭老板就在店铺后面的库房里收了阿珠。

　　阿珠想得明白，年轻未娶亲的有钱人不好找，既然眼前有现成的郭老板，虽年纪大了些，家里还有大小两个老婆，总算有点家底，反正自己也没啥好损失的，不如先跟着。

　　郭老板见阿珠识趣，先找借口辞退了一个年纪大些的女人，让阿珠替了她在店里做工，迟些又将阿珠领回自己和大太太的家里去住。阿珠在郭家虽没有正式名分，但她懂得如何讨好男人，郭老板享受到在原来两房太太那里从未体会到的乐趣，人都好像精神了起来。家里的用人势利，见郭老板宠爱阿珠，都称她三姨太。

　　大太太对郭老板领回个小女人窝了一肚子火。当初二姨太进门，她还年轻，和郭老板吵得天翻地覆，却什么都没能改变。二姨太连生两个儿子后，她自动偃旗息鼓。现在她人老珠黄，如果和三姨太明斗，也不会有啥好结果，故平日里只冷言冷语相待，心里算计着如何让这个女人从眼前消失。

　　二姨太对丈夫另找女人倒是抱着无所谓的态度。郭老板一共从他父亲手里继承了三处房子，他和大太太住最大一处，二姨太和两个儿子住另一处。忠民和云怡结婚时，因他是郭家长子，郭老板将原先出租给别人的房子收回给他住。所以，如今二姨太得了郭老板两处房子，自己年纪也大了，对他再找女人就采取了眼开眼闭的态度。

　　大太太想到二房占两处房产，自己倒要和这个不明不白的阿珠在一起住，心里实在是气不过，既然自己一个人力量不够，就有意将这事告诉阿珠。阿珠果然中计，闹着要郭老板再买间房子给自己。郭耀昌哪敢告诉她，自己的经济早到了捉襟见肘的地步，根本再买不起房子，阿珠缠得紧，他只能从二姨太那里动脑筋。

实际上这才是大太太的真正用意。借阿珠的手从二姨太那里夺一套房子回来，三处房子，三个女人各占一处，天经地义。何况阿珠根本没有名分，年纪又轻，说不定将来哪天就跟个小白脸跑路，自己再动动脑筋，这房子说不定还能落到自己手中。

二姨太住的房子是三套里最小的，阿珠没看上，她挑中的是忠民和云怡住的房子。郭耀昌不敢惹她生气，只好答应，催忠民、云怡腾出房子，搬到二姨太那里住。

忠民自然不肯。阿珠每天和郭老板闹，大太太也软硬兼施，郭老板头痛不已，只得对忠民下最后通牒。

忠民见父亲那里已没得商量的余地，只好打算带着一家人去和二姨太挤在一处住。

第二十三节

二姨太看着云怡，眼珠一转心里有了主意，教忠民让云怡去娘家找锦顺夫妇商量，正好趁这次的事将石库门早点接手过来，一家人搬进去，省得日后再搬一次。

云怡听忠民如此一说，不由得想，既然石库门早晚都要给自己，自己一家先收一半住下也好，另一半还是由父亲收租。

忠民责怪她傻，说既开了口，要么不收，要收就全部收下，多余的房子租出去，房租的收入就归他们了。"现在上海市区的房子多金贵，我们没工作，要养孩子，日子不好过，有点租收，就不用担心了。"

云怡想到除了这样安排，也没有更好的办法了，不如真的去和爹娘商量一下。

锦顺夫妇听了云怡一番哭诉，心软了下来。两人粗算了一下，如果没有石库门的租金，自家就只能靠家里的积蓄过日子，那等于不进只出，坐吃山空。不过替云怡想想，不让他们搬到石库门去，他们就得和忠民的娘和弟弟挤在一处，手上没钱，又没有日常的进账可以维持生活，忠民娘这等厉害的角色定然会为难云怡。那时，云怡恰恰又怀了孕，她父母舍不得看她生活得如此艰辛。更不巧，忠民的弟弟也快要结婚了。

锦顺再三思量，觉得还是先替云怡解决眼前的困难要紧。石库门早晚都是要归他们的，让他们早些搬去也不是不可。只是玉莲担心云祥和尚明有想法，想候个合适的机会和他们说。

云怡得知了母亲的顾虑，知道哥哥好说话，自己去找了云祥，将自己的处境对哥哥说了，至于嫂嫂尚明，云怡心里没底，平日里看着客气，到了利益上有冲突的时候，不知她会怎么说。

云祥在自己房间里将妹妹的事和尚明说了。尚明说，云怡的这个难处，只有娘家人能帮得了，公公婆婆若愿意提早将石库门房子交给云怡，自己并无二话。

云怡夫妇知道了她父母的决定后，喜不自禁，立刻遣走石库门的租客，略为打扫了一下，择日搬了家。停当下来后，忠民娘对他说这下客厅地方大了，家具不多，屋子看着显得有些空，云怡娘家以前做家具生意，家里有的是好货，让忠民叫云怡去问问看，有什么好给他们搬来用的。

云怡被忠民在耳边嘀咕得烦，又觉得他的话不无道理，真的向父母开了口，说想要周家别墅楼下客厅的一个包绦红丝绒面的黄花梨贵妃榻。

锦顺略一思忖，干脆将贵妃榻和自己房间里的一个黄花梨大衣柜一并给了云怡。

不承想，忠民找人来搬东西时，见岳父房门口的走廊上那张条几也是花梨木的，顺手带了去。等玉莲发现走廊上空了，也不好追回，只得作罢。朱老板当年反复叮嘱她要将这条几放在走廊上的话，她并没有忘记，只是朱老板没说原因，她并没觉得一张条几有多重要，既然女婿大件的东西也拿去了，这么个小对象，拿去也是落在自己女儿家，就不与他计较了。

如果知道朱老板那样郑重其事叮嘱她的原因，她无论如何都会再拿个其他对象放在走廊上的。

云怡懂父亲的意思，两处房产相比，不管是地段还是房子本身，周家别墅的价值都要比石库门高出许多，那差额不是父亲给了自己的那些嫁妆可以扯平的，因此父亲还是想尽量平衡一下。自己出嫁时当嫁妆的那些红木家具，加上借走未还的餐桌椅还有现在得了的贵妃榻、大衣柜和条几，自家的红木家什就成了十分齐全像样的一套。

看着摆放到自家的东西，云怡心里又有些惭愧。忠民笑她妇人之仁，说她哥哥占了洋楼，她只得个石库门，现在是提倡新风尚的民国，男女平等，父母财产也应该平分，她父母明显还是重男轻女，她就是再多拿几件家具也不为过。

阿珠从大太太那里搬到忠民原先的房子后，她父母马上将在杨树浦租的房子退了去，欢天喜地地搬到女儿那里，和她住到一处了。

锦顺差惠宝到茂发去买了一个柚木的大衣柜回来，放在自己房间里。

云祥想贵妃榻是母亲平时最喜欢坐的，搬走后，一是母亲没个舒适的座位，二是一般家里来个人要在客厅接待，地方一空出来，看着不像样，就让惠宝他们将书房的两个座席宽大坐着舒适的圈椅和一个和圈椅成套的茶几搬了下去，放到原先贵妃榻的位置上。

第二十四节

尚明三十岁生日那天，玉莲从柜子里取出一只做工精巧的胡桃木首饰匣，抽出盖板，打开里面一只锦缎盒子，衬底的红丝绒上，是一对美不胜收的金镶玉耳坠。

玉莲将木匣递到儿媳手上："这对耳坠是我最喜爱的首饰，首饰匣也是从前你爹爹亲手做的，现在就都传给你了。"

尚明虽看第一眼就十分喜爱那对耳坠，却还是将耳坠连木匣推还给玉莲："这些年来，你多少也了解我，并不看重金银首饰，这么有纪念意义的东西，还是你留着吧。"

玉莲知道尚明说的话并非矫饰。陈家殷实，但尚明没买过什么华丽的珠宝首饰，平日里除了一对式样简单的珍珠耳环，她也鲜戴别的饰物，但她想象得出尚明戴上这对耳坠的样子，坚持要尚明收下。尚明见婆婆如此执着，知她是一片真心，谢过后欣然接了过去。

婆媳两人说着话时，玉莲想起女儿云怡在自己戴着耳坠去吃喜酒时看着它们的眼神，她想云怡应该是惦记着它们的。她摇头叹息，说本来以为就算忠民是二姨太所生，总还是郭家长子，鞋帽店的小开，云怡跟了他日子会好过，却没料到郭老板还会再找回一个阿珠这样的女人，害得忠民将脑筋动到丈人家，也怪云怡对忠民太过言听计从，言下第一次对云怡带了明显的埋怨之意。

"云怡嫁到郭家，日子过得不易，现在大太太、三姨太联起手对付她婆婆，云怡更加受罪。当年，我爹娘没让我嫁给郭耀昌，谁料到,我的女儿却还是嫁给他的儿子,前世欠他们家的,要还,这是命呀!"玉莲找不到其他的解释。

"这时候娘家人能为她做点事,她心里也好过些。"尚明一句话说到了玉莲心里。

尚明受的是新式教育,并不完全认同婆婆的说法,却能体会她做母亲的苦心,也知道婆婆担心自己会因云怡常到娘家占好处而看轻小姑。玉莲在乎名声,怕自己女儿在儿媳跟前失了颜面,更担心叫人笑话自己没有调教好女儿,除了家里的人和事,其他也并没什么大事可以吸引她的注意力。

锦顺本想不做生意了就种种花,养养鸟,白天静心将过去买了没时间好好读的书再读一遍,晚上和玉莲下棋打牌,偶然出外游览一下山川河流,做一对神仙眷侣,没想到身体状况却越来越差,受病体拖累,平日多数时间他必须歇在床上,心里不免郁闷,时常唉声叹气。

玉莲时常独自对着花园发呆。原来她一直觉得这辈子投胎投得好,父亲和丈夫两人不仅都有一手好手艺,还都是脑筋好、会赚钱的生意人,自己虽非好逸恶劳之人,一生却也无须为了生计奔忙劳作。不料到了年老之时,时局不好,命运多变,夫妻二人尚未归西,却断了收入,开始过坐吃山空的日子。

"好不容易等到日本人走了,没想到钞票一点都不值铜钿,况且,现在外面东西真是贵啊!"除了照顾病人,玉莲另有一层烦忧的事。外面物价贵,锦顺治病吃药花的钱不少,病不但不见好转,还一天天加重。虽然云祥将工资都交给她做生活费,她也尽量压低开销,但钱一点也存不下来,每个月都绷得紧紧的,今后怎么办?她日思夜想,陷入无尽的焦虑之中。

云祥知道他母亲的忧虑。"你一点点都不用担心,即使只有我一个人工作,养这一家人也还是够的。"他用手臂挽住他母亲比从前缩小了的身体安慰她。

"这世界上的事真是不好说，我本来还一直在想，还好当年没嫁去郭家，哪里想得到，过了这许多年，最后因为一个讨饭的阿珠成了郭家三姨太，我爹爹的房子还是姓了郭，前世作孽！"玉莲一心认定，归根结底是因为云怡非要嫁给郭忠民这桩事祸害了娘家，对自己没能阻拦这桩婚事后悔莫及，却又百般无奈地相信这是冥冥中注定的事。她仿佛钻进了一个牛角尖，在一个死循环里与自己苦苦纠缠，对同意将女儿嫁到当年自己不待见的郭家、还莫名其妙赔进父亲和自家辛苦挣下的一处房产耿耿于怀，无论谁劝她都摇头不听，整夜整夜地辗转反侧无法入眠，变得越来越神思恍惚。

"一切都是命，人算不如天算！"她像变成了另一个人似的，开始怨天尤人。

第二十五节

尚明的父母陈先生夫妇见时局不稳，再三思量后，去了香港。临行前，到女儿家探望了亲家，顺便告别。走到尚明的房门口，陈先生停了下来，朝走廊两头来回看了看，让尚明去各个房间看看，有什么家什可以搬到走廊上。尚明找了一阵，说没什么合适的小件，大家什放外面，既不雅观，还妨碍走路。陈先生立刻去外面买了一个齐腰的方形花案来，放在原先条几的位置上，关照尚明不要挪走，又要她一旦家里的事安排得过来，就尽快和云祥一起去香港。

过了中秋节，天气骤然转凉，玉莲受了风寒，发起高烧，尚明带她去医院看了病。从医院回来，玉莲头脑清醒了些。趁精神略好，她从衣柜的抽屉里取出一串钥匙，交到尚明手中，说自己连一口气开一遍周家别墅所有房门的力气都没有了，钥匙从此之后就交给尚明保管。说罢，她不由分说地将钥匙塞进尚明手中。

当晚云祥回家，尚明拿出钥匙讲了白天的事。云祥黯然对尚明说道："钥匙你就收着吧，今后，周家的事就全靠你来打理了。"

玉莲的面容一日日苍白下去，锦顺的病也是不见好转，再看看尚明也是脸色憔悴，云祥心疼她，心里苦不堪言，又怕父母知道他的心思替他难过，还得装作若无其事的样子。

在一个下着雨夹雪的冬夜，玉莲一口气上不来，带着无限的怨恨离开了人世。

惠宝帮着云祥在棠坞置办了墓地，竖了石碑，碑上并排刻了周锦顺和周朱氏玉莲的名字，分别用黑色和红色填进两人的名字，将玉莲的骨灰运去下了葬。

忠民娘见忠民家的石库门房子楼下有的是房间，背着云怡，和忠民说好了，带着新婚不久的小儿子夫妇搬了过去。一群人搬到石库门之前一天，忠民才想起什么似的，向云怡宣布了这个消息。云怡被婆婆这番得寸进尺的安排惊得目瞪口呆。如此大的一件事，忠民事先不可能不知情，她知道他没有这么促狭，一定全是他娘的主意，忠民只是愚孝，照她的意思做了而已。到了这个时候，她再反对也无济于事，只有在夫家人那里哑忍。

忠民娘转头将自己从郭老板处分得的那套房子租了出去。如此，她反倒有了房子收租，钱包一下子鼓了起来，话里话外开始嫌云怡在家吃闲饭。

云怡一个人跑到周家别墅，见到父亲和哥哥的样子，又不敢惊扰，只能对尚明一人说了。"郭家欺人太甚！"云怡虽气愤难平，可如今母亲归西，父亲卧病，兄嫂又都是百无一用的读书人，她独自根本无力改变被夫家人操纵的命运。

尚明生怕公公知道这事生气，又担心云祥这样的老实人要是光起火来，也会不顾身体去为妹妹出头，但忠民背后是他那敢于恣意妄为、无所顾忌的老娘郭家二姨太，云祥岂是她的对手。

既然事情已到了不可改变的状况，姑嫂二人只有暂时将这事瞒下来。

云怡一生都不会忘记母亲玉莲弥留之际对她说的最后一句话。她痛心疾首地将母亲无力的手握于自己手中时，母亲半闭着眼对她嗫嚅："阿囡，女怕嫁错郎啊！"

第二十六节

惠林拎着装了大半袋籼米的白布袋从米店往回走。惠宝老得直不起腰后，才肯将替尚明买米的事交给儿子做。惠林走到周家别墅门口，迎面见到郭忠民，先开口寒暄道："来接依依回家？"

"米买回来了？交给我好了。"忠民没有回答惠林的问话，只是将惠林手里的米袋接过去，他认得这个用蓝色丝线秀了个英文字母 C 的米袋是尚明的。早上云怡送了女儿依依过来和礼全、礼臻玩，这会儿忠民正是来领她回家的。

依依站在书房门口不肯走，拉住舅妈尚明的手问道："为什么礼臻可以住在这里，我要跟爸爸回去？"礼臻坐在写字台边的一张椅子上，手里拨弄着积木，眼睛却忽闪着从依依转向她母亲尚明。

忠民又想起刚才碰到惠林时，惠林问他的话。惠林无心，忠民却听得扎耳，他觉得惠林似乎在讲，即便他是周家伙计的儿子，都是有名分住在周家别墅的人，而他郭忠民却是访客。依依的话又触到了他的神经，他神情不自在地看了一眼尚明。

尚明轻轻拉了拉依依辫梢上的小蝴蝶结,说真漂亮,脑子里在飞快地考虑如何回答孩子看似简单的问题,她怕不妥的答案会让忠民尴尬。

忠民反应还算快,打岔对依依说带她去买蛋糕吃。在蛋糕的诱惑下,依依一下子就忘记了刚才问尚明的话,开开心心跟着忠民走了。

惠林家的小江和小波也喜欢到楼里去找礼全、礼臻玩。他们家有漂亮的积木,可以搭出和自家院里房子一样的楼房,还有会敲鼓的外国人的玩具,其实最吸引他们的是那些好吃的太妃糖和牛奶饼干。

水芹知道孙子孙女馋尚明家那些零食,她自己是绝对舍不得买吃不饱肚子又贵过肉的零食的,因此她巴不得尚明来叫孩子们去玩。

一日小江和依依在楼上过道用绳子牵着被他们称作乓乓器的小车玩,车轮每滚一圈,车上的小狗就会自动敲一下胸前的铜锣,为了让小狗敲得频密,小江在前面跑得飞快,没想到小车歪进花案下,绳子钩住了花案腿,花案一下倒在依依身上,依依立刻放声大哭起来。尚明赶紧跑去查看,还好依依身上没有碰破的地方。虽记得陈先生的叮嘱,她怕再有人被走廊上这一突兀的对象绊着,还是将花案挪进起居室,放置在落地窗边的墙根处。

惠宝叮嘱过老婆水芹和儿媳彩娟,要像念经一样常对自家孩子讲,家里条件再不好,看见人家的东西也不能眼热;还有,到楼里和礼全、礼臻一起玩可以,但去了一定要守规矩。这回见小江闯了祸,拎着他的耳朵责骂了几声,被尚明劝住:"他们孩子在一起玩,一开心难免磕磕碰碰,这点小事几分钟就过去了。"

惠宝刚将水芹从棠坞带到上海时,水芹说话还和在乡下时一样,直通通来去,与其说是看不懂,不如说她根本没朝别处想过,帮人家做活，不但要守人家规矩，还要知道什么分内分外之分，就连说话，都要想想什么话该说，什么话不该说。"锦顺不是管你叫爷叔吗？"她见惠宝这个长一辈的人还处处知趣，有些不解。"拿了工钱做事，辈分就要靠后了，人家不摆主人架子，我们行事还是要界限分明的。"

在惠宝慢慢调教之下，水芹也一点一点看得懂些三四了。媒人到她娘家说媒前，她并没见过惠宝，听她父母传的话，惠宝是个好到天边的男人，只是媒人的话不能全信，不到嫁过去，不会知道丈夫是怎样的人。就算生了儿子，丈夫对她来说，并没比陌生人熟悉多少。直到跟他来了上海，她才越来越相信，一定是她前世行善积德，今生才能嫁给这个男人，虽然他只是一个伙计，她跟着他也只能做用人，但凭他对锦顺一家的忠心，她相信他对自己老婆也肯定会好的，这样想了，她心里因对自己今后一直有人可以依靠而感到无比踏实。

第二十七节

云祥说是常日班，但厂里事多，从星期一到星期六他都很少准时下班，除了星期天去教堂，其他时间，他几乎都在上班，有时还需要在厂里过夜。尚明见云祥脸色不好，就在每天给公公锦顺准备添了滋补药材的夜宵时，给云祥也留一份。

一天早上云祥出门时，还和平常无异，上着班时却突然一阵猛咳，到后来咳出一丝血来。去了医院，诊断出肺里有病。云祥不得不向老板请了长假，停在家里养病。

锦顺一向病着，现在家里又多了云祥这个病人，尚明更没有了出去工作的可能。

云怡的公公郭耀昌叫二姨太一家和三姨太中秋节一起到大太太屋里吃团圆饭。三姨太推说近来身体不适，不想过去扫大家的兴。转头让自己的老娘去买些好点的菜，准备和父母三人关起门来吃自己的。

二姨太对忠民说："那女人抠门，从来拿不出几个像样的菜，每次只要去那里吃饭，我回家都仍旧饿着，还不能空手过去。"回头郭老板来，她找了个借口，说今年中秋约好了要和儿子儿媳去周家别墅探望亲家，以他们的待客之道，肯定会留客人吃饭。

她要云怡早些去和尚明说，她中秋节下午要去周家送月饼。云怡嫁到郭家时间不短，已熟悉二姨太的套路，直接和尚明说，这个中秋节他们一家都到周家别墅吃晚饭，小叔子他们也一起来："人多，热闹些。"

和尚明说好了，二姨太就去外面买了盒苏式月饼，拎回家放好，中秋节好带去周家送礼。

八月十五一早，尚明嘱咐水芹先去菜市场买只现宰好煺了毛的鸭子回来，再买段草青鱼尾，另外多买些应节的毛豆、芋艿和莲藕。云怡婆婆来吃饭，总要讲究些，这是为云怡着想。

水芹回来时提了满满一大竹篮的菜，正愁来不及准备，却见尚明已经在厨房里，云怡也在。晚上的家宴人多，云怡怕水芹和尚明两个人仍来不及准备周全，故早早过来帮忙搭把手。

鸭颈里满布黑黑的毛茬，水芹拿着把铁皮镊子，却发现自己已老眼昏花，无从下手，有些歉疚地叫了云怡过来拔鸭毛："上次汆鸭子，眼睛还没这么糊。"自己站在她旁边洗芋艿。云怡拔好鸭子的毛，提在手上从后门走到后院，踏在一张方凳上，将鸭子挂到竹竿上吹风。

她回来时，尚明刚好走开去端茶给锦顺父子。水芹摇摇头，轻声对云怡说:"周家人这么厚道,两个男人,一个有一手好手艺,一个喝了一肚子洋墨水,倒没有一个在外面做事,家里的事,也要靠女人爬高爬低的。你呢,这个大小姐,在洋学堂为好玩学家政的,嫁了人,倒真一本正经伺候起婆家人来了,老天不开眼,作孽呀!"

云怡听水芹这样一讲,鼻子一酸,见尚明回到厨房,忙将一只小碗从她前一天就从柜子里拿出来洗净擦干、用茶巾盖好的一套细瓷餐具中拿了起来,别转身对着窗外,举着碗看透着光的白地上工整地描画着的粉红浅紫的细花道:"家里的餐具里我最喜欢这套了。"

这天的晚餐众人总算吃得开心。收拾起碗筷,尚明又将自家准备的八个杏花楼月饼各切成八瓣,放在一个大圆盘里,又将干果蜜饯拼起来装了一盘,拿出家里最大一只茶壶沏了壶龙井茶,统统端到花园的凉棚里。见惠宝家也已经收拾好了晚餐桌子,便招呼了他们一家老小,一起到花园吃月饼赏月。

两家大人有说有笑的,孩子也叽叽喳喳在一边闹,尚明心里却像坠了块巨大的石头。

早些时候她父母到了香港、用随身带去的钱在那里买了套半山公寓后,又写信让尚明替他们将上海的房子卖了出去。陈太太本想催尚明和云祥带上卖房所得的钱早点过去,她想用这些钱替女儿女婿在香港置业,凭两人留学英国的底子,找份像样的工作应该完全没问题。

还是陈先生细致,从女儿的信里读出她的为难之处,思量之下,对陈太太说,看周家眼下的状况,尚明成了家里的中流砥柱,她不可能扔下一家子人不顾。于是,他们暂时不再提让尚明去香港的事,想再看一段时间相机行事。

陈先生还说服了太太一件事:"我们将来终老,家产也是要传给尚明的,目前周家有困难,我们在她那里的钱就让她用在周家吧。与其将来锦上添花,不如现在雪中送炭。我在这里行医,我们的生活不会有问题。"

陈先生一句"我们卖掉房子的那笔钱,你全部拿去用",叫尚明顿时泪如雨下。这个家风雨飘摇,世人皆明白救急不救穷的道理,除了自己的父母,难道还会有其他人施以援手吗?何况,除了父母,尚明也不容许自己接受其他人的施舍,这也是为了周家上下,她无可奈何的选择。

只是父母拿出来的这笔钱也像冰雪融化一般一点一点地少下去。从玉莲将钥匙交给尚明的一刻起,尚明就成了周家掌事之人,关系全家生计的重任,她必须以自己全部的精力来担当。周家父子俩的病都不是短时间里好得了的,除了正常的生活开支,病人和孩子们还都需要营养,孩子们的教育也不能轻视,没有收入,生计无法得以维持长久。

第二十八节

"爹爹,我想和你商量一件事,"让中秋节余下的气氛延续几日后,尚明站在锦顺跟前,神色凝重,"我看现在租房价钱蛮高,我们家楼下的客房和外面一间平房空着也是空着,不如租出去,也好有些收入。"说罢,她实在担心公公承受不了,提心吊胆地等着听锦顺怎么答复。

从当家的儿媳口中说出这个办法来,锦顺的心里的确一下子涌上凄凉的感觉,但他的头脑却比这家里其他人都清楚,将多余的房子租出去,靠租金应付房捐地税,养活全家老小,是目前最可行的办法。他和云祥并不知道，尚明是在看到了她父母的钱也已支撑不了多久、万般无奈之下才开的这个口。

锦顺用抖动的手擦了擦眼睛，看了尚明一眼，这一看，他的心揪了起来，他从来不记得向来从容的儿媳有过这般手足无措的样子。

"这个主意好，上海人家租房子出去的多了。"他以尽量轻松的口吻回答她，他想这样也好让她心里好过一点。

做了决定，还有不少具体烦琐的事要办。等准备停当，天也冷了下来。

正值冬至，尚明在家烧了几个菜，买来些瓜果，焚了香，斟好酒，开始祭拜祖先。原先这些都由玉莲操办，尚明只在边上相帮。如今婆婆走了，公公和丈夫病倒在床上，礼全、礼臻尚未成年，祭拜祖宗这事理当由她主办。

锦顺下不了床，云祥由儿女扶住，强撑着站在一边，看自己年轻的太太神情庄严地请祖宗们进门，入座，敬酒。

待祖宗们酒足饭饱，尚明和礼全又将云祥搀到香炉前，跪拜了先人。

尚明也跪在那里，低垂着眼睛，心里默默地请求周家祖宗原谅自己，保全不了独门独户的清静，不得不靠出租周家的房子给外人，来维持一家的生活。

她在一个搪瓷盆里点燃折成元宝状的锡箔，礼臻小小年纪，也帮着她将酒洒在火盆前，在旁边听她喃喃地请祖宗们带些元宝去那边花销和打点。

惠林见尚明登了报纸招租，大吃一惊，一到家就将这事说给惠宝听。

惠宝便知道周家经济上有了难处。他放下手上的饭碗，到楼上找尚明再提租金的事，拿当年那些话又说一遍：自己早已不是周家的伙计,再不能白住了,水芹年纪大上去,眼神不济,手脚也已经不活络,做家务活慢了许多,只能帮着做些力所能及的小活计,不能再拿份人工了。惠林、彩娟在外工作有收入,一家子人住着,没有不交租的道理。他不找锦顺和云祥说房租、水电费的事,一来父子两人都病着,二来现在是尚明当家。

尚明答道,且不论亲戚关系,就说来到上海,两家是几辈的渊源了,自己无论如何都不会收他的租金。

惠宝见在这事情上和尚明一时相持不下,转而说起水电煤费,说这院子里人多,每月抄了水电表后,各家按人头摊才公平,买煤的钱,自家也该和尚明平分。

"这就更不必提了,你们用电多省我是知道的,平时烧饭、洗衣服都吊井水上来,用不了多少自来水。"水芹从不用自来水烧饭泡茶,说是有股怪味道,平日一直是吃井水的。

"那不行,你说不收房租是当我们自家人,是自家人就要平摊水电煤费的,两头里总要收一头的钱,不收就是当我们外人。"惠宝的话听上去有点倔,却又有点道理。

尚明先是犹豫了一下,想了想,答应了让惠宝分摊水电煤的开支。接着又说,今后按人头计算费用的这件事就交给惠林来做。既然尚明这样说了,惠宝也不再说啥,心想自己家的人尽量多担待些家务活就是。

第二十九节

客房本来就随时可以住人。又将平房打扫出来后,尚明去了茂发,找昌茂买了床、柜和桌椅几件必需的杂木家什。

楼里楼外两个房间刚布置妥当，就有一名穿中山装的人拿着报纸找上门来。尚明带他看了房间，在楼下客厅坐了。来人说，他的朋友是北方来的生意人，委托他在上海租个房间，他见广告上登的条件和他朋友提的不谋而合，交通方便，人员不杂，环境安静，有现成的家具，所以过来看看。如果房子合适，他就先租一年，房租三个月一付。

尚明见来人稳重，想必他朋友也不会差，不由得多说一句："这里住的都是自己亲戚，平时没啥外人进出。"

来人以为自己懂了她的话外之音，接口说道："房东太太放心，我朋友是稳妥之人，不会引来杂人。"

尚明忙解释倒是她担心来租房的客人嫌这里不是独门独户。来人点头说这里可以的，因平房是一排房子头上的一间，不会太吵，租金又只是楼里那间客房的一半，还是租平房了。

住进平房来的中年人王先生是个商人，带着一位叫小六的伙计模样的年轻人。和拖家带眷的家庭不同，他们的行李非常简单，只有三只箱子。王先生走路敏捷，目光犀利中透着气定神闲的从容。见到尚明，总会和气地欠身招呼。

来看楼下西面房子的是一位自称俞太太的年轻女人。俞太太三十来岁，人长得标致，身材也玲珑有致。她一进门，就说很喜欢这从窗户里可以看到花园的房子，当即付了定金，翌日就带着不多的行李搬了进来。

俞先生直到好些天后才第一次在周家别墅露面，而且他从不在俞太太屋里过夜。

水芹不声不响地看出些端倪，悄悄对尚明道："这俞太太只怕是小的。"

尚明说秦兰英不会凭空自称俞太太，俞先生一眼看去是面相和善的人，大家客客气气才好，让水芹不要去猜。

原本惠宝家吃得简单，煮饭烧菜一直是和尚明合用一个煤球炉子。周家多了病人后需要煎药熬汤，又添了只烧煤油的洋风炉，可以随用随点。厨房靠窗的一面墙前加了个搁洋风炉的方凳，地方已经挤了些。想到有房客搬进来要多放炉子，尚明和水芹一起动手，将碗柜从西面挪到北墙边，留了地方出来，那张用来准备菜的大桌子也由大家合用。

王先生他们没有炉子，尚明和他们说要烧点什么尽管用自家的那个，不过他们多数时间也不买菜烧饭，且成天忙进忙出，回家时间不定。常常是水芹见天色不早，封了煤炉后，他们才到家，碰到这情况，他们要么索性去外面馄饨摊买点吃的，要么点洋风炉煮些清汤挂面。尚明看在眼里，偶尔烧些荤腥或是时鲜菜，总会盛出些放在碗柜里，见他们回来，便端出来；做了与平常不同的点心，也总留些给他们。不管是水芹还是尚明，只要见天晚或落雨，一定会替他们将晾在后院的衣服收起来叠好。两个单身男人正需要有人照料衣食起居。

小六找尚明说王先生嘱咐他，要她加房租，尚明却不肯："既做了邻居，相互照应应该的。"她隐约觉得他们有些神秘，但她不喜欢打听别人的事，除了招呼，她也不擅长找话题和人聊天。

云祥的脸色从苍白变得惨白，到后来成了新洋铁皮的那种灰绿色，吃了许多药，他的病并没有朝好里转。眼前的情形让尚明再不愿也不得不确定他剩下的时日不多了，她每一分钟都沉浸在包裹全身的哀伤绝望的情绪中。她从书架上拿下几本英文的诗集放在床头，每晚都要挑几首念给云祥听。那段时间，他们常挽着手回忆当年在伦敦的情景。

她柔声用英语念着他最爱的一首诗，不用看着书页，他们两人都可以背得出来。

How many loved your moments of glad grace,

And loved your beauty with love false or true,

But one man loved the pilgrim soul in you,

And loved the sorrows of your changing face…

云祥和着她，也轻轻地念了几句，眼里淌下泪来："我恐怕没办法陪你走到老了，以后你觉得孤单，就再找个伴吧，我觉得仲良一直对你有意的。"

"你不要多想，静心养身体，礼全和礼臻都是好孩子，以后我们两个人老了，他们会照顾我们的。"尚明捋了捋云祥又细又软的黑色鬓发，想到他才三十几岁，不禁悲从中来，但她竭力忍住眼泪。

云祥被送到医院，住到第三天，停止了呼吸。看到关仲良从抢救室出来时的神情，尚明的心猛地抽紧，眼泪决堤般涌出。

在云祥的葬礼上，尚明手中握了条毛巾，不住地擦流淌不止的眼泪，要哭出声来时就用毛巾掩住口。礼全拉住尚明的衣服轻轻抽泣，礼臻年幼，还不懂生离死别的意义，只是被周围悲戚的气氛吓得低头躲在尚明身后。云怡痛哭着不停呼唤兄长的名字，闻者无不伤心落泪。

胡先生紧紧地挽着锦顺的手臂伴在他身边，生怕他因伤心过度而出意外。他是从报上看到讣告，到了葬礼上来的。当年锦顺刚到上海，胡先生来看过他几次，锦顺成了家、做开生意后，逢年过节会打电话给胡先生问个安好，胡先生却没再登过门。

锦顺双手抖动的幅度早就大到靠自己完全不能将大颗的纽扣扣进纽洞，他素来讲究人要穿得清清爽爽，无奈之下才只得在睡衣外罩件睡袍当日常衣服，因只须将腰带一束就可。从他的手刚开始抖，他已尽量不穿最喜爱的带盘纽的中式衣服。

如今儿子先于自己离世，白发人送黑发人的打击令锦顺的精神完全崩溃。

第三十节

吃过早饭后，尚明将煎好的汤药倒在茶壶里端给锦顺，那样他可以从壶嘴里喝，碗他是端不稳的。锦顺喝完了药，示意尚明在沙发上坐下，说了下面的这些话："从古到今，祖上曾经的风光，几代一过，无非都只是在后人口头说说而已。声名显赫的世家也好，家财万贯的富人也罢，我们周家到了我太爷爷那一辈，已经连大户都谈不上了。一户人家支撑门户的男人早死，十有八九家道中落。我爹小时候没了父亲，靠家里最后一点积蓄读了两年书，后来付不起学费，只好做了裁缝。他起早贪黑想多赚些钱让我读书，却又累坏身体。我就算比我爹多读了几年书，还是走了他的老路，做了手艺人。"

这些话萦绕在他心头许多年，直到垂垂老矣，终于有了说出来的机会。胡秀才自己怀才不遇，又厌恶官场，却仍为私塾里的学生们定下金榜题名的目标，这目标在小时候的锦顺心里根深蒂固，没能读书做一辈子学问，成了他此生最大的遗憾。

以前，锦顺并不和儿媳尚明聊天，他和尚明的交流，除了问早问好，天气暖凉，家里需要添置些什么，什么事该做了，想吃什么，菜是淡了还是咸了，基本上没别的内容。只是近来，锦顺开始变得絮絮叨叨，尚明就在他边上陪他聊聊家常。

"听云祥说，爹爹以前的书读得好，棠坞胡老先生的小儿子胡秉文先生还劝爹爹到上海读大学。"换作早些年，尚明也是不会在锦顺面前说这些话的，她素来怕说话不慎触到别人家的痛处，但现在，她知道再提及当年辍学的事，他已能处之泰然。

"咳，回头看看，我学问没做成，生意也是半途而废，此生一事无成啊！"他摇着头，用手轻轻捶打胸口，神情痛苦。

"爹爹你一个人从棠坞到上海，短短时间有了这份家产，多有本事，我们小辈都受到你的荫庇，怎么是一事无成呢！"

"就算有点本事，也是吃了不少苦练出来的，想来也是靠了点手艺，我才有运气借到东风。不过好运不是人人都会有，要成事还是要靠真的才能，所以我送了云祥去外国留学，想让他学到最先进的技术，可以回国实现我未了的心愿，谁知时运不济，他的学问还没派多少用场，人就早早去了，上天怎么不让我代替了云祥！"想到儿子云祥，锦顺失声痛哭。

尚明也是泪如泉涌，只是她无论如何都要控制情绪，才得以安慰眼前的老人："爹爹，不要这样想，你将心放宽，还有我和云怡。"

"我爹爹听游方的算命先生讲，周家以前的大宅风水不旺男丁，他起先不愿相信，现在回头看，周家男人身体都弱，不得不信。只是拖累你了，我对不起你父母。这个家现在全靠你撑着，实在不容易！"锦顺想起当年陈先生夫妇和尚明走进周家别墅大门的情景，心里愧疚，好人家的女儿，若不是嫁入周家，想必早和她父母在香港团聚了，就算不走，凭她的学识，也一定是做摩登的职业女性，又怎会整日在家伺候病人？

尚明不是没有为自己的遭遇暗自叹息过，但她的委屈无处可说。锦顺是何等明智之人，他洞察尚明的心思，但眼前他什么也做不了，只有真心实意地告诉她，她为周家所做的，他感激不尽。

公公如此说了，尚明的心略微得到些安慰。一起漂洋过海求学的那些年，她和云祥的感情就在同学少年携手共游的一天天里滋生增长，终于成为亲密的伴侣。以她接受的教育，选择了云祥，她接下来的一生中最重要的使命就是和丈夫共同负担起对这个家的责任。然而，结婚誓词中"直到死亡将你们分开"的残酷假设竟然那么早地成为事实，她强烈地感受到了生命的脆弱和无常。

一天早上，水芹端了汤药进锦顺的房间，见他坐了起来，拿了家里的影集在看照片，吓了一跳，赶紧去说给尚明听。尚明进去时，他却又躺倒在床，喉头发出沉重的喘气声。尚明知道不好，忙打电话去医院叫救护车，又差惠宝去石库门通知云怡，自己拉了两个孩子进房间。

"玉莲，我要到你那里去了，只是那么多人都去往那里，我能找到你吗？"从几个月前起，锦顺开始频繁地梦见玉莲，除了玉莲，他还梦见过朱老板夫妇和他自己的爹娘。他听老人说过，时常梦见死去的亲人，怕是快要去那里与他们相聚了。玉莲在一个梦里对他说过什么，似乎是走廊上的条几，可惜他没听真切。

"时候到了，姐姐。"他仿佛看到玉莲戴着他送给她的耳坠朝他嫣然浅笑。"姐姐"是他和玉莲两人私底下嬉戏时他用来称呼她的。

见小辈们围拢在身边，热泪从锦顺的眼角汩汩地涌出来，沿着脸侧向两边流淌，流过耳朵时却又变得冰凉，滴落到枕头上，将玉莲用彩线绣的一对鸳鸯于荷叶之下嬉水的枕套沾湿了两大片。他竭力抬起头，瞪大眼，用无限留恋的目光望向自己房间的窗户，想透过木格里镶着的玻璃最后看一眼院子里的花草树木，但垂落的丝绒窗帘隔断了视线，他什么也看不到，只能歪倒在床边急促地喘气。

救护车开到周家别墅时，锦顺已然不省人事，刚到医院，便溘然长逝。

惠林下班回家，见他爹惠宝佝偻着坐在楼房走廊口一张小板凳上，头抵住墙，老泪在脸上的皱纹间流淌，知道不好，忙走进楼去。

云怡正坐着呜咽，忠民在一边哄被吓哭了的依依，顾不上云怡。

尚明两眼和鼻子通红，站在脸盆架前绞了条毛巾递给云怡。才送走云祥，公公又离开，上天逼她在这个时刻必须当一个强大的女人。惠林将尚明的苦楚统统看在眼里。只要她开口，他什么都愿意为她做。

第三十一节

王先生说是到上海来做生意，看样子又不太像商人。他们频繁出入，平日在房里说话议事都是轻声轻气，大概是见周家有病人，怕惊扰了他们的安宁。

王先生他们匆匆离开后，在本帮饭店做大师傅的梁师傅夫妇将空出来的这间平房租了去。梁师傅年纪不过三十多岁，因头发稀少显得老相，被大家称作老梁。他话不多，他老婆却爱说，嗓门也大，夫妻俩没有孩子，却三天两头地争执，吵起架来，整个院子都像要给翻转来。

水芹离他们近，听出两人吵架的起因。梁师母是家里老大，因娘家生活贫困，逼着老梁和她一起省吃俭用，省得下来的每一丁点钱，都要拿回金山老家帮着抚养下面三个兄弟，老梁心里自然不满。

出了七后又过了段时间，尚明和水芹将楼下东面的房间整理了出来。这间房被一个三口之家租了下来。男主人苏先生在中学教书，苏太太没有固定的工作，只是每周两次到教会办的音乐班去教钢琴课。苏小姐才十四岁，个性温和，说话轻声轻气，在教会中学上初中。

　　苏小姐常拎着个小提琴盒出去,偶尔也在前院的凉亭里拉琴。苏家还有台手风琴,但很少有人拉,只在几个学生来他家玩时,苏先生拉过一回,院里的人都听到他们和着琴声唱"世界真是小小小,这是个美丽的小世界"。

　　亏得有了三户人家准时交的租金,家里的开销就差不多了。尚明本不精于采买,经过一段没有收入的日子,精打细算的本事算是练到了家,隔上一段时间,还能省下些钱给锦荣寄去。所幸新建不久的房子原本就没什么要花大钱的地方,周家别墅造得又特别结实,这点帮了她的大忙。

　　惠宝又找了尚明说水芹的事。尚明说,以后家里的事,水芹只要搭把手就可以,工资还是照付。

　　"不来事。"惠宝使劲摇头摆手,他本想找个借口替水芹辞工,好为尚明省下些开销,她照付工钱的话,他岂不是没有达到目的,何况许多事尚明已经自己做了。

　　"这笔账是算不清楚的,你硬要算,那自从搬到这里,打扫院子和修剪花草树木的事全是你包下来,我们从来没另外付过你园丁的工钱,我回头通通补上。"尚明给他惹急了,只能这样说,惠宝就不声响了。

　　锦顺父子去世后很长一段时间,尚明很少说话,礼全和礼臻也沉闷了不少,周家虽不至于悲悲戚戚,却很久没了欢笑声。

　　惠宝帮着尚明收拾了锦顺的遗物。锦顺先知先觉,早将可用的东西分别送人,凡是要留下给尚明和孩子们的,他已托惠宝保存好,无关紧要的杂物,也早让惠宝帮着处理掉,因此到他去世时,已没剩下什么。

　　周裁缝夫妇已经在棠坞相继过世。锦顺硬撑着去了他母亲的葬礼,但到了周裁缝去世的时候,他的身体虽勉强下得了床,出门已是不可能，只能由惠宝父子和尚明带着两个孩子去了棠坞。

尚明带了一笔钱给锦荣："爷叔，公公让我转达，他不在老人身边，一切都靠你操持，他都记在心里。公公来不了爷爷的葬礼，尽不了孝道，希望爷爷不要怪罪他。"

锦荣唏嘘道："我阿哥是孝子，大家都是知道的。他身体不好，我不能常去看他，只是辛苦了你，还请你带句话，让他不要太伤心，保重身体要紧。你们现在也不宽裕，以后经济上不用再顾着这里了。"

从幼年渐渐朝少年成长的礼全，时常平静地观察院里发生的事，黑白分明的眸子清澈闪亮，仿佛洞察一切，却从不过问大人的事，总沉默地跟在尚明身边，他母亲有事要忙，他就带着妹妹礼臻玩。

第三十二节

"房东太太。"尚明跨下台阶时，草地边站着的人摘下头上的铜盆帽，浅浅鞠了一躬，开口向她招呼。周家上一辈的人走后，周围的人对尚明的称呼就从周太太逐渐改成了周家姆妈，即便她只有三十来岁。房客们住进来后，她又被他们称作房东太太。

尚明定睛一看，叫她的是俞先生，也欠了欠身，称了声"俞先生"。俞先生平日常穿的一袭长衫料子上等，质地垂沉，移动间衣角飘逸，一派稳重儒雅的风度。

"我听说房东太太是从英国的大学毕了业回来的，今天特地候着，想和你聊一聊。"

俞太太住进来后，水芹见她成天穿金戴银，描眉化妆，手上还拿根香烟在院子里走来走去地抽,那派头就像阔太一样,也不见她出去工作,便一心想找出她是给有钱人俞先生包下的证据,又故意将尚明的家世学历说给她听,想让她在尚明面前自惭形秽。

俞先生心里想的却是,以尚明留洋受了教育回国的背景,思想应比这社会上多数愚钝的普通人开明,故而毫不避讳,将自己和俞太太的事如实相告。

原来俞先生家早些年靠做洋货买办发达,家里有一名叫金娣的女佣,人勤快不算,性情也温顺,伺候俞先生的母亲耐心周到,深得俞老太太的欢心。俞先生的原配过世后,由老太太做主,让金娣跟了俞先生。金娣为俞先生生了一个男孩,名为俞兆坤,这孩子是俞老太太唯一的孙子,俞老太太更觉得金娣是旺夫的有福之人。俞先生遇到现在的这位俞太太秦兰英后,情投意合,俞老太太却不同意让她进门,因为秦兰英只是俞先生和朋友去跳舞厅应酬时认识的一名舞女。俞先生只得瞒着家里母亲和太太,出钱让秦兰英租下周家别墅的房子,又按月给她生活费,好让她不用再出去跳舞。

尚明听俞先生说着他的事,偶尔点头,不时应他一声。俞先生是多情之人,见尚明和秦兰英两人年纪不相上下,只是尚明的端庄温婉与秦兰英的机灵风骚完全不同,心里竟蓦然生出几分仰慕,情不自禁地凝视了她片刻。

尚明给俞先生看得有些不自在,正想找借口走开,俞先生也察觉到了自己的唐突,连忙掩饰道:"虽未深交,我看得出房东太太是可托付之人,故此特地拜托你平日多照顾兰英。"

尚明听俞先生说话不紧不慢,温文尔雅,对他印象不错,让他不必客气,说邻里间本就该互相照顾。

秦兰英自己没有孩子,对尚明的两个孩子像对自家孩子一样,格外亲热,礼全和礼臻见了她,也总是阿姨长阿姨短地叫她,不过秦兰英总觉得憨厚点的礼全更讨人喜欢。

关仲良常在星期天来周家别墅。他从不会空着手上门，总会带些糖果、糕点给两个孩子。这天他竟然提了一个装得满满的野餐篮过来，说如此晴好的天气，最适合在草地上野餐。见阳光明媚，微风和煦，尚明说不如叫上院里所有在家的人都到花园来。

尚明走到厨房去准备，仲良跟了过去。凝视着她依然曼妙的背影，他忍不住轻轻地唤了她一声："尚明。"她转过身。

"以后让我来照顾你和孩子们，可以吗？"仲良看着她。

仲良白皙的脸上因紧张而渗出汗珠来，但他的眼神却如此清澈明净，尚明不敢与他对视，慌张之下找不到贴切的回答。两个从小一起长大、熟悉得不能再熟悉的人一时间僵在那里。

恰好此时苏小姐从外面走了进来，尚明立刻回过神，邀请苏小姐加入院子里的野餐。苏小姐难得地绽开笑颜："我刚从教堂带回些教友送的点心，正好和大家一起吃。"

大人小孩一同玩起找朋友的游戏。"你是我的好朋友"的那句唱完，仲良刚好停在了尚明的面前。

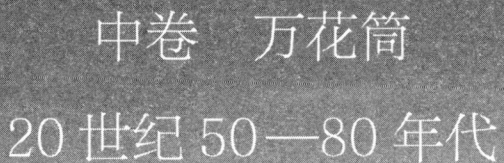

中卷　万花筒

20 世纪 50—80 年代

第一节

周礼全放学回家时,居委会的米大姐正好站在周家别墅大门口和送她出来的尚明告别,他经过时,道了声"米阿姨好"。

礼全走进大门,见礼臻独自在凉棚里的石桌边玩,便走了过去,转过左胳膊,给她看衣袖上别着的一块印有两条红杠的白色小方布:"今天大家选我做了我们年级的少先队中队长,"怕礼臻不到上学的年龄,不知道少先队是什么,他又拉起红领巾,"这是少年先锋队的标志。"

没想到礼臻忽闪着眼睛,神情淡漠地看着这两样让礼全充满骄傲的东西,丝毫不为所动。

水芹抱着她孙女小波,站在离大门不远的地方,正和梁师母说话,两人脸上都挂着笑,言语却句句如针尖对麦芒般针锋相对。

刚搬进来时,梁师母对周家别墅这栋楼房赞不绝口,但她自己只租得起楼外最小的一间平房,心里有点不舒服,最让她头疼的就是那一孔水井离自己的门口最近,水芹每天从她门口走过来走过去吊起井水用,每次听到脚步声和水桶在石栏上的碰撞声,她都要埋怨上几句,说她门口每天总是给弄得都是湿答答的水渍。

水芹是用井水最多的人,知道梁师母主要针对的是自己,心里不免气恼。她念自己早就在这里住,还是房东的长辈亲戚,从来没将梁师母放在眼里。

惠宝责怪她道:"你不要看不起老梁家,怎么说人家也是付了房租住进来的。梁师傅讲起来只是个大师傅,可你知道,凭一把勺子,在外面有多活络,他们店名气大,他可以和不少人物说上话的。"

水芹这才不再作声。

米大姐和派出所的警察小季一起上门来复核登记户籍的事时，惠林决定和他父亲分两个户口簿，他早有老婆孩子，能堂堂皇皇地成为周家别墅里的一名户主，他平添了一份当家做主的自豪。特别是在郭忠民面前，他更显示出一种极度的满足感。惠林察觉到云怡对自己有过意思，但他对云怡却并没感觉，至于她嫁的这个郭忠民，他从头至尾没看好过。

彩娟也看忠民不顺："忠民这人，真是得寸进尺、贪心不足，没房子时叫云怡来哀求岳父，石库门一拿到手，好像就是他自己的名分了，搬走那些家具不谈，竟然还觊觎起周家的别墅来了。"

"郭家二姨太也没少出坏主意。这个郭家，现在大太太和她女儿像外头人一样，和二姨太一家不来不去，三姨太又老早卷走郭老板的家当跟小白脸跑路。统统不三不四。云怡好好一个大小姐，嫁到这种人家，真的是可惜了。"惠林一路看着云怡的变化，心里替她不值。

忠民爹郭耀昌的鞋帽店公私合营后，鞋帽店归了商业局下属的鞋帽公司管，进货发货全部由上级统一调度，原先的存货全部被销售到有需求的地区。郭老板成了一名普通的营业员，再也不用为生意担忧，按月拿工资，反而成天乐呵呵地在店里为人民服务。

忠民去居民委员会接受了几次思想教育，回家对云怡说："我们不能靠家里的荫庇过日子，那是寄生虫，我们应该成为自食其力的劳动人民。"他和郭老板说了，郭老板将他们夫妻俩都介绍去了鞋帽店的工场间参加了工作。

见忠民和云怡都有了正式工作，尚明想自己这大学毕业生更应该加入劳动者的行列了，便去居委会询问。"我希望为国家建设出一份微薄的力量。"她诚恳地向米大姐表示。

米大姐点头表示理解她的心情,又解释道,她的情况有点特别,家庭背景复杂,政府需要先确定她的成分,暂时还不能为她安排工作。

郭耀昌到了退休年龄时,店里为他在胸前别了纸扎的大红花,敲锣打鼓地欢送他回到家里,将一张印了"光荣退休"几个大字的证书贴到了他家墙上。从此他成了有劳保可拿的退休工人。

过年时云怡买了糕点到周家别墅看望尚明,说现在夫妻两人工作,收入虽不多,今后算是有了保障,也不用担心养老了。

尚明见自己工作的事一直没有消息,心里不免焦虑,但她又不愿缠着人家去打听。正矛盾着,米大姐又上门来核对户口簿上的人员,尚明便趁这个机会,问了她一下。

米大姐说,现在大家都积极要求做劳动群众,连不识字的家庭妇女也都出来工作了,但工作没那么好安排,尚明这种成分不确定的,更不好办。不过她想了想又说,居民中识字的妇女不多,像尚明这种文化程度的人简直是凤毛麟角,居委会正好组织了一些妇女扫盲,尚明可以义务给她们上课,说不定就有成为正式教师的机会。

这下尚明真的有些为难,她并非不愿为其他妇女做事,只是家里也是需要收入来维持生活的。米大姐大概是见尚明犹豫不决的样子也猜到了些什么,说如果她愿意去街道合作社去拆纱头给工厂做回丝,她可以帮着去说一下,那样可以来拿些工资。米大姐的这番好意令尚明陷入两难,可以出去做事,说明自己有时间,放着更能发挥自己作用的义务工作不做,却到街道合作社和其他人争一份工资,岂不是证明觉悟低吗?眼前总算还有房租可收,教人识字是件意义重大的好事,她答应了米大姐,义务教街道的妇女们识字。

云祥去世时,尚明决定将自己的名字从陈尚明改为周尚明,为的是以继承丈夫姓氏的方式来长久地纪念他。在登记户籍资料时,她记录在册的名字正是周尚明。

尚明开始到扫盲班教课后,在街坊间得了个"周先生"的称呼。水芹对此有些不屑,悄悄对惠宝道:"叫得再好听,又不能换大米。"

第二节

一日,尚明正在家逐本地给书架上的书掸灰,胡秉文先生来了电话,那时他已是成立不久的师范大学的副校长。"自上次见面,已隔了三年,心里蛮牵挂你们的,我想到府上拜访一下,方便吗?"

"应该由我去看望您的。"尚明和这位周家的世交不算熟悉,但她知道他父亲胡老先生是公公周锦顺在老家棠坞的启蒙老师,当年公公之所以有到上海来读书的念头,就是受了这位胡秉文先生的影响,只可惜周家生了变故,公公没能进得了上海的学校,倒成了一个手艺人。

到了说好的那天下午,胡先生带了一罐碧螺春、一坛绍兴花雕和两包无锡酱排骨到了周家别墅。胡先生的两鬓已有了些灰白的发丝,身形却依然挺拔。

"一点土产,还请笑纳。"他将手上提着的网兜在茶几上放好,尚明忙说不应如此破费。

"见面喜,我们老家的规矩,这些都是朋友送的,我一个人,也吃不了,就借花献佛了。"尚明这才道了谢,接过胡先生摘下的巴拿马草帽,在衣架上挂好,请他在沙发上坐了,本想泡英国红茶,看到胡先生身上那件象牙白的丝绸对襟上衣,心想胡先生应该更喜欢喝绿茶,便拿出紫砂茶壶和茶盅来,沏了壶龙井。

胡先生平日崇尚新文化，一向欣赏有文化的女人。见尚明三十出头的年纪，举止端庄优雅，一副大家闺秀的风度，又听她说话，不紧不慢，措辞恰到好处，而最令他难忘的，是他捕捉到的她温柔的眼神背后隐藏的一丝冷傲，他回味了无数遍那种只在瞬息间闪现的矜贵，心里渐渐地生出情愫来。胡先生风雅的名声在外，学识丰富，风度翩然，虽不再年轻，身边接受了开明教育的新女性见他仍是单身，向他表达心意的大有人在。然他拿她们与尚明相比，竟全数黯然失色。

"很高兴见你仍是明艳照人的样子。"

尚明听到胡先生说这样的话有些意外，脸一热，站在他对面怔了一下，随即笑着说道："先生过奖了。"

她叫了礼全和礼臻过来，向胡先生问了好。

那日晚餐之后，胡先生对尚明更是念念不忘，只是即便心里万般牵挂，平常却没什么理由可以随意去探望一个晚辈的遗孀，不免怅然若失。趁休息日到书店买了几本书，有线装的《西厢记》《桃花扇》，也有硬面的《泰戈尔诗集》和《安徒生童话》，拿回家又觉送那两本线装书有些不妥，只是带了另两本书又去了一次周家，只说是送给两个孩子的礼物。

独自一人时，他提笔给尚明写信，既未有称呼，也不具名，有时连着写好几封，那些信却从不去投寄，只在自己书桌的抽屉里锁着。

因为不能触犯一夫一妻制的规定，俞先生已经和秦兰英做了了断。他最后一次到周家别墅时，上楼去和尚明告别。

"我不是一个无情的人，只是金娣和我有个儿子，新社会了，我不能犯生活作风的错误，更不能做犯法的事。"他特地告诉她，他今天来是为了给秦兰英送一笔钱，权当是分手的补偿，那些钱足够她不工作也可以过个十年八年的，他知道尚明可靠，告诉她秦兰英身边有钱，他不必担心。

其实他更在乎的是尚明对他的看法，不想在她心目中留下一个负心男人的形象，即便在离弃秦兰英的事实面前，任何语言都苍白无力，他仍要为自己辩解一番。对尚明说这些话时，他用的是一种充满渴望的眼光看着她。以后很少有机会再见到她了，他心里反复翻滚的是这一句话。

整个周家别墅的人开始不再用俞太太这个称呼，因为俞太太自己特意开口闭口地强调"我秦兰英"这几个字，重复多次，人们听习惯了，不消几天就改了口，大概也是因为本来称她俞太太时心里就在嘀咕她不配这个名分。

第三节

"房东太太！房东太太！"伴随着敲门声，传来苏太太慌乱的声音。

尚明赶紧将房门打开，只见苏太太一脸惊慌地站在门外，她赶紧搀住苏太太的胳膊将她扶进门，在沙发上坐下。正想到桌边去拿水杯倒水，苏太太却一把拉住她。

"我家先生给抓起来了。"尚明大吃一惊，一时不知说什么好。

"有人举报讲他以前在伪政府教育局做过，是汉奸，政府到学校把他抓走了。"

"这么大的事是不是要有证据？"自从辞去教会学校的工作后，尚明就没有在外面工作过，但她受过的教育使她和一般家庭妇女不同，即使遇到大事，她至少能保持冷静，用常识来分析问题。她轻轻拍着苏太太紧紧抓住她胳膊的手，徒劳地想使她放松下来。

"我要是没了工作,我女儿怎么办哪?"也许知道苏先生罪责难逃,苏太太开始哭泣,教钢琴的事早就没有了,她现在在幼儿园里弹风琴教小朋友唱歌,苏先生出事,她的工作十有八九也保不住了,苏小姐还在读高中,她自然要为她们今后的生活忧虑。

"苏太太,你先不要急,或许苏先生是被冤枉的,查清楚就没事了。现在你不是还在工作吗,先不要自己吓自己。"尚明只能用话安慰苏太太。

晚上俞太太轻轻上楼来,说她听到了苏太太白天说的话,问尚明是不是真的。

"总会查得清的,早晚有个说法。"想到自己的成分还没有定,尚明的心里也是七上八下的,她将希望寄托在调查取证上。

过了两天,苏太太白天没有出去上班,见尚明到楼下厨房去,马上跟了过去,一脸焦虑地说:"幼儿园园长找我谈话了,叫我暂时不用去上班,而且这期间工资也是没有的。我先生一份工资没了,我又没啥积蓄,付不出房租,我只好搬出去了。"

"这样的话,房租你先不用急着交,缓一缓再说吧。"

"不能够这样,你不是也没工作,要靠收到的房租过日子吗?我去看看,说不定哪个亲戚家有空房。"

苏先生被判了无期徒刑。这消息俨如重磅炸弹,给了周家别墅的人们惊心动魄的震动,原来反动分子可以就生活在自己身边。苏先生被送到西北的劳教农场去之前,硬是和苏太太办了离婚。

尽管如此,幼儿园还是正式开除了苏太太。苏太太倒坚强起来,眼泪仿佛哭干了似的,不再哭哭啼啼,天天东奔西跑去找住的地方。苏小姐本来就安静,这下更是不轻易开口说话了。

"总算保住一条命。"苏太太在厨房遇到尚明时,抓起她的手,用力紧紧地摇了摇。

苏太太去了趟南京,和在郊区老家的远房表姐谈好了条件,让苏小姐嫁给表姐的儿子，她表姐才同意让她也跟着女儿去乡下宽敞的宅子里落脚。

苏太太收拾房间时，将一些搬不走的东西送给水芹和彩娟。梁师母也凑了上去，见床上还有几件男式衣服，也不知是其他人不要还是没来得及分，过去抓在手上。水芹说道，梁师母，苏先生的衣服你家老梁穿不下，就想从她手上拿下来。梁师母忙说，老梁穿不下，我可以带到金山给我兄弟，三个人中总有人好穿。

尚明看苏太太房间里的家具仍是八成新，想起惠林结婚时没买什么家具，便让彩娟叫惠林来搬去用。彩娟高兴得连声说，这下孩子可以有自己的床了，不用再和大人挤在一处睡觉了。

苏太太搬走的情况第一时间被居委会掌握了去，楼下东面的房间立即被区政府租了去。搬进来的是区政府的政工干部郑海山。

郑海山四十来岁的样子，他单位来的人称呼他郑主任，周家别墅的人就跟着这么叫，被他阻止了，说叫他老郑就可以。老郑的单位给他送过来几件不知道从哪里弄来的不成套的家具，一天下班他自己又扛了张折叠的行军床回来。

隔不多久，他在山东老家的老婆干能凤就带着儿子来了上海，一起住进周家别墅。"我儿子出生在新中国成立前几个月，叫新华。"干能凤牵着刚学会走路的儿子去厨房，正好尚明和礼臻也在。看得出干能凤腹中还怀着一个。

尚明看老郑家的碗筷和茶具都不齐，找出家里没怎么用过的八大八小白地红花的饭碗，连同一色的调羹骨盆，送给了干能凤。干能凤像捧宝贝似的将小碗用绳子扎成一摞，放在碗橱最高一层的角里，说他们用大碗惯了，小的藏着，有客人的时候拿出来用。

一旁的秦兰英没忍住，笑了出来。这一笑，却冒犯了干能凤，但新来乍到，她嘴上不好说，心里就记了秦兰英一笔账。

周家别墅院子里成人多了不少，孩子也有好几个。除了原先就住着的礼全、礼臻、小江、小波，现在又多了个新华，后来郑海山家又添了个红芳。孩子们年龄上差了好几岁，但在一个院子住着，自然玩在一处，也常在一起打闹。

第四节

一天，一辆挂部队牌照的吉普车停在大门外，从车上下来一个穿军装的人，身后还跟了一个看上去像随从的军人和另一个干部模样的年轻人。

那人走进大门，尚明定睛一看，竟然是王先生。王先生见了尚明，大步上前握住了她的手，随从的军人也跨前一步，叫了她一声房东太太，她认出那是曾住在平房里的小六。

她想起他们离开时的情景。住到第九个月尾，小六找尚明付了后面三个月的房租。才过没几天，水芹就匆匆进厨房对尚明说，看见小六在屋里整理箱子。话音刚落，王先生就来和尚明告别，说要离开上海，尚明问他什么时候回来，王先生说早晚的事，但不会是眼前。尚明急忙去拿了三个月的租金到平房里，王先生不肯收，尚明只能将钱塞到小六手里道："那就当我不租房了，招待朋友可以吗？"这么一说，王先生才让小六收了下来，握住尚明的手，说会记得她这位房东太太，再到上海一定来看望她。

王先生这是来兑现自己说过的话了。

尚明还记得当时她对握手这一仪式的陌生感觉，可不是嘛，自离开职场，很久没有参与社会活动的一个家庭妇女，自然难得有需要和人握手的场合。

"那年我是用商人的名义到上海来开展工作的，小六其实是小刘,叫刘其顺,北方口音听上去一样。那时我们还吃过不少你做的菜呢。这两天我到上海工作,正好经过这里,特地来看望你这位房东太太。"

王先生喝了茶,给尚明留下在北京的联系地址,起身告辞。

等到尚明将王先生他们送出大门口往回走时,惠林候着她问了情况,不由得激动万分,解放前和自己贴着同一面墙壁的邻居竟然是一位位高权重的革命干部,他感到由衷的自豪。

这年冬天,水芹得了重伤风,一口痰堵住喉咙不能呼吸,就这样去了。两个月后一个春寒料峭的晚上,惠宝也在睡梦中安然离世。

惠宝的那间房不能转给惠林,也被区政府租了去。区政府很快将这间平房分配给区卫生局的副局长韩国康。韩国康是从部队医院转业的军人,三十好几了,还是单身。

这下,惠林才后悔起登记户籍时和父母亲分成两户人家。

彩娟更是懊恼:"早知道就和爹爹他们合一本户口簿了。全怪你,为了要让郭忠民看到你也是周家别墅里头的一个户主,当户主又不是在单位当领导,有什么用!现在韩国康一个人倒住最大一间,我们家有四个人哪!"

惠林本来在生自己的气,彩娟不说还罢,这样一说,他倒教训起她来:"我爹爹那间房又不属于他们,是周家的。"

彩娟的哥哥老黄和惠林都是副科长,科里缺个正职,上级认为比起小学还没读完的老黄,惠林是初中毕业生、共青团员,还写了入党申请书,文化水平和思想觉悟更高,比老黄更有培养前途,故将惠林提了正。

老黄在单位不好发作,还得做出大度的样子,彩娟带孩子们回娘家去时,老黄冲着她狠狠地发了顿脾气。彩娟回家还在想着如何和惠林开口,惠小江却先将这事告诉了惠林,惠林听后呵呵一笑,在单位里见了老黄，仍和往常一样。

韩国康很快就不再是单身汉了。组织上为他介绍了一位上海女工张月芳，两人见面后彼此满意，马上领证结婚。张月芳搬进周家别墅之后做的第一件事，就是在自家门外靠厨房一面的墙角，放了一个储藏杂物的旧柜子。

彩娟见了，过去敲门："你们两个人住这么大间屋，还要在外面放柜子，有必要吗？"

张月芳也不直接回答她，白了她一眼："这地方空着不也是空着吗？再说了，这房子又不是你的私人财产，人家房东还没说话呢！"

彩娟被张月芳呛得冒火，拔高嗓子和她争了几句。见自己说上去的话她根本不听，就回家让惠林去找尚明讲。惠林并不帮她，反倒说："人家说得也没错，房东没说，你凭什么找她？"

彩娟生了气，怪惠林不但没用，胳膊肘还朝外拐，帮人家的老婆说话，惠林说她是在无理取闹。

两人正争着，有人来敲门。惠林开了门，见是穿戴得整整齐齐、连旧军装的风纪扣都扣上了的韩国康。

"惠林同志，我听我爱人说，你爱人给她提了意见。事情的经过我了解过了，是我爱人没原则，将个人物品放在了公用地方，我已经批评过她了。我们都是国家干部，又是邻居，不应该为小事闹得不愉快。"

给韩国康这么一来，惠林倒不好意思了，马上和他握了握手道："没事，我爱人心直口快，也希望你们不要见怪。"

韩国康回去后，彩娟得意地对惠林说："看看，人家老韩到底是做大官的，处理矛盾多有水平。"

惠林也点头道："我也没想到他这么讲原则，连对老婆都不例外。"话音刚落，他们就听到了张月芳扯着嗓子和韩国康争吵的声音。

彩娟附耳在墙上听了一会儿，压低声音对惠林说："那两个都是暴脾气，以后有的吵了。"

这之后，韩国康家真的应了彩娟的预言，夫妻二人如俗话所说，大吵三六九，小吵天天有。组织上派人来调解过两次，也不起作用。不出两年，张月芳便搬回娘家。两人分居没多久，就离了婚。韩国康又回到单身状态。

第五节

居委会和房管所一起派了人，到周家别墅丈量了尺寸。米大姐告诉尚明，她家的一个房间和起居室加起来，已经超过了国家允许私房房东保留的自住面积，超标的部分，需要由房管所统一管理。

见尚明微皱眉头的样子，米大姐知道她既不理解政策，也没听懂如何办理具体手续。她耐心地做开了尚明的思想工作："早些时候，居委会的会你不是也参加了吗？新中国成立后，百废待兴，上海的住房问题情况非常严峻，政府正在想办法逐步解决。现在的状况是人口多，房屋少，人均住宅面积只有三平方米多一点，许多人家几代人住在一间破棚屋。政府允许私房房东保留自住的面积，已经很宽松了。过去你们靠收租金过不劳而获的生活，是件耻辱的事。有机会为国家缓解住房困难做出贡献，应该感到光荣。当然，享受得到这种荣誉也是靠了国家政策的正确指导。"

本来对以这种形式出租房子，尚明心里不太情愿，经过米大姐的一番开导，她心里敞亮不少，不禁感到惭愧。她眼前仿佛真的看到几代同住一间棚屋的景象，马上为自己家里三个人占了这么些空间感到极度不安，恨不得马上将房子腾给这些人住。

她诚恳地对米大姐说道:"我积极拥护国家政策,愿意用自己微薄的力量支持社会主义国家的建设。"看报纸听广播多了,她也学了些新的词语。

"这才是正确的态度。"米大姐见自己短短一番话,就让尚明懂得了集体高于个人的道理,脸上立刻展露出笑容,第一次郑重而热烈地和尚明握了把手。

尚明当天就开始行动。礼全刚开始读高中,个子已经比尚明高,他和尚明一起将自己在西面房间的东西都搬去起居室,礼臻也帮着他搬些小物件。搬完楼上西间,他们又将楼下客、饭两厅里的家什搬到楼上,餐桌椅就靠着起居室那排通往阳台的落地长窗放着,六扇长窗中只留了最边上的两扇进出阳台。

尚明站在那里察看了起居室的新布局后,将自己房间的一面四扇的屏风移了过来,给礼全的床、书桌和书架隔出个相对私密些的小空间。

由房管所分配到楼上西屋的老徐,是一家公私合营服装厂的公方代表,在厂里担任支部书记。解放后老徐随政府机关南下上海,分到房子前一直住在集体宿舍,家属还在西北农村。

工人师傅将卡车开进院子,停在楼门口,搬了两张单人木架床、一个床头柜和一张像学校的课桌似的小木台子进来,一个师傅不小心,将床架撞在楼梯的扶手上,刮脱一块油漆,忙向尚明赔不是,尚明便说:"搬家难免的。"当天晚上老徐就住了进来。

房管所派了人来,用夹板在走廊里沿楼梯扶手给楼下的客厅竖起一面墙来,墙上安了木门,用两颗螺丝给木门吃紧一个绿色的铁皮搭扣,带圈的那块方铁皮又用四个螺丝钉在门框上,挂上一把黑色的铁锁锁了,这样客厅就成了一个独立的房间。因为要将楼梯隔在墙外,这间房的面积不大,不过东面和北面墙上都有宽大的窗户,通风不错,采光也好。

云怡偶然来娘家，见了这些心里不悦。原先客厅和饭厅之间的移门通常是开着的，客厅基本上没有被真正隔断过，厨房通院子的后门一打开，整个楼下空气四面通透，现在客厅变成一个独立的封闭空间，踏进楼里顿时感觉憋闷，她心里不痛快，又不好在众人面前耍态度，只能在屋里对尚明说："再隔下去，这房子就要变成一只只鸽笼了。"忠民马上"嘘"了一声道："不要被人家听到讲你觉悟低。"

搬进这间屋子的是在公共浴室工作的劳动模范车保根。老车带着老婆刘月梅和两个儿子搬家那天，刘月梅抓住尚明的双手，透着红光的脸上透露着毫不掩饰的兴奋和幸福："住进周家别墅，是我们劳动人民从前做梦都没有想到的事。我和我家老车感谢党，感谢政府，也感谢房东。"其他的劳动模范分配到的房子多数在曹杨新村，离市区远，她和老车都在市中心上班，大儿子在上小学，小儿子刚上幼儿园，如果住到曹杨新村，带着两个孩子，肯定比不上这里方便。

不知为什么，尚明的眼睛湿润了，她听得出刘月梅的话里包含着的真心。

第六节

见厨房里一时没有空位，彩娟就将厨房后门敞开着，让新来的人家先将炉子放在后院。不过这安排无疑只能是临时的，安灶是搬家要解决的头等大事。

尚明找了惠林商量："我是个家庭妇女，礼全还是个中学生，今后这楼里的事，还请你多出面。"

"你放心，我心里有数。"尚明就算已到三十多岁，在惠林眼中，她的一颦一笑仍然优雅迷人，即使如今她以简单朴素的两用衫和灰布长裤取代了昔日的旗袍和长裙作为日常穿着，但骨子里蕴含的雍容却是衣服掩盖不了的。彩娟曾在文具店处理一批存货时带回一尊希腊女神石膏像，惠林觉得这洁白的女神像姣好的面容和神态似足了尚明，仿佛这尊像就是以尚明为模特而塑。

惠林总是因自己和尚明间不协调的辈分而感到尴尬，他既是云祥的表叔，就是尚明的长辈，可以直呼她的名字，若要尚明称自己表叔，却有点勉为其难。他察觉到尚明也在为不知道如何称呼自己最为妥当而纠结，忍不住对她提议道，你就直接叫我惠林好了。

惠林参加工作早，在单位已经是一科之长，做事有点公家干部的样子，他说周家别墅也要讲民主，让各家派代表星期天到前院的亭子里开会。

"我们今天开会是为了厨房的安排。我提议先听听房东的意见，大家有什么想法，可以坦率说出来，集体商议决定。"惠林开门见山地将开会的目的提出来。

尚明先将想法提了出来，就是干脆将饭厅和厨房之间的半截隔墙拆了去，将两个隔而不断的空间打通，全部作为厨房，那样地方就足够大了，保证家家都有一个放炉子的地方不算，各家还能在炉边放个柜子，用来放各自的锅碗瓢盆，炉子上方的空间还可以做一排吊橱。

惠林马上赞同拆除矮墙的办法，他私底下担心的是如果不将饭厅并入厨房，说不定哪天房管所来将矮墙砌高，大不了再在后墙上开个窗，将饭厅也变成一间房，那样非但厨房的困难不能解决，还会多住一户人家进来。

车保根人直爽，一听惠林做吊橱的提议，马上反对，说太浪费材料，还费工夫，不如装一排搁板。各人都觉得还是装搁板比较简单可行，一致同意了。

说到厨房改装的事由谁动手落实，老徐自告奋勇："我们厂里的工人同志们动起手来聪明灵活，这点小活，利用休息日几个半天就干好了，材料嘛，厂里有的是剩余的边角料，可以废物利用，不浪费钱财。"

"那事不宜迟，这个星期就干。"惠林怕夜长梦多，又不能明说，赶紧在记事本上写了下来，又提出下一个讨论的话题，"接下来大家一起讨论一下厕所和自来水龙头的事。"

尚明事先没来得及想好这两件事，就看向惠林，让他有什么主意的话先说说看。

惠林点点头，环视了大家一眼道："我先说一下我的意见。房东家用楼上的浴室，楼内其他人合用楼下楼梯背面的厕所，楼外平房的老韩、老梁和我家，合用院子里的厕所。厕所是公用地方，请大家不要放不必要的私人物品。"

老梁第一个坚决表示了反对意见。楼外的厕所其实是个只有一只抽水马桶的斜批，紧靠着老梁家那头的墙边。因为靠得最近，梁师母已经将那里当作自家房子的一部分，在马桶边不大的空间堆放了好些杂物。彩娟和梁师母说过好几次，都没结果。他认为惠林这次在会上特意提到公用部位，分明是针对他的。

"三家人用这么小个厕所，不合理。"老梁自己也知道，他这是在无理取闹，但他就是想闹这么一句。

老徐也表示了反对。楼上就是他和尚明两家，按惠林的提法，他不能用楼上的浴室，要上厕所，还需要跑到楼下去，这该有多不方便。"现在是新中国了，房子是由公家管理的，就算是房东也不能搞特殊化。"

这次车保根没有说话，郑海山却表示支持老徐的说法。

韩国康举了下手，又清了清嗓子道："我觉得应该按就近的原则,我、惠林家和老梁家用楼外的那个厕所,秦兰英、老郑家和老车家用楼下的,周家和老徐家用楼上的。不过,大家在一个院里住着,也不用分得绝对清。"他的提议得到了大家的赞同。

"楼上的浴室有浴缸,大家谁需要洗澡,可以到楼上,就是浴室没有热水,洗澡的话需要自己预先烧好热水。"尚明又补充了一下,大家表示知道了。

用水也是一个问题。厨房有一个自来水龙头,院里有水井,本来人少,用起来没有问题。人一多,矛盾就会出来。彩娟在出去买菜时经过周家附近的房子,常听到主妇们为争合用的水龙头发出的吵嚷声。

在惠林的提议下,大家一致同意,将厨房的水管延伸出去,穿墙在院里也装个龙头。具体的计划是,先在厨房门外朝院子那面外墙沿墙砌一排水泥台面,台面邻近平房的一端安一个水槽,水槽上方接一个水龙头,这样,平时楼外的人可以用这个新装的龙头,大家仍共享一只水表,抄表后的数字按人头摊,大人有一算一,十八岁以下算半个人。

以老徐厂里的工人师傅为主,院里众人帮手,两天之内做完了厨房的全部改建工作。尚明请惠林和车保根帮忙,将各家准备放在厨房的桌子和自家原先就在厨房的大桌子在厨房中央拼起来,变成一张高低不平的大台子,由大家合用。

第七节

郑海山、韩国康和老徐三个革命家庭住的都是区政府租用的房子,房租先是交到房管所,扣除费用到尚明手里,还没有秦兰英直接交的钱多。不过这是短暂的情况，为实现统一管理，所有的租客都需要将房租付到房管所去。房管所给秦兰英和老梁两家定的租金比原来他们交给尚明的要高。

梁师母知道要交额外的房租，马上火气爆发，冲尚明嚷起来："我家住的已经是院子里最小的一间房，为什么还要加租？"

老梁赶紧过去一边给尚明赔不是，一边扯住老婆的手臂往家里拉："这是房管所规定的，不关房东的事。"隔了很久他才习惯了不在房东后面加太太两个字。

尚明感激地看了老梁一眼。老梁的话没错，就算秦兰英和老梁多付了房租，尚明能收到的也不及原先的一半多，她明显地感觉到了经济上的压力。

惠林以前从来没有付过房租。一想到这件事，他心里就觉得对尚明不公，只是开口和尚明谈钱，对他而言又是个难题，他相信不论他提出付多少房租，尚明肯定不会收，房管所出面，他从此可以不再白住她家的房子，心里反倒踏实了。

彩娟却不服气，说："我们住到现在，房东都从没收过我们租金，房管所算老几？"

惠林忙阻止她："以前我们等于一直在占便宜，现在开始正常化，你倒好，还想就这样占下去。"

"那也该是房东收钱，交给房管所算什么？"彩娟撇了撇嘴。

"房管所替房东管房子、修房子，不是都要花钱吗？工人师傅还要有工资，这些都需要钱的。"惠林想让彩娟明白这当中的关系。

彩娟不以为然地说道："房东可以自己管房子，周家这么新的房子又不用花什么钱，再过两百年都结结实实。"

惠林有点不耐烦："你这人觉悟太低，同你说不清楚，反正我们以后按规定交租就是了。"

第八节

礼全房间里的电话响了起来,尚明正好在那里替他缝被子,马上接起来听,是关仲良。

"当初周伯母像是有先见之明,电话装在这间。"仲良开玩笑道。

"也是,有些事情不是故意而为,却往往凑巧。"尚明想想的确是。按一般人家习惯,电话机总会装在楼下客厅,玉莲却让来排线的师傅将接线盒装在了楼上起居室。

"这星期天我想带孩子们去看场电影,再到外面逛一逛,你也一起去,好吗?"仲良言归正传,邀尚明和孩子们一起外出。

"好是好的,只是……"不知为什么,尚明说话变得有些吞吞吐吐,她从来不是个扭捏的人,此时却不知该如何回答仲良。

"没别的安排就说定了,星期天上午我过来。"仲良爽快地将话说完,挂了电话。

仲良将礼全领到百货公司卖鞋的柜台,看了看礼全的脚,让营业员拿出双白色的帆布篮球鞋,叫礼全坐下试试。礼全向往这双鞋已经好久,原先一双白色浅帮回力运动鞋已经有些顶脚,他没和尚明提起。他不知道仲良叔是如何得知的。仲良让他试鞋,他有些惶惑,想等他母亲带着礼臻过来,问问她再说,便坐在凳子上张望。

尚明和礼臻过来,一眼看见礼全坐在凳子上,地上放着一只打开盖子的鞋盒,心里就明白了仲良的意思。正要让礼全将盒子收起来还给营业员,仲良又拉着礼臻到柜台边,让营业员拿出柜台里一双黑色的搭襻皮鞋来给她试。

尚明走过去，横在仲良和孩子们中间。仲良笑了："你就让我在孩子们那里做个好人，可以吗？"

尚明道："不可以，因为我既不想让你宠坏他们，也不想让你破费。"

仲良故意不理会她，干脆先将两双鞋的钱付了，转身让孩子们再好好试穿："你们在长身体，买稍大些，手指头塞到脚和鞋后跟当中，要有一个指头的距离才行。"

尚明站在那里，想起云祥来，眼睛就湿了。

之后有好长一段日子，仲良都没有到周家别墅来，连电话都没打来一次。尚明有些担忧，抽了个空，到医院去找仲良。

"关医生现在不看病，在隔离室写检查。"一个唇上有着又厚又密的黑色绒毛的年轻人告诉尚明，一边上下打量着她，一边警觉地看了眼周围。

尚明惊异地问是怎么回事，穿着白大褂的年轻人摇头示意尚明不要多问，见尚明没有要从门诊室出去的意思，自己站起来走了出去。

尚明见不到仲良，决定到他家里去一次。苏州河边的公寓本是仲良爷爷当礼物送给孙子的，仲良父母在自家那栋位于陈先生家隔壁的德式洋房由房管局接管后，也搬去仲良那里住了。见到尚明，关先生夫妇惊喜交加，仲良的妈妈拉了她的手到屋里坐下。

仲良被隔离前告诉过他父母，他曾给医院科室的某位领导提过意见，说他给自己的指示外行。她猜是因为这个，医院才让仲良在隔离室反省。

"我们在单位已经被点名批评了，"仲良妈忧心忡忡，她怕仲良太执着，事情会朝更严重的方向发展，"尚明，如果见得到仲良，你劝劝他吧。"

尚明设法去看仲良时，并不知道如何劝他，她只是想去探望他一下，好让他在被隔离时有所慰藉。她了解仲良，看似温文敦厚，城府却颇深，再有主见他都不会过度表现在外，只会于内心坚持。

还好隔离室的看管并不算严，尚明向坐在门口一张桌子前的胖大叔问了好，他就进去和里面的人打了招呼，让她到走廊尽头的一个房间去找仲良。

尚明几乎认不出仲良来了，她第一次看见他胡子拉碴的样子。

"烦，不想刮。"他扶了一下眼镜，向后捋了捋头发。

"我去看过你父母了，他们都还好。你的事现在怎么样？"她直接问他，他们之间不需要客套话。

"我没什么大事，只要看到你，比什么都好。"仲良凝视着她，"我不过是给个别领导提意见，大家都知道我完全是为病人考虑，但这个时候人人明哲保身，没人愿意替我说话。现在那个领导也被批了，我的问题应该就快解决了。不过，医院里说了，西北那里缺少医生，我可能会被派去支边，如果是真的，以后不知什么时候能再见了。"

听他说要远离，她心里不是滋味，他看起来虽镇静，她知道他心里一定不舍。他们就这样静静地看着对方，明白将来的距离对他们来说意味着什么。

尚明起身告别时，仲良向她伸开了双臂，在双眼模糊之前，她看见了他眼里也涌上泪水。这次的抱头痛哭之后没有多久，仲良便乘上了开往青海的列车。偶尔，他会寄封信来，三言两语地报个平安。

第九节

韩国康好久没有回家了。有人到他的房间翻查过，带走了些书信和笔记本之类。隔了些天，又有人来，将他的东西统统装上卡车带走了。

一个叫马春辉的四十来岁的男人搬进了原先韩国康住的屋子。

马春辉的脸又圆又白，逢人便笑，见到尚明，立刻自我介绍："我是卫生局的工会干事，叫我小马吧。"

正说着，梁师母凑了上来，直截了当地问道："你知道老韩去哪儿了？"

小马收敛了笑容，严肃地说道："老韩是右派分子，判了六年，现在正在安徽的劳改农场接受思想改造。"

梁师母吓了一跳，说了声"不得了"，闪进自己屋里。尚明尽量让自己保持平静，向小马交代了水电厨卫的事，回到楼里，倒了杯茶，一口气喝了下去。

小马提早将周家别墅的大门打开，两个年轻人踏了一辆三轮车进来，停在车道上，从车上卸了装黄沙、石子的箩筐下来，放在滑板车上，拖到厨房前门的水泥台边卸下。两人出去一会儿后又踏了一车砖头来，堆在黄沙旁。

"小马，你这是要干什么？"惠林回来后，便去敲马春辉的门。

梁师母闻声出门，也凑过去说："这些东西堆在这里，碍手碍脚，你快点搬走。"

"只放两三天。"马春辉神秘地笑了笑，答非所问。

隔天他带了几个人来，在水泥台那边砌起了两面砖墙，将水槽和半截水泥台砌了进去，还在靠近自己家门的地方安了扇门。

尚明和梁师母去居委会参加义务劳动完回来，赫然发现院里多了这么一间突兀的灶批间。

尚明还在那里没有回过神来，梁师母当场暴跳如雷，冲到小马屋前，大声吼道："马春辉，你出来！"

小马拉开屋门，莫名其妙地看着梁师母："什么事？"

梁师母指着灶批间，问："说，怎么回事？"

小马早知她是为这事,起先只是装糊涂,经她说穿,便满脸是笑:"哦,厨房里已经太挤了,我还是在外面另起炉灶。"

"小马,做这事前,你应该和大家商量一下。"尚明也开了腔。

小马还是笑着对梁师母道:"你看,周大姐比你文明多了。"又转向尚明,继续赔着笑说道,"对不起,我没有事先和你打招呼。大家可能不知道,我是回族,不方便和大家合用厨房,所以单独砌了间灶批。"

他如此一说,尚明一下子语塞,不知道再说什么好。梁师母说了句"我们找居委会和房管所反映",小马点头说着"应该、应该",一边回了屋里。

晚上众人陆续回到了周家别墅,见到院子里凭空多出的灶批间,无不惊讶。彩娟说大家应该动手将那扇门砸烂了,却被尚明拉住,说先向居委会反映了再说吧。

米大姐让惠林传达回的信息是,马春辉的确是回族,楼里其他居民一律为汉族,应当照顾少数民族,做各族人民大团结的模范。

马春辉用自行车驮回一个压缩煤气钢瓶,放在砌进他灶批间的那半截水泥台面下,在台面上置放了煤气灶具,院里的水龙头等于成了他家专用的。尽管惠林在厨房门边又接了个水龙头,却没有了装水槽的空间,水龙头光秃秃地靠墙立着,乍一开,水要么溅到老远的地上,要么淋湿鞋袜。彩娟和梁师母为了这事和马春辉结了仇,隔三岔五地指责他几句。

第十节

礼全在高二开学没几天后回家告诉尚明,班里转来了位叫杨毓琳的女生，她父母早些时候去香港前，将留在上海的独生女送到外祖父母家，准备等她中学一毕业，就接她去香港。

礼全关于杨毓琳的介绍勾起尚明的心事，对自己父母的思念涌上心头。锦顺去世后，陈先生催过尚明好多次，让她带着礼全和礼臻到香港去。

"我是房东，不是说走就走得开的啊。"尚明有些无奈地答复她父亲。守护周家的产业是她的职责，这么多人住在周家别墅，她觉得自己肩上无形的责任实在是太重了。

"杨毓琳说想到我家来玩。"一天礼全有些腼腆地告诉尚明。

"那好啊，最好早点告诉我，我准备些点心。"尚明心想，看礼全的样子，这杨毓琳也许是他喜欢的女孩子呢。

礼全并没有提前告诉尚明哪天他会带毓琳到家里来，因为毓琳是在放学时突然说的，今天去你家吧。

那天礼臻放学回家后，将一件八成新的衬衫交给尚明，说袖子上破了个洞，让尚明替她补一下。尚明见破口像是剪出来的，整整齐齐，不由得追问礼臻。礼臻哭起来，说有人向老师反映，她家以前是剥削阶级，吃得好，穿得好，她想让老师知道，她虽然不是劳动人民家的孩子，也穿带补丁的衣服，她家也是讲艰苦朴素的。

尚明听了，知道学校的小孩子应该是受了家里大人的影响，心里有些不是滋味，又怕话说得不当，只能说："衣服破了补一下再穿是艰苦朴素，但是艰苦朴素并不等于只能穿有补丁的衣服。"她拿出个充当针线盒的饼干盒，开始替礼臻补衬衣。

"姆妈，杨毓琳来了。"礼全站在门口，轻轻地叫了尚明一声。

她一抬头，果然见礼全身旁亭亭玉立地站着一个穿着白衬衣、蓝色背带裙的女孩。

"姆妈好！"上海孩子有跟着自己同辈朋友称呼他们家人的习惯，毓琳大方地叫了尚明声姆妈。

尚明脸上漾起微笑:"是毓琳吧？进来坐。"她收起礼臻的衣服。

礼臻朝她哥哥眨了眨眼睛，两个女孩拉起双手左右荡了几下，相互笑了笑，算是打了招呼，礼臻就去大房间做功课了。

尚明变戏法似的端出一盘杏仁酥，又到楼下用奶粉冲了三杯牛奶，加了些阿华田粉进去，搅匀了，用一个漆盘端了，拿到楼上，让礼全去把礼臻也叫过来。

毓琳说:"姆妈，你自己也倒一杯呀。"尚明笑着说:"你们这个年龄，下了课肚子容易饿。我现在已经不习惯吃下午茶了。"

"我爸爸妈妈也是，以前每天都要吃下午茶，后来不知怎么就不吃了。"

孩子不当家，不会想到，家家的粮食，油和糖都是有定量的。家里的奶粉和阿华田，还是尚明父母从香港寄来的，她自己从来舍不得吃，她并不想和只有十几岁的孩子们说这些。

吃完下午茶，礼全带毓琳到屏风后去看书架上的书，楼下原先作为书房的西屋出租前，书架被搬到起居室来了。

毓琳取下的是一本英文版的《叶芝诗集》。

"你喜欢读诗？"尚明愣了一愣。当年她每晚为云祥读诗，床头放着的几本诗集中，就有这本。

"我还想自己写，只是写得不好，不好意思拿出来。"毓琳露出害羞的表情。

毓琳很快还回了叶芝的诗集，又借了本《泰戈尔诗集》走，接着下来，又一次一本地换了好几本。她用一本蓝色缎子封面的笔记本将她喜欢的诗抄了下来，还在下面空白处用英文写上自己的读后感。

看着这个年轻鲜亮的女孩，尚明仿佛看见了当年在伦敦和云祥携手在泰晤士河畔共游时的自己。毓琳和礼全同年，举止却比礼全更为沉稳。尚明甚至有种感觉,毓琳比礼臻更像自己的女儿,她暗想,要是毓琳做自己的儿媳,应该是件最理想的事。

她从床头柜的抽屉深处取出一枚缀着两朵水晶玫瑰花的胸针,那是有一年圣诞节哈特太太送她的礼物。她亲手将胸针别到毓琳的衣襟上。

"谢谢姆妈,真漂亮!"毓琳欣然谢过,看着尚明尖起修长的手指以轻柔的动作为自己戴上胸针。

第十一节

郑海山和住对门的秦兰英熟悉起来后,介绍她去区文化馆剧场做了服务员,负责在剧场放电影演戏时收门票,散场后扫地清洁,其他时间就在剧场附设的茶室做做售货、擦桌子和洗杯子之类的事,工作清闲舒适,秦兰英总觉得自己欠郑海山一份人情。

这天秦兰英去剧场的办公室向领导要求调休半天,说是要去火车站接外地来的外甥女。办公室主任知道她是由郑海山介绍来的,半是讨好半是体谅地说:"谁家都有个事,你平时总是早来迟走的,今天早些走,就不算你调休了。"

解放初,秦兰英的姐姐秦菊英带着女儿何秀贤来过上海一次。

站在烫着一头波浪卷、抹着口红、穿一袭紧身米色旗袍的秦兰英边上,秦菊英母女俩身上用家织蓝色土布做的已洗旧了的对襟衫裤显得十分土气。这让彩娟看她们时带有少许轻蔑的神情,她很小的时候就跟着父母到了上海,在上海长大的她将自己当成这个城市的原住居民,在店里的柜台后站得久了,不觉中养成了以貌取人的习惯,对外来人更有些欺生。

惠林回到家，彩娟就急着对他说："秦兰英的阿姐带着女儿从老家出来了，别看秦兰英打扮得妖形怪状，原来乡下娘家又穷又土。"

一旁的彩娟也证明："多少年前我们棠坞都没这样土过。"

婆媳两人平时不怎么对付得来，但在对待秦兰英的态度上却有难得的默契。惠林对尚明好，彩娟看在眼里也不嫉妒，尚明是值得所有人尊敬的，但每次看到惠林和秦兰英说话，彩娟心里就不舒服，因为秦兰英的眼神、声音都会勾人。彩娟也说她不是规矩女人的样子，不怎么喜欢她。

很快，彩娟看到秦菊英母女就客客气气的了，因为秦菊英见了她，用真诚的笑脸看着她，也不管辈分，开口就叫她姐姐，往她手里塞了一大把蜜枣，还送了她一袋剥壳带衣的花生米，说是乡下带来的土产。这让彩娟想起了自己当年跟着惠宝从棠坞出来时的情景。

秦兰英在上海见识了不少受过教育的人，开了眼界，叹惜自己到这年纪再读书太迟了，又没儿女，让姐姐一定要在下一辈中培养出个把书读得好的，将来能出人头地做大事，自己享受荣华富贵不谈，还能奉养父母，扶助自家亲戚。

秦菊英听了妹妹的话，逐个看了看自家三个孩子，老大秀贤是女孩，家里没送她进学校，但秀贤从小就透出股聪明劲，每天都拿弟弟的书本来自己琢磨，儿子富升刚上学，看他做起功课很吃力的样子，想必书读得不太好，小女儿秀贵更是有点稀里糊涂，学什么都不及姐姐哥哥快。于是，秦菊英费了很大的劲，说服了丈夫将秀贤送进学校读书，不然，在他们家乡离桥这种小地方，多数人家经济捉襟见肘，长女首先要学的肯定是家务事，好帮父母照顾弟弟妹妹。

商量有了结果，他们却开始为如何可以省出秀贤的学费发愁。那时，正逢全国解放，秀贤得到了免费读书的机会。

因迟了上学，何秀贤的岁数比班里大多数同学都大，身高也比其他同学高出一大截。她自尊心强，靠努力自学跳了两级，扳回了差距。年年她每门功课的考试成绩都是年级第一,其他方面也常受老师表扬,当之无愧地被同学们选为学校少先队的大队长。

秦菊英自己不识字,看到大女儿在学校给自己争气,从心眼里高兴,对丈夫说,还好送大女儿进学校读书,不然真耽误了她的前程。秦兰英在上海收到姐姐让外甥女代笔写的信,寄了路费给她们,邀她们到上海住几天。

母女俩跟着秦兰英在上海到处玩,秀贤吃了不少好东西,也跟着姨妈逛了百货公司、寺庙、书店、公园,还看了电影,眼界大开。回家后,她暗下决心,将来要上大学,毕业后到上海工作。

读到高中,何秀贤的功课在年级里还是数一数二,老师找她谈话,要她早些为将来上大学读什么专业做准备。

一听何秀贤要读大学,秦菊英觉得这就不能再依她了,说是弟弟富升为帮家里生计,初中毕业就到他爹做店员的杂货店当学徒,妹妹秀贵小学还没读完,也已经退了学,小小年纪就到碾米作坊工作,家里还添了个最小的男孩富仁,凭自家的条件,根本负担不起一个大学生。

秀贤却不甘心放弃,她知道母亲对姨妈的话言听计从,悄悄攒了路费,趁着假期到上海来找秦兰英。秦兰英想想自己有剧场的工作,一个单身女人日常开销不大,将来身边若要有一个自家人依靠,只有这秀贤最理想,于是决定从俞先生留给她的钱里拿出一些来资助秀贤。

第十二节

尚明下楼去厨房准备晚饭,走到楼梯半中间,秦兰英就开门等她下来:"尚明,我正要上楼去找你,"她不再用房东太太而直呼尚明的名字已经有些时候了,"去你屋里说吧。"她拉了尚明朝楼上去。

"我的外甥女来了,就是以前和我姐姐一起来过的秀贤,我想问问,这个月水电费可不可以不按多一个人算?"

秦兰英说完,又怕尚觉得自己不懂道理,忙解释道:"她只来几天就走,一个小姑娘多用不了多少水电的。我虽然有点积蓄,但是总归是一个人,将来还是要靠钱傍身的。我姐姐家里条件不好,拿不出秀贤读大学的学费,我准备替她出这笔钱,别的地方能省就省点吧。"

尚明有些被秦兰英的侠义心肠感动,伸手过去握住她的手道:"我来和惠林讲,你不用担心。"秦兰英从尚明掌心中抽出一只手来,感激地在她手背上轻拍了几下,再三谢了,告辞回屋。

尚明烧好饭菜,从厨房的窗口看到礼全和杨毓琳一起走进大门。毓琳已经告诉尚明,她父母听说上海生活物资供应不是很充足,开始担心,让毓琳不必等到毕业,早些去香港。

见尚明在厨房,毓琳走了进去,问有什么好帮忙的,尚明忙说,都已经做好了。

正说话间,秦兰英和一个十五六岁的女孩一起走进厨房。见尚明也在,秦兰英拉了女孩朝前,问尚明是否还认得出秀贤,又让秀贤问尚明好。

何秀贤立刻笑着说了"周阿姨好",声音清脆响亮,又和杨毓琳也相互打了招呼。

尚明以微笑点头做了回复,朝何秀贤打量了一番。

只见这女孩中等身高,中等身材,皮肤不算白却也不黑,眼睛不大不小,心里不觉想,这倒是很标准的平均。

何秀贤在上海的几天,礼全也正放假。何秀贤常拿本歌曲集在前院的树下唱歌,她唱得最多的是《五月的鲜花》和《歌唱祖国》。在礼全听来,比起杨毓琳喜欢的那些《小夜曲》之类,何秀贤唱的歌充满朝气,更振奋人心。

礼全从她歌本里挑了几首出来,抄了歌词,让她教他唱。"你也觉得这些歌曲让人听了热血沸腾吧?"何秀贤对礼全和她有共同的爱好十分欣喜,两人怕吵到别人,天天跑去公园里练唱。

听何秀贤说星期天就要回去,礼全和尚明说,想带她到胡先生的大学去参观一下。尚明在心里责怪礼全不懂事,毓琳是马上要离开的人,相处的时间不多,礼全应该多陪毓琳才是。她让礼全打电话叫上毓琳一起去,礼全回她道,毓琳说了,让他陪何秀贤去就好。尚明轻轻皱了皱眉,心想,她必须找时机和礼全好好地谈一谈。

礼全刚准备下楼去叫秀贤,毓琳却走了进来。礼全说既然来了不如一起去,毓琳却说她是特地来找尚明的。边说边从书包里拿出两条绒线织的围巾来,交给尚明,说跟她学织的围巾已经织好了,米黄色的给尚明,浅灰色的给礼全,又拿出个用手绢扎的小包裹来,说另外准备织一条天蓝色的给礼臻,可惜刚起了个头,只能留给尚明了。

尚明心里依依不舍,虽然香港不算太远,毓琳可以在假期里回上海,但总不比人就在眼前,只怕此后更多的日子她们只能在心里挂念对方。她看了一眼礼全,陡然生出一种预感,即便毓琳日后回来,也未必会和现在一样地来这周家别墅了。离别的情绪在尚明胸中升腾,她的眼眶不由得一红。

毓琳见状,眼里也有晶莹的泪珠涌上来,叫了声姆妈,眼泪就啪嗒啪嗒地滴落在胸前,她用手去抹,却怎么也抹不干,双肩一耸一耸地抽动着不能言语。

礼全默默地站在边上看他母亲轻拍毓琳的背。之前他见到毓琳胸前的别针，就已经明了母亲对自己和毓琳的期待。

何等聪明的三人，无须明言，俱已知晓个中原委，只有礼臻，以为毓琳只是不舍将要远去，她拉起毓琳的手，想劝却不知怎么开口。

"不要哭呀，想我们的话，明年回来过年。"礼全的心终究也是软的，见他越劝毓琳越是伤心，心里也不好过，掏出自己的手帕递了过去。

尚明拉了毓琳坐到沙发上，让礼全去厨房将先前凉好的白开水拿到房间里来，又让礼臻跟着他一起去拿茶杯。

支开兄妹二人，尚明轻声对毓琳说道："什么事情都没有明确，你们年纪还小，等你下次回来再从长计议，现在不要难过了，听话。"

毓琳轻声却倔强地说："事情已经不是我理想中的样子了。"

毓琳上船的那天，是礼全去送的她。尚明握着毓琳的手将她送到周家宅弄的街口，才将手松开。坐上三轮出租车前，毓琳最后叫了尚明一声姆妈，说了声"我会回来看你的"。

看着毓琳离开，尚明心情复杂，她相信礼全说的不能和毓琳发展的理由主要是毓琳要去香港、分开两地谈恋爱不现实只是借口。她希望礼全只是看到何秀贤与周围人不同，一时新鲜，更希望他对感情还没有完全开窍。但是，一想起何秀贤，她心里还是会有一种隐约的不安。

第十三节

尚明收到一封辗转寄到上海的信。哈特太太在信中传达了哈特先生辞世的消息。她说她怀念锦顺和云祥，也想念尚明，问她可否在周家别墅楼里楼外拍几张照片寄给她。

尚明伤心了好一阵。礼全借了照相机来后，母子二人走到院子里，却不知站在哪里拍好。

平房前多出马春辉家的灶批，干能凤用木棍和竹竿在凉棚的柱子间搭了架子，扎上油布，将穿空的凉棚变成一个帐篷，用来堆放杂物。半截台面被马春辉占去后，梁师母针锋相对，在自家门口放了张摇摇欲坠的矮柜，那是老梁他们饭店的包厢里用来放碗筷的，本打算扔掉，老梁要回了家。

尚明不愿意将这些煞风景的物件拍进照片，只能让礼全站得近些。礼全端着相机，摇了摇头，靠得太近了，从取景框里看出去，只拍得到楼房的局部，分辨不出尚明背后的房子和别的建筑有什么区别，即使哈特太太见到，也没了意义。他说，不用管那些多出来的东西，它们既然都在那里了，就成了历史的一部分，一起照进去吧。

尚明默允了，对礼全说，我们再到大门外去拍一张。她站在打开的大门前，礼全后退着选定了位置，对着大门方向按了快门。在洗出来的照片上，尚明看到，油漆开始剥落的大门上，比原先哈特先生装在门上的铜信箱更显眼的，是旁边形状大小各异的另外七个木箱，每个木箱上都用油漆写了一个或两个姓氏。

第十四节

星期天上午，干能凤从井里吊起一桶水，却忘了带自家的水桶来，便大声叫儿女："新华，红芳，你们俩谁给我拿个脸盆来？！"

梁师母走出来，也用大嗓门冲她叫道："算你有两个孩子，隔那么远就叫，等你家孩子听到，我不是要给你吵死了？"她讨厌所有到她屋门口打井水的人。

"你找什么碴？"干能凤从红芳手里接过脸盆，将井水从吊桶里倒进去，井水从浅浅的脸盆里溅出来，井台旁湿了一片。

"你看，搞得都是水！"梁师母更恼火了，指着地上的水又朝干能凤嚷了一声。

"红芳，我们走，把西瓜浸在盆里凉着，等下切几片送给礼全他们。"干能凤轻蔑地斜睨了梁师母一眼，根本懒得理会她。

梁师母一时气得说不出话来，只好端了只大盆到水龙头那里洗衣服，布鞋、裤腿都被溅出的自来水沾湿了，洗完后，噔噔噔地端着盆往楼里走。

后院绕着晾衣绳的铁架已被拆去大炼钢铁，尚明让惠林用木条做了两个 U 字形的架子，钉在后院的墙上，自己悄悄地从用自行车驮着竹竿却不敢高声叫卖的农民手里买了几根回来。平时，她就将洗好的衣服挂在竹竿上晾在后院。只是那些竹竿太靠近后院的北墙，梁师母嫌那里太阳光照得到的时间短，干脆在楼上的露台中央拉起两根粗绳，将衣服晾到那里去。其他人家也觉得那样衣服能晒到太阳的时间更长，还吹得到风，便也各自拉起了属于自家的晾衣绳。

梁师母晾好衣服从楼里出来时，闻到一股刺鼻的腥气。她循着腥味看去，见干能凤又蹲在了井边，正用井水在洗几条河鲫鱼，井栏边有一堆鱼鳞鱼鳃和鱼肚肠。这下，梁师母完全沉不住气了，冲到井栏边，嘴里骂骂咧咧地一把抓起那堆鱼杂碎就朝井里扔，扔完了她并不解气，一个急转身冲到自家门口，端起一个竹畚箕，将里面的垃圾呼啦啦地全部倒进了井里。

干能凤先是惊呆了，马上尖叫起来，这下，全楼的人都冲到院子里，见到眼前的景象，无不震惊。

刘月梅大声哭了出来："作孽的呀，梁师母，这是一口井呀！"

"梁师母，你知道你在做什么！"尚明用痛心到发颤的声音朝梁师母嘶喊道。这是所有的人第一次见到她发脾气。

惠林冲到井边，愤怒而绝望地朝井底看着。

梁师母被全院人的同仇敌忾给镇住了，吓得逃进自己家门，从里面锁上，一点声音都不敢发。

隔了些天，井里泛出一阵阵臭气。臭气越来越强烈，在周家别墅的院子上空弥漫开来，又从各家开着的门窗飘进每个房间，院里每个人都感觉没法正常呼吸，就连从院门外经过的人也会捂着鼻子寻找异味的来处。大家紧急开了个会，一致决定，将污染了的井封了。

惠林找防疫站的师傅来做了处理，老徐还是找厂里的师傅帮忙，用水泥将井口捂死了。

"坏了，这下肯定要坏了！"刘月梅站在工人师傅旁边，双手用力在大腿上拍出声来。

"什么？"彩娟不知道她是什么意思，好奇地问。

刘月梅慌忙掩饰道："大家没得井水用了，不是坏了吗？"

第十五节

楼上的老徐搬来一段时间后，将他爱人老黄和二男一女三个孩子全部从陕西老家接了出来。

工人师傅们给老徐弄来几块木板，在房间里竖起两面矮墙，将一个狭长的大屋隔成上面相通的三个小间，还在最靠近走廊这边的隔间顶上，搭了一块搁板，上面用来放家里杂物，靠近门口的地方，竟还留得出一块地方，老徐请木工特制了一张桌子，不用时一半桌面可以向下折起来，只在吃饭时才将桌面翻上来，用活动的木支架撑住。

老徐的大儿子徐强像他妈老黄，长得高大健硕，才上中学就长到一米八几，刚办妥转学手续，体育老师就将他推荐给少体校的篮球队。每次训练回家，他就楼上楼下满世界找吃的。

"小弟，我早上留在碗里的小半个馒头呢？"他掀起桌上一个饭碗上扣着的搪瓷盆，里面是空的。

"不知道。"他弟弟徐钢头也不抬，坐在小凳上继续看他的连环画。

"你吃了还不承认？"徐强一下子火冒三丈，啪地在徐钢头上拍了一巴掌。最近家里吃粥多过吃饭，烧的菜油水不足，他运动量大，成天处于半饥饿状态。头天老徐从厂里带了三个馒头回来，给了他一整个，家里另外四个人每人分到半个馒头，就着一碗菜粥当晚饭吃了。徐强没舍得一下子吃完，留了小半个，想在第二天训练完时当点心吃，特地关照了徐钢和妹妹徐红，不准碰他的馒头。

徐钢从小凳子上跳起来，用头朝徐强的肚子撞过去，他哥哥个子高，他够不到他胸以上的部位。

徐强一把拉住徐钢，往地板上一摔，徐钢坐在地上大哭起来。

徐红从当中那个隔间拉起的帘子后探出头来看她哥哥和弟弟之间的争斗，见弟弟吃了亏，忙走过去搀他起来，一边冲徐强道："你是哥哥，还欺负他！"

徐强也觉得自己过分了些，便闷声不响不再理弟弟妹妹。只是肚子还是饿着，只好下楼到厨房里，打开柜子，想看看有什么可吃的。

礼臻放学回家，先到厨房开大炉火烧水，想泡点炒麦粉糊吃，却正好看见徐强失望地从柜子前转过身，便说了声"你等着"，拿了个大碗，到楼上从一个玻璃瓶里倒出些炒熟的麦粉，回到厨房，水正好开了。

"喏。"她从大碗里舀了些糊糊，盛在一个小碗里，将大碗递给徐强。

两个人在厨房将各自碗里的炒麦粉糊吃得干干净净，徐强不好意思地要去洗碗，礼臻将碗从他手上接了过去："算了吧，我来。"

两人在楼上的楼梯口分了手，各回各家。

家家都勒紧裤腰带精确地计算着分配口粮的日子，马春辉和老梁家却似乎从没挨过饿。

老梁用一个铝饭盒从饭店带了盒菜回来，到门口没先回自己屋，拿着饭盒去给尚明，被尚明婉言谢绝了。老梁走出厨房又回头，说都是些头头脚脚，浪费了可惜，尚明仍是不肯收下。

梁师母见老梁拿进家门满满一盒熟菜，想起大弟说在乡下吃不饱，第二天一早将饭盒里三层外三层包好，乘公共汽车去转开往金山的长途车。她在站上的纠察帮忙下，硬挤上一辆公共汽车，因为手上牢牢抓着饭盒，她没法越过前面那些紧紧挨在一起的身体去抓扶手。车靠下一站，车门一开，梁师母从车上仰面朝天摔了下去，后脑勺正撞在路沿上，当场昏迷不醒。路人叫了救护车将她送到医院时，她已经没了呼吸。

老梁看到惠林，幽怨地说道："我老早就一直说，她娘家的三个兄弟是讨债鬼，现在又成了催命鬼了。"

刘月梅在楼下厕所门口碰到秦兰英，悄悄用食指向上指了指，小声说道："报应啊，这是报应。"

第十六节

礼全以全优的成绩从高中毕了业，考进了胡先生所在的师范大学。胡先生建议他学理工科，他便选了化学。

快到中秋时，胡先生给尚明打了电话。短短地寒暄了几句后，尚明对胡先生说："刚巧我正要给你打电话呢，前两年买不到什么，不好意思请你来家里吃饭，现在总算正常点了，中秋节我想烧几个家常小菜，请胡先生过来吃顿便饭，大家一起赏月。"

这天除了水果，胡先生还带来了早先没有送出的两本书。见尚明脸上虽多了些细细的皱纹，面庞却依然沉静秀丽，忍不住和上回见面一样，凝神注视了她片刻。

尚明感觉到了胡先生灼热的目光里包含着的年轻人般的激情，脸上竟如少女般泛出红晕，借口厨房还有事，让礼全先陪着胡先生。

礼全也发现了胡先生的目光一直追随着自己的母亲，他毕竟到了成熟的年纪，做得到不动声色。

晚饭端上了桌，胡先生和周家人围着桌子坐定，俨如一个完满的四口之家。礼全一抬头，在头顶的玻璃灯罩周围看到一圈像雾气般不真实的光环。

吃完晚饭，大家在阳台上就着茶水吃了月饼，礼臻先回了大房间，礼全说母亲做饭累了，抢先去了厨房洗碗。

阳台上只剩了胡先生和尚明。

只见清亮的月光在水磨石的地上投下木香树的树影，晚风将枝叶吹拂得摇曳婆娑，空气中也弥漫着木香那细小白花的浓郁的香气。

"可惜没有桂花树，缺了些风雅。"尚明轻声道。

"有月色，还有你在，便足够好了。"胡先生微微一笑。尚明本来抬头望着月亮，听胡先生如此说，不由得低头，沉吟不语。

胡先生乃性情中人，自对尚明动了心，总希望找个时机表白，在这吟风赏月的日子，便借些酒力，在话中添了撩拨之意，尚明既没做回应，他便不欲令她以为自己轻薄，因而也沉默了片刻。再开口时，他只谨慎地试探着问尚明，日后有什么打算。

尚明抬起头来，看着胡先生，艰难地说道："孩子们都长大了，最难的日子也快熬过去了。"

胡先生懂了她的意思，心里对她的情意自然须得止乎于礼。他缓缓道："说来惭愧，你在难处时，我什么都没能帮上。将来如果有什么我能做的，你尽管开口。"

尚明点头道："你一个人，今后若是有不方便的地方，也和我们说一声，怎么都多几双手。"

胡先生连忙说："好的，说定了。"

第十七节

尚明走进厨房时，秦兰英正站在那里择菜，眼睛却朝着走廊看，似乎正在等人，一见到尚明，脸上有按捺不住的兴奋："我外甥女秀贤在南京读大学，说要到上海来过年。"

尚明问了，知道秀贤读的是药学院。"恭喜你。"尚明是由衷地为秦兰英高兴。但她很快就因那种令自己不安的预感得以证实而受到震动。

何秀贤来了秦兰英家后，礼全和她一起郑重其事地走到尚明跟前。"这段时间我和秀贤一直都通信。"礼全先开了口，何秀贤在边上笑吟吟地看着她。

在头脑的一片轰响中，尚明听到礼全说他们想确定恋爱关系。她茫然地看向何秀贤，突然觉得她脸上的表情近乎傻笑。她并不讨厌秀贤这个女孩，但是，她的第一个反应竟是那毓琳呢，毓琳怎么办。

在尚明心目中，礼全和毓琳才是一对天生的璧人，而现在，礼全却领着何秀贤站在她面前，一时间她乱了方寸，但她竭力控制着自己的情绪，艰难地朝他们笑了笑："希望你们互相再多了解了解，婚姻大事，关乎一生一世，慎重才好。"

见尚明的语气中并没有反对的意思，礼全和秀贤像考试刚过关的学生一样，相视而笑，一同跑到楼下去找秦兰英。只一会儿工夫，秦兰英飞快地到了尚明屋里："尚明，我真是高兴，我们要做亲家了！"

秦兰英欢天喜地，尚明心里却矛盾重重。她接受的是新式教育，长期以来她都赞成婚姻必须建立在感情的基础上这个说法，一旦轮到为自己儿子考虑婚姻大事，她又希望门当户对的杨毓琳做自己的儿媳，因为毓琳的格调和她是再合拍不过的了。但也正是她所受的教育告诉她，自己没有权利反对礼全和秀贤交往，更不能在他们明确关系后硬将他们拆开。只是一想到毓琳，她夜不能寐。

礼全住校，礼臻并没有搬到他空出来的房间去，她要陪着母亲。她喜欢自己那张单人床，床头弯曲的白色栏杆中央的一块长方形的靠背板上，有用紫色油漆喷上去的鸢尾花，看到心爱的小床和她母亲的大床一道摆在整栋楼房最大最好的房间里，她觉得温暖而满足。

星期六的晚上，礼臻在礼全的书桌前复习功课，做习题做得忘记了时间，尚明已经来催过她早些休息。她感觉到了疲倦，起身出门去浴室洗漱。

浴室的门关着，有灯光从门缝里泄漏出来。她在走廊上站了一会儿，等着里面的人出来。

啪的关灯声响起的同时，浴室的门打开了，走廊上暗淡的灯光投到徐强的脸上。

发现门口有人，徐强吓了一跳，见是礼臻，他有些惊慌失措。

礼臻没理他，刚要朝浴室门里走，徐强轻轻叫了声"礼臻"，她停下来回头看着他。

"到露台上说句话好吗？"他压低嗓音。

她不语，却没有反对，转身跟着他，两个人蹑手蹑脚朝走廊尽头的楼梯口走。徐强轻轻地拉开门上的插销，一只手握住把手开了门，将另一只手伸给礼臻，她没有接。

两人先是站在围栏边，但夜里从黄浦江上刮过来的东北风中夹带着的寒意，让他们同时哆嗦了几下，两人很有默契地一起走到北面的围栏边，背着围栏蹲了下来。

"我要去新疆的兵团了。"徐强的头垂得很低，他告诉她没有给市篮球队选进后备队的话，球打得再好也没有用。

"哦。"礼臻只应了一声。

"礼臻，整个院子里谁对你最好？反正谁对我最好我是知道的。"她被他的问话震动了一下，转脸看着他，他也正好转头看她。

就算住在一个屋檐下，她从来不觉得他们有什么交集，对徐强，她基本上是忽略的。他说的对他最好的人，分明指的是自己，难道就因为她将一碗炒麦粉糊分了一大半给他？

夜更凉了，她抱紧了双臂，徐强想伸手去揽她的肩膀，她一躲："我们回去吧。"随即站起身来快步朝露台门走。等走进浴室，礼臻听到徐强也跟着走进楼里，轻轻插上了露台门的插销。

礼臻用手心捧了水，洗了把脸，从毛巾架上扯下她的粉红色414毛巾，却摸到平时一直挂在浴室的毛巾上有些黏稠的液体。她疑惑了一下，并不清楚那是什么，突然想起《红楼梦》里的一句话，手一甲，将毛巾丢进水斗。"流氓！"她在心里嗔骂了徐强一声，又用两个手指小心地将毛巾拈起来，扔到马桶边的一只小畚箕里，反复洗了手后，才用双手捋去脸上的水珠。

徐强离开上海之前，没再单独和礼臻说过话，她看得出他是在故意冷落她，他瞥向她的眼神里含着凛冽的敌意，但她的直觉告诉她，隐藏在敌意后的还有另一层意思，那是一种强烈的恐惧。她猜得到他在想什么，她不想告诉他，即使她悄悄骂过他流氓，也不可能去他父母那里告发他，更不会对任何人说出这件事。

第十八节

礼臻也考上了师范大学，读的是外语系的英语专业。

礼臻入学没过多久，系里有一个名叫陈威廉的男生用英文写了一张自我介绍的条子，夹在她的课本里。礼臻到教室夜自修发现字条时，坐在一旁的礼全也看到了。礼全认得陈威廉，说他父亲是自己系的陈教授。

礼全对陈威廉印象不错，赞成自己妹妹和他来往，礼臻的反应出乎意料地冷淡："你不觉得成天把自己收拾得整整齐齐的男生太奶油？"

她的话让礼全有点不服气："我自认为也算整洁，难道你也觉得我太奶油吗？"

"你和他不一样。"她也不多解释。

兄妹俩平日都住在学校，星期六一起回家，星期天再一起返回校园。

礼全在校门口见到礼臻中学时的同学高荣生，才明白妹妹让他不要等她一起回家的原因。礼全还在考虑该不该告诉尚明，礼臻倒将高荣生带到了周家别墅。

高荣生住在离周家别墅不远的一片旧平房区。他高中毕业没有参加高考,直接被银行招进了一个储蓄所当了柜员。

"你家房子真大,难怪我妈不认识你们也知道周家别墅。我们家那条小弄堂连自来水也要到弄堂口的公用龙头去拎。"

"上海这种房子多了,所有人不是一样住得好好的。"礼臻觉得荣生说的情况很正常。

"你没住过不知道多不方便。"荣生摇头。

听到两人在厨房里吃着西瓜时说的话,尚明在厨房门口站了一站,没有走进去。

国庆节晚上,礼臻叫高荣生吃了晚饭早点到周家别墅去。荣生见大门开着,有不少人进去径直往露台上走,有些疑惑,礼臻笑笑,也拉了他上去,露台上已经站满了人,荣生依稀认得出都是附近几条弄堂的人。

"噢!"当国庆礼花在人民广场上空绽放,荣生跟着其他人一起大声地喝彩,又转头对礼臻说,"以前我怎么从来没想到可以到你家露台上看焰火?"周家别墅地势高,离人民广场又近,在露台上可以将在高高的夜空中绽开的焰火看得真真切切。

烟花四射时的爆破声震耳欲聋,荣生不得不靠近礼臻的耳边说话,在缤纷绚烂的火花交错升腾的间隙,他趁着夜黑人多拉住了礼臻的手。

礼全还在一所中学进行着毕业前的实习时,他的资料被一家研究所要了去。受过正规教育的教师资源再紧张,那家有军工背景的研究所还是从师大招走了毕业生中成绩最优的尖子周礼全。

何秀贤也到了快毕业的时候。"今年所有工作分配名额都在江苏范围内,我看昆山那个厂离上海最近,所以选了做第一志愿,我分到了!"秀贤给礼全打了长途电话,欢欣雀跃地将这消息告诉了礼全。

自从到厂里报到后住进集体宿舍,每隔一个星期的周日一早,秀贤都会乘火车换公共汽车到周家别墅来，下午，礼全再将她送上开往昆山的火车。

第十九节

礼臻从学校回来，给尚明和礼全带来一个惊天动地的消息："胡先生被批斗了。"

尚明忙问："怎么回事？"

"我看见胡先生头上戴了顶那么高的尖帽子，胸口还挂了块牌子，被拉到历史系去开批斗会。"

听到胡先生被如此对待，尚明仿佛自己受到重重一击，胡先生已经六十几了啊！更让她揪心的是，胡先生那么清高的一个人，如何能忍受得了这种羞辱。她不敢往下想，不由得按住胸口，眉头紧紧皱拢来。

礼全双手握拳，轻轻地在桌上捶打，压低嗓音道："我们研究所也有人开始贴大字报了。"

尚明从没有听说过大字报这个词，礼臻冷笑道："我见识过了。"

上了趟街后，尚明马上明白了礼全说的是什么了。居委会的宣传栏贴满了白底黑的海报，那块宣传栏上厚厚地糊了一层又一层的纸，刚刷上去的一张纸上，来不及干的浓黑色墨汁还在往下流淌。

"我想去你们学校看看胡先生。"尚明的话刚说出口，礼臻就摆手示意她停下。她告诉尚明，学校已经停课了，许多教授被关在教学楼里，有的已经被送到外地去接受教育改造了。

尚明一听礼臻说要到外地去，惊觉起来："外面不是乱吗？最好待在家里,哪里都不要去。"

"我是和中学时的几个同学一起去。"礼臻还是扛起个背包出了门。

惠林的单位里分了两个大派,两派先是都来拉拢他,起先惠林哪派也不想参加,见他不表态,两派又都威胁要批斗他,为求太平,惠林只能选了人数更多的造反派,和保守派展开斗争。

"还好你没有工作单位,斗来斗去,很多人早就互相看不惯,现在干脆明着斗了。"他替尚明拧紧窗户铰链的螺丝后,边收拾工具盒边说,脸上带着一丝苦恼的笑。他发现许多人是被单位同事举报后才遭抄家的。

有一点惠林不可能知道,以前跟着王先生的小六刘其顺转业时,被派到上海市委工作了一段时间,曾在来市委的同志面前提起过解放前在上海的经历。区委的同志到市委开会,听说了这段故事,到居委会布置工作时,特地对米大姐提起尚明,说有中央领导曾受到过她的关照,对她非常尊重,至于其他的,区委领导什么都没说,也没有给米大姐什么特别的嘱咐。鉴于这个情况,米大姐对自己辖区里的这个敏感人物采取了眼开眼闭的态度,没有将斗争的矛头指向她,但对尚明要求参加工作的事,她采取的是能拖则拖的原则,因为在阶级斗争激烈的时候,她不能预测将来,为了自己的政治前途,她要考虑得周全一些,必须留有余地。

收拾完工具,惠林脸上又露出愉快的神色。这年头,只要在单位不受冲击,回家能在尚明需要的时候为她做点什么,哪怕最小的事,他就知足了,外面的风风雨雨只要不干己事,他根本不想理会。

楼下的干能凤来敲尚明的门,她虽文化水平不高,但因为丈夫的关系,在文化局的科室升到了副科级。

"我家老郑和我都要去干校了,老郑去的地方远,在黑龙江,我就在市郊奉贤,"干能凤的神情有些痛苦,"尚明同志,我们两人都离开家的日子,你能不能帮我们一个忙,照顾一下我家的新华和红芳?"

干能凤开口称自己同志,尚明有些感动,认为她表达的是对自己的信任。

新华已经十好几岁,红芳也过了十岁,只不过平时一切家务事都由干能凤包下,两人连起码的做饭、洗衣都从没做过罢了。干能凤下乡前,手把手地教了两人如何烧米饭,下面条,炒熟青菜,白天两人到食堂去吃饭,晚上食堂不开,他们需要自己在家做饭,有尚明在一旁照看,她心里多道保险。干能凤每个月可以回一趟家,每次她都要带上几大包刚从地里收上来的瓜果蔬菜。

趁星期天干能凤在,尚明用她送的她亲手从地里摘的新鲜小棠菜加了些肉丝,做了一锅炒年糕。她叫了干能凤带着两个孩子到楼上去,跟她和礼臻一起吃午饭。她很想送一点到惠林家让小江和小波也尝尝鲜,但肉和年糕都要凭票买,分不过来,她只能作罢。

新华和礼臻先吃完,等他妈和妹妹的时候,他跟着礼臻去了屏风背面,他还是第一次转进那里去。

"那么多书!"书架上密密麻麻排列着的书让他惊叹。他的手指在书脊上滑过,停留在一本《水浒传》的第一册上。"礼臻姐,借书给我看吧。"

礼臻答应新华,他妈不在家时,这些书他可以借回去,但一次只能借一册,而且不能带到外面去看,还有,要给书包好封皮,不许让红芳发现,不许折角,更不许在书页上涂写。他和她拉了钩。

新华不知道为什么礼臻家没有将可以归为封建四旧的书收起来。幸运的是,她家竟然没人来抄。新华看完《水浒传》,又将《三国演义》《唐史》《三侠五义》《聊斋志异》之类逐一借过。在那个年龄,他对外国小说的兴趣还不大,见书架的角里有些连环画,他拿下一本来:"《西厢记》。"礼臻看了看他,将连环画从他手上拿了下来:"这个小孩子看不懂。"他又想借《红楼梦》去读,礼臻又说读这个他也还太小。

楼上老徐家冲进一群戴红袖章的工人,将老徐家翻了个底朝天,从阁楼的一块板下搜走了一个油纸包,据说里面有黄金。老黄想挡在他们前面,怎奈她人长得再高大健壮,在一群年轻力壮的工人面前,根本是螳臂当车,东西还是给抢走了。

晚上,整个周家别墅的人都听到老黄在骂不孝子徐钢,说是他出卖了自己亲爹,不然全上海没有一个人会知道,老徐家原来是地主,土改时他妈在他棉袄里缝了一根金条和几个金戒指,让他混在逃难的人中连夜逃走,他在半路上被解放军收留,才参加了革命。

徐钢和家里脱离关系后跟着同学们到全国各地串联去了。老徐早些时候就被工厂扫地出门,发配到山西的煤矿,老黄和徐红也被赶出周家别墅,不知去哪里落了脚,周家别墅再没人有他们一家人的消息。

老徐厂里年轻的红卫兵司令李得胜带着新婚的老婆搬进了老徐的屋子,居委会来问他们拿房屋调配的书面证明,却被李得胜轰了出去。

一天彩娟到露台去晒衣服,突然发现走廊上亮了不少。原来,李得胜让人将老徐钉的隔墙和搁板全部拆了去,南面和西面的窗户都没挂窗帘,光线是从敞开着的房门口投到走廊上来的。

第二十节

"我们干脆结婚吧。省得你来回跑。"礼全将何秀贤送到火车站时,何秀贤直截了当地对礼全说了她的想法,礼全跑来跑去接送她，她心疼他。

礼全也有这个意思，开始他只是有些顾虑，怕刚工作就结婚，给单位留的印象不好。后来有人向领导反映他家还有一直没有调查清楚的历史问题，幸好研究所领导惜才，将他从科研室调到了环卫科，接受组织的进一步审查。礼全明白，在一家军工单位，这个安排绝对是最非常宽厚的处理方式，看似被派去搞卫生，实则是组织上对他的保护。这种情况下，万一对自己的调查结果不好，他怕秀贤跟着自己会受到牵连，耽误她的前途。

何秀贤却完全不在乎。"我是共产党员，家里几代人历史清白，没什么好担心的，也相信你身正不怕影子歪，经得起组织审查。"

两人静静地到民政局领了结婚证。尚明和秦兰英一起做了两个冷菜拼盘，烧了四个家常菜和一锅汤，蒸了一个八宝饭，连一对新人和礼臻，五个人在家吃了顿晚饭。礼全买了些糖果，何秀贤用喜糖袋装了，给周家别墅的邻居们每家送了些，两人就算正式结了婚。

何秀贤自己活动了一阵，找到了一个为了夫妻团聚愿意和她对调工作的人，对方的单位是一个比她原单位规模大得多的国营机器厂。她很快就办好了转关系的手续，不仅将工作换到了上海市区，连户口也报进了周家别墅。

尚明从没想过，当年那个只身从老家来上海找秦兰英的女孩能力如此之大。她吃惊之余，不由得暗自忧虑，深感自己深居简出，已然和社会脱节。

秀贤告诉礼全，为了进上海，她是以放弃专业为代价的，到了新单位，在药学院所学的专业知识虽用不到，但大学学历摆在那里，又是个年轻的老党员，正符合建设知识化年轻化干部梯队的要求，组织上安排她在办公室做行政工作。

郭依依和在公安局做警察的复员军人宋政结了婚，郭庆元上完海运中专，到海运局工作，刚跟一条国内航线的货轮出海了。云怡想想休息天儿女都不在家，白天也没事做，决定去周家别墅看看，和尚明一起吃顿午饭。

云怡在路上买了包红肠和一把青菜。尚明洗菜时，她打开纸包，一边取出请熟食店大姐切好的红肠放在一个盆子里，一边和尚明聊家常。

照多数上海人家的习惯，她并不称尚明为嫂嫂，只管她叫姐姐："阿姐，我也只有对你叹叹苦经了，"她在忠民家时间长了，连诉说对他家不满的腔调都和郭家二姨太有几分相似，"年轻时不懂，现在回头想想，我实在是吃了婆家的哑巴亏，才将娘家拖累得这么苦。不过'嫁鸡随鸡，嫁狗随狗'，我也没办法好想。所以在依依谈恋爱前，我像敲木鱼一样，天天在她耳边关照，找男人，光能干又肯听自己话还不够，他的娘一定要为人厚道、通情达理，只有这样才能结婚。还好，我家依依听我的话。"

忠民娘一直庆幸从云怡这个缺口捞到的周家的家产，落进的不只是郭家的口袋，连自己的娘家也跟着得到不少好处："亏得我娘家兄弟来住在我老房子里，不然有多余房子肯定借给人家，那就等于白白送出去了，看看云怡娘家就知道了。"

郭家二姨太搬进亲家给云怡的石库门之后，先是将当年郭耀昌给她的老弄堂房子借了出去收租的，直到她宁波的娘家兄弟来上海找到份工作，她收回房子给了兄弟一家子住。她兄弟家子女多，生活不富裕，她没要他们付房租，帮娘家兄弟是天经地义，再说就算收房租，自家人也不好意思收多少，她乐得做个好人，反正家里生活费全由忠民和云怡负担，忠民每月发了工资还给她零用钱。没想到她弟媳的娘家兄弟见姐姐姐夫在上海立稳脚跟，也滚雪球般带了全家从宁波来投靠他们。后来，一大群人的户口统统登记在忠民娘的老房子里。政府实行私房管理政策时，石库门也好，老弄堂房子也好,早已人满为患,因此并没有外人再搬进去。

二姨太到底还是和郭老板离了婚。谁也想不到,没出几个月,她会和原先店里一名干杂活的伙计小宁波结了婚,看上去老实巴交的小宁波名正言顺地搬进了原先和他搭不上半点界的石库门。

云怡见婆婆和小叔子搬来外公朱老板留给父母、父母当遗产分给自己的房子和自己一起住,已经窝了一肚子火,婆婆竟还招来个只比忠民大几岁的男人小宁波,她更加气得要命,这样一来,更觉得娘家人亲,因此到尚明这里走动得比以前勤多了。

云怡听说了何秀贤换工作的事,啧啧地对尚明说:"看起来这个秀贤不同一般小女人,她的本事这么大,是做领导的材料。"

"学了几年的专业,放弃总有点可惜,"尚明却为她感到惋惜,突然想起来件要紧事,忙补了一句,"秀贤改名字了,她现在叫何学新。"

第二十一节

何学新将怀孕的消息向家里人正式宣布时,全家高兴了一阵。

尚明早早就找出两条旧被单,扯成布条,用手工缝好,做成尿布,叠成整整齐齐的两大摞,放进衣柜里。她是以前见玉莲这么做,她看在眼里学会的。

"不知道是男是女,小衣裳还不好做。"她对第一次做祖母充满期待。

楼下车保根的两个儿子从外面游荡回来,正好邮递员骑着自行车来送信。

"周尚明有信。"他从绿色的帆布袋里取出个牛皮纸信封,交给老大车海光，老二车海宏伸头过去一看："青海来的。"

"是关伯伯。"海光因为幼时吃过无比美味的草莓酱而将带草莓酱到周家别墅来的关仲良牢牢记在脑子里。

海光上楼将信交到尚明手中。尚明的上一封信里，告诉了仲良礼全快要当爸爸的消息，心想一定是仲良回信来祝贺她和礼全。

信读到一半，尚明的心就抽搐般地剧痛起来。仲良的父亲关先生承受不了精神和肉体的双重折磨带给他的痛苦，从家里那栋大楼的顶层跳下来，了结了生命。他母亲处理完丈夫的后事，也在家里用酒送下一把安眠药自尽了。他父母两个单位的造反派为了抢他家的房子，在苏州河边打了一架，结果他母亲单位的那帮人胜了，将房子强占了去。大楼里一位邻居写信将这些告诉了仲良，却没敢署名。家里发生了这么大的事情，仲良一时却回不来，只能托尚明替他到殡仪馆领取他父母的骨灰，代为祭奠。

尚明流着泪将信读完。信纸上也有明显的风干了的泪痕，她想象得出仲良在那头写信时的伤心痛苦，一下又想到了自己的父母，她已经有二十年没见到他们的面了。二十年啊，他们该有多老了呢？她关上房门，将脸埋在枕头里哭泣起来。

礼臻从北京回来时，院子里的假山不见了，草地中间多了个乒乓球台，看得出这是块废弃的台板，上面的绿漆已斑斑驳驳，还有不少其他颜色的油漆痕迹，台板下横着竖着叠起来的几张方凳间，有几块砸碎的太湖石，大概是因为太重而被弃在原地的。果然，尚明说是厂里的工人来将假山砸碎后，郑海山将一个文化馆丢弃在后门的一块乒乓球台板拉回来搭在那里遮盖碎石。

何学新的肚子鼓得又圆又大。彩娟悄悄对惠林说："礼全老婆肚子里的是女儿。"惠林叫她不要到外面乱讲，彩娟以过来人的口气道："我当然知道，谁不想生男孩呢！"

以惠林对尚明的了解，她不会在意何学新生的是男是女，彩娟却毫不掩饰她重男轻女的意识,她千方百计将儿子惠小江送进钢铁厂,女儿小波就只有去农场的份了,好在小波去的是崇明,比起去新疆云贵的同学,她等于是在家门口插队。

何学新在单位工作到预产期前一个星期才停下来待产,她母亲秦菊英已经从乡下出来,住在秦兰英屋里,准备服侍何学新坐月子。

第二十二节

礼全一直在环保科待着,负责厂办大楼走廊和每层楼男厕所的清洁。研究所的运动搞得热火朝天,而他自从被派去打扫卫生,竟然像被所有人遗忘了一样,几年内既没有被揪斗,也没任何迹象显示对他的调查有进展,结论自然遥遥无期了。

尚明趁何学新不在家,将仲良家的事告诉了礼全,她是担心何学新看到礼全的反应,她怀着孕,情绪激动不得。果然,礼全听到这消息,伤感不已,流下泪来。

还有两天才到预产期时,何学新感到了阵痛。十二小时后,她生下一个女孩。即便痛得昏过去好几次,她一声未吭。

礼全请了假,急急忙忙从单位赶到医院。"你们事先有没有给孩子取好名字?"尚明问他道。

"事先不知道是男是女,也来不及和学新商量,我想请你帮着取。"尚明知道礼全是想过的,她看见他面前摊开着《诗经》和《唐诗三百首》,手上拿着笔在纸上写着什么。

"学新生孩子辛苦,还是和她商量着取吧。"她嘱咐礼全。

等进病房见到何学新,礼全问她道:"你看孩子叫什么名字呢?"

秦菊英沉不住气，说："丫头嘛，随便取个像女孩儿的名就好了。"

何学新责怪地看了她一眼："什么丫头小子的，现在是什么年代了，取名字要有时代气息，这事就不用你操心了。"

她虚弱地闭了一会儿眼，一下子又睁开："叫伟华吧。"

礼全和尚明听了都说不错，秦菊英念了几遍，似乎并不喜欢，却因方才抢着说错话被学新呛过几句，不好再说什么，坐在一边一声不响。

过了一会儿，还是何学新自己说："我想了想，现在流行单名，取一个字的话，叫伟和华的人太多了，还是叫她周宁吧，我是在南京读的书，叫宁有纪念意义。"

礼全说："你喜欢就好。"

尚明也点头道："这个宁字本身的意思不错，安宁，宁静。"

秦菊英也说叫起来比先前的伟华简单顺口。

云怡带了一只杀好的老母鸡到周家别墅看望学新，顺便带来她女儿依依也已经怀孕的消息。云怡还带来一包米色的绒线，说是依依买的，请舅妈织两件小毛衣，一件给礼全的新生宝宝，另一件给依依未来的孩子。

第二十三节

云怡见礼臻在逗学新身边躺着的襁褓里的婴儿，便问道："礼臻，你的好事也快了吧？"

"快了。"对姑姑直截了当的问话，礼臻非但不介意，还爽快地回答了她，这倒让不过是随口开个玩笑的云怡吃了一惊，她悄悄地看了尚明一眼。

尚明知道云怡的意思，尽管心里翻江倒海，却不想在礼臻面前显露出来，只是她的眉头还是不自觉地越皱越紧。白天黑夜，只要稍微闲下一些，她就控制不住地反复在心里问：礼臻难道真的要和高荣生结婚？其实她真的不知道自己是在问谁，也真的不知道有谁可问。

听荣生讲要结婚，荣生妈想到的第一件事就是将新房做在礼臻家。荣生下面还有两个弟弟，家里只有一间房和一个阁楼，荣生父母住在房间里，三兄弟睡在阁楼里。荣生妈思忖着他们夫妻俩在单位都是最基本的工人，家里再困难，也不可能像干部一样分到房子。老大既然是和赫赫有名的周家别墅的人结婚，不如让他将婚房做到那里，既好解决家里的困难，以后和人家说他住在花园洋房里，她也可以给自己挣足面子。

荣生自然也有住进周家别墅的念头。他和礼臻一说，礼臻连连摆手：“我哥哥现在是一家三口，我们总不能和妈住一间房吧？”

她想了想又说：“你家楼下的那间房还是蛮大的，只要隔一隔，好放一张大床，你两个弟弟就有地方睡觉了，我们两个的新房就做在阁楼里。”

荣生将头摇得像拨浪鼓：“瞎说，你是周家别墅出来的人，跟我结婚搬来住阁楼，我面子往哪里放？”

礼臻却坦然：“面子是给别人看的，我们两个人结婚是我们自己的事，关别人什么事？”

停课后礼臻在外面串联了一段时间。荣生送了两条大前门香烟给经常亲自去银行的街道加工厂的财务科长老孙，托他方方面面打好招呼，让礼臻到厂里做个临时工，不然，学校不复课，她荡在外面没有收入，总不是件事。

两人到民政局去领了结婚证书，荣生爸就真按礼臻讲的，在房间里面隔了一块地方出来，将阁楼里的一张大棕绷搬下来，用两条长凳一头一条搁好,荣生两个弟弟就睡到楼下了。

礼臻买了桶白色的涂料,和荣生一起将原先已经泛黄的阁楼椽子之间的屋顶和墙壁都涂了三遍,用黑漆一根根涂了椽子,将斜屋顶中央一块玻璃擦干净了,阳光从拉开移动盖板的玻璃窗照射下来,阁楼里光线敞亮,黑白分明,墙上贴的大红双喜剪纸,显得喜气洋洋的。

荣生妈见了,笑得一下又一下地在礼臻臂膀上拍了好一阵:"你这个孩子怎么这么心灵手巧呢?我没有女儿,老天给我送个好媳妇来啦!"忙不迭拉了左右隔壁的邻居来参观。

尚明和礼全也来看了看,回家的路上两人一语不发。

尚明问礼臻是否需要她帮着置办什么,礼臻说不用,反正他们不会和别人一样,俗套地先摆个酒席,再弄一群人闹新房。他们就只和平常过日子一样,哪天荣生借部黄鱼车,帮她将衣服、被子和书搬过来就可以了。

尚明坐在阳台上,默默地看着礼全用竹丝扫帚唰唰地扫车道上的落叶,又环视了一遍因多了不少杂物而显得零乱的院子,想起婆婆玉莲留给云怡的最后一句话:"阿囡,女怕嫁错郎啊!"她心里生出一种不安的感觉,当初毓琳离开前,她一想到何学新,也有过这种感觉。马上,她又安慰自己,何学新是一位不错的儿媳,也许荣生也会是个好女婿。

第二十四节

梁师母去世后,老梁一个人过了好些年。

梁师母在时,老车家和老梁并不来往,老梁成了鳏夫,老车夫妻俩对他倒客气起来。一天刘月梅来问老梁收不收徒弟。老梁问是谁要学厨，刘月梅说是大儿子车海光。海光初中毕业之后，不想读书，又没啥工作好做，一直荡在社会上，倒不如让他学门手艺。

老梁爽快地说，大家做了这些年邻居，知根知底的，他和饭店领导去说，看能不能将她儿子招工进饭店。刘月梅连忙谢了。

梁师傅手艺高，在领导那里说得上话，上级马上同意了招海光进饭店做学徒工，跟梁师傅学手艺，三年满师后，给老师傅打下手。刘月梅和车保根托人买了条凤凰牌香烟，两瓶西凤酒，叫车海光拎了，到老梁那里鞠躬拜了师父，让老梁有事尽管拿海光当儿子差遣。

郑海山和干能凤先后从干校回到原单位。这次回来，干能凤发现儿子新华像换了一个人似的，言谈举止不再像原先那么青涩莽撞，红芳却仍和往常一样，有些稀里糊涂的。

"儿子大了，发育了。"晚上夫妻俩躺在床上时，干能凤一脸喜悦地说。郑海山也同意："我也觉得新华比以前懂事了。一定是人家尚明言传身教，替咱们把儿子管得好。"干能凤以前听丈夫说哪个女同志好，心里总会不舒服，难免辩上几句，但他称赞尚明，她心服口服。他们哪里想得到，新华已将尚明家书架上一大半的书一本一本地借来读了。

"接下来我就要开始好好培养女儿了。"女儿也迟早要嫁人，干能凤希望尽快教红芳一套拿得出手的家务本领，这样作为女人将来成了家，才能做好照顾丈夫、孩子的本分。

礼臻结婚之后，新华想读那些翻译过来的外国名著，却没法再到周家借书，因为借书是他和礼臻两个人之间的小秘密，他只能去图书馆借了书来读。

依依生了儿子坐月子期间，云怡天天去宋家照顾女儿。郭忠民按了她的嘱咐提着个大篮子到周家别墅来送红蛋。

"恭喜恭喜！"惠林拱手向忠民祝贺，忠民满脸笑容："我女儿的肚子争气，第一胎就给宋家生个儿子，我女婿讲了，孩子满月时要请大家吃酒。"他将一对红蛋放进惠林手心时还特地加了句："我女婿在公安局做，有门路，弄来的鸡蛋都比菜场买的新鲜。"

见尚明下楼来，他马上从篮里取出一个装了好几个红蛋的碗放到桌上，招呼过后，逐门逐户发红蛋去了。

荣生和礼臻正好到尚明这里来。一进厨房，荣生就从碗里拿起个红蛋，用三个指头握着打着滚在桌子上敲出几丝裂缝来，一边剥壳，一边叫礼臻从碗柜里取出些盐来蘸了，咬了一口，又喝了口礼臻刚倒好的凉开水，咂嘴咀嚼着对尚明道："姆妈，礼臻也有了，下次发红蛋的就是我们了。"

尚明欣喜地看着礼臻："真的？快到房间里去坐好，我烧点点心给你，马上就上去。"她用糯米粉搓了些小圆子，拿小锅烧开了些水，将小圆子下得快熟透时，用调羹挑了些红糖，还添了点糖桂花，搅匀了，用托盘连锅子端到楼上。

礼臻掀开锅盖，荣生就闻到了香味，从托盘上拿起锅子，先喝了几口红糖水，才将锅子放回托盘。尚明将锅里的东西盛到碗里，让礼臻趁热吃。礼臻连汤带圆子舀起一勺来，吹了吹，问荣生："你要再吃点圆子吗？"荣生犹豫了一下，才说："姆妈是烧给你吃的。"

周宁躺在小床上，嘴里发出嗯嗯啊啊的声音，尚明过去看了看，说她是饿了，就从一只大锅里拿出只碗来，碾碎奶糕冲成奶糊，将她抱起来喂了吃。

"何学新为工作够拼命的，生好孩子只休息两个月就去上班，还天天加班，孩子也不管。"荣生嘟囔了一句，摇了摇头。

"她的工作重要，单位里催她早点去上班，她就去了。"尚明解释道。何学新提前结束产假去上班之后，周宁就一直由尚明带着。

礼臻生下的是个女儿。荣生对她说:"没关系,我们再生。"

尚明带了熬好的鲫鱼汤来看礼臻时,礼臻头上戴了顶旧的绒线帽,坐在阁楼里的床上给女儿喂奶,尚明认出那是荣生妈的帽子。只见礼臻将一件蓝地红花的薄棉袄敞开,里面一件宽大的棉毛衫被拉到乳房上方,新生婴儿嫩粉色的小嘴一缩一缩地在吸吮乳汁,礼臻正用尚明从未在她眼中看到过的无比温柔的目光注视着怀中这个小生命。

阳光从屋顶的天窗投下,在礼臻的头顶上方形成一片金晃晃的光亮,从女儿看着怀抱中的外孙女的眼神里,尚明看到了充满温柔与慈爱的母性,内心不由得感叹,生命的延续是如此神奇。

她在斜搭住阁楼边缘的木梯上静静地站了一会儿,直到礼臻看见她,轻轻叫了声"姆妈"。生下女儿后,礼臻叫尚明姆妈的语调都变得柔软了几分。

"荣生让他妈染红蛋的,他妈说生的是女孩就算了。"礼臻记得荣生在周家别墅说过的话,想到表姐依依真的为孩子摆了满月酒,请亲朋邻居在淮海路的饭店吃了一顿酒席,她满含歉意地向尚明解释。

"我替你们在我们院子里发过红蛋了。"没见荣生拿红蛋过来,尚明自己到菜场买了鸡蛋染了给各家送去。

"亲家母,这次礼臻的月子亏得有你,还好路近。"荣生妈轻描淡写的一句话,算是谢过了尚明一个月来所做的一切。何学新生周宁时,尚明和秦菊英姐妹三人分工,将一应事宜安排得妥妥帖帖。这回礼臻生孩子,荣生和他妈都说请不出假来,白天尚明只能抱着周宁两头来回跑地照顾礼臻。

事先尚明不便替亲家做主,后悔早知如此,没有早些安排礼臻产后到娘家来调养身体。

在女儿高群满周岁后,礼臻又怀了孕。这一次她比怀高群时更紧张:"不知道是男是女?"她在尚明面前反复地咕哝这句话,连不太留意细微之处的何学新都察觉到了她的变化:"礼臻怎么越来越不像她自己了?"

尚明为礼臻的处境担心起来:"高家那么多人,只有她和他们没有血缘关系,她为了适应婆家,总要改变点的。"

何学新不以为然:"那我呢?他们还常说我是外地人。"她说的他们包括院里的彩娟和小江。

第二十五节

何学新在单位忙得不可开交。尚明见她气色不太好,便替她看了看舌苔。隔天何学新一回到家,尚明就在厨房里招呼她:"学新,你湿气重,我炖了点赤豆薏米汤,你先吃一碗。"

何学新走过去,说了句"姆妈,你辛苦了",端了碗站着就吃光了碗里的汤水。

平日她很少踏进厨房的门去。这天偶然进去,看到女儿周宁坐在一个红木小圆凳上,面前放了张方凳,方凳的高度正好可以让她当小桌子。见周宁在看一本《看图识字》的画册,何学新便将画册拿起来翻着念出来。

"你漏掉一页。"周宁抬起小脸,没有表情地看着她。她惊奇地发现,她女儿白皙的小脸上,有着和婆婆尚明一模一样的五官,就连镇定从容的神色,也像极了尚明,在周宁的眼中,她还看到了一丝四岁的孩子不应有的隐约的冷傲。

晚上她在床头的台灯柔和的光线下,摘下礼全的眼镜,端详了他一番,结婚五年来她第一次发现,丈夫也有着和婆婆一样精致细巧的五官。她又伸手摸了摸他两腮边青黑色的胡茬。

"怎么了？"礼全轻声问道，她知道自己的举动有些反常。

"姆妈，你，周宁，长得很像。"她告诉他，但她没有说，她是直到那天才第一次发现这点。

"我小时候人家就这样说，我像妈，礼臻像爹。"

"礼臻生了小孩后，像换了个人似的。"说到礼臻，学新有些不解，小姑结婚前是如何不羁的一个人。她突然想起来，周宁眼中的那种冷傲，她以前在礼臻眼里也看到过的，也许这就是礼臻虽五官长得像父亲，看起来却又神似她母亲的原因吧。

礼全脸上闪过一丝阴郁："我也觉得礼臻结婚后，好像失去自我了，或许是做了母亲，身份不同，心境也不同了吧。"

隔了些时候，礼全回家时喜气洋洋的，手上还拎了两包熟菜。

"姆妈，姆妈！"他在楼下的楼梯口就朝上面喊。

"礼全，什么事这样大声？"尚明走到楼梯口，弯下腰问道。放声喊叫对礼全来说的确是不寻常的举动。

"你下来，我再告诉你。"礼全竟然用和孩子一样调皮的神态看着她。

等尚明走到楼梯的最后一级，他拉住她，在她耳边低语："我调回科研室了。"

"真是太好了。"尚明也不同寻常地喜形于色。

"爸爸。"周宁从尚明身后探出头，叫了礼全一声。

礼全的眼泪被这声嫩生生的"爸爸"催落下来，将周宁从楼梯上抱了起来，用胡茬在她的脸上轻轻蹭了蹭。在环保科工作的这些天，他在沉默中反复思索，终于发现，比起一切其他的愿望来，他最希望看到的是全家人平平安安地在一起。现在，女儿叫他爸爸的声音唤起了他心底最快乐的感觉。

第二十六节

星期天上午，周家别墅的院子里来了一位不速之客。一个三十开外的男人拦下惠小江，打听秦兰英住哪间。小江正要指给他看，黄彩娟闻声走了出来，拦在心眼不多的儿子前面，警觉地问那人是谁，找秦兰英有什么事。

"我叫俞兆坤，我爹爹以前常到这里来，不知这位阿姨是否认得秦兰英？"彩娟蓦地想起俞先生。

"哦，是有这么个人，"彩娟的口气缓和下来，"你跟我来。"

俞兆坤对秦兰英道："我爹爹得了绝症，想和秦阿姨再见一面，告个别，他还说，也很想念这里另一位叫周尚明的女士，她是这里的房东太太，如有缘再见一面，对他来讲，也是安慰。"俞兆坤说话时，脸上带着些复杂的神情，因是既对自己有这样一个多情的父亲无奈，又想为尽孝道而不得不将他最后的心愿说给秦兰英听。

秦兰英始终认为，当年俞先生放弃她，俞兆坤是金娣不必争抢便稳操胜券的筹码。现在面对俞兆坤，秦兰英却一点也恨不起来。二十多年后，恩怨已变得不重要，她不得不承认，不管当年俞先生做了什么选择，他做的事还算合乎情理。

彩娟已经到尚明屋里去过了，尚明走进秦兰英家里，彩娟也跟了进来想看个究竟，秦兰英边谢她，边一步步推着她走，直到将她推到门外。

当天下午，秦兰英就和尚明一道去医院看望俞先生。

俞先生半躺半坐在病床上，苍老的面容仍然清癯，看得出他稀疏的白发是在化疗脱发后重新长出来的。"我以为再也见不到你们了。"静候死亡降临的日子里，看见两位让他牵肠挂肚了二十多年的女人一同出现在病房里，他惨白的脸上浮现出一丝满足的微笑。

秦兰英走到他床边，在床沿上坐了下来，两人对视着，谁也不说话。尚明和俞兆坤见状，同时转身走到病房外去，刚刚坐在边上一张椅子上的一个胖胖的白发老妇也站起身，默默地跟着他们走了出去，尚明猜那一定是金娣了。

俞兆坤在尚明面前并不避讳，说幸好他母亲金娣早就将家里重要的东西转移到三林塘娘家去了，后来有人到他家抄家时，什么也没翻到。"我娘讲，她其实晓得那些我爹爹原打算留给我的东西，一送到她娘家去，以后也是拿不回来的，但是，给她娘家随便哪个亲人，总比给外面不认识的人抄走好，也算破财消灾了。"

俞兆坤打电话到尚明家时，俞先生的追悼会已经开过了。俞兆坤告诉尚明，俞先生临终说夙愿得偿，他可以安心上路了。

礼全在单位里接到了一个电话。一听到胡先生的声音，他竟激动得语无伦次："你还好吗？回来了，胡先生，你身体好吗？你回来了！"

"礼全，你们都好吗？"胡先生的声音听上去苍老了些，语调还是一样沉稳。

"好，都好，你住在哪里，我去看你。"礼全巴不得立刻就见到胡先生。

"我暂时借住在师大老同事的宿舍里，过些天就到棠坞老家去了，还是我去看你们吧。"礼全这才想到胡先生既没有工作，房子也被学校收回，在上海已经没有了落脚的地方。

胡先生走进周家别墅的大门时，尚明和礼全迎了上去。

"胡先生！"礼全上前一把搀住他，尚明站在对面，也轻轻叫了他一声。

胡先生哪里还是原先玉树临风的样子啊！只见他的头发已经全

部成了银白色，晒得黝黑的脸上布满皱纹，眼窝深陷，眼珠混浊昏黄，佝偻的后背让他看起来比原先矮了许多。他身上穿着件洗得发白的灰色中山装，下面是一条宽大的蓝色卡其布长裤，脚上的一双旧皮鞋也已变了形，手里拎了个黑色的人造革包。

尚明想忍住眼泪，却怎么也忍不住，不觉间泪水已成串滴落。

胡先生看着盘起发髻的尚明，多年来他心目中如女神般存在的这个女人哪，他吃了那么多苦，支撑着他生存下来的，不单是为等到乌云散去的一天，也是为了能再次站在她面前。有生之年还能见到她，他的心一下子充满了喜悦。"见面喜。"他从包里取出一个用细绳扎好口的布袋，这是他带给她的西北特产冬虫夏草。

尚明双手合十，闭目仰脸，阳光投射下来，在她的额顶形成一圈金灿灿的光晕。她从他手上接过布包的瞬间，他昏暗的眼神闪动着亮光。

第二十七节

礼臻接到弄堂口传呼电话亭送到荣生家的小条子，上面写着"速到母家"，电话亭老伯和她早有默契，每次都省了"亲"字。

这些年，即使住在高荣生家，她对外留的还是周家宅弄壹号的通信地址，每次有信来，尚明总会替她收好。隔三岔五带两个女儿高群和高颖去娘家时，礼臻必定会看看她母亲梳妆台上有没有她的信。这两天她在等一份通知，尚明打传呼电话给她，就算不是通知寄到，也一定是有重要的事。

果然，是通知她复课的挂号信到了，她留了一个图章在尚明那里，为的就是收挂号信时方便。虽说她在周家别墅住了二十几年，前后来过的邮递员都知道她，不过必要的手续还是不能免的。

那天礼臻在周家别墅待到新华下班回家。

"你要回去读书了？那你的工作呢？"

"那算什么工作，无非是他们叫我好坏也挣点工资回家，我才做临时工到现在。可惜，耽误了几年好辰光。"听新华提到工作，礼臻就想起荣生家的人来，阴郁的神情替代了原先的一脸兴奋。

"荣生同意你回去读书了吗？"新华听她说过，她和学校联系时，荣生和他娘坚决反对她重回校园。

"其实主要还是荣生娘反对，她说荣生不过是高中生，我读到大学毕业，不是要爬过荣生头了吗？再说孩子都这么大了，我何必再读书。"

"你超过荣生，她怕什么？"新华觉得荣生娘不可理喻，但他说不上话。

"我也不懂她到底在想些什么，算了，不说他们了。"想到荣生和他家里的人，礼臻顿觉沮丧。

尚明将干能凤当作特大喜讯告诉她的消息说给礼臻听："新华考上了复旦大学，他在外贸局的工作不做了。"那时礼臻已经读完大学里余下的课程，到一所中学做了英语教师。

新华站在自家门口，候着礼臻从楼上下来。两个人一前一后走出周家别墅，穿过几条弄堂，再沿着马路走一段，就到了人民公园门口。

"放弃工作，你不觉得可惜吗？"两人进了公园，在河边的大石头上坐下后，礼臻笑着用大姐姐的口气问新华。

"我知道你不会真的这么想。是有不少人问过我，上大学拿学历不就是为了一份好工作吗？你现在工作这么好，何必再去读书？我不想对他们解释，我很早就下了决心，这辈子，不管早晚，我一定要踏进大学的门。"新华的口气坚决得很。

当初，礼臻和高荣生结婚，新华莫名地伤心。他常常回想起他父母在干校时他每天去周家的情景，那是他最难忘的一段时光。一天，他见礼臻拿着本书坐在落地窗前，读得入了神，他走过去，她仍一动不动。

他从她手里拿过书，原来是一本译成中文的《叶芝诗集》，他翻开扉页，开始读第一篇《当你老了》。

> 多少人爱过你青春的片影，
> 爱过你的美貌。以虚伪或是真情，
> 唯独一人爱你那朝圣者的心，
> 爱你哀戚的脸上岁月的留痕。
> …………

"太美了！"他被诗句中频繁出现的"爱"字撼动，之前，他从未接触过外国诗歌，更不要说如此直白的爱情诗。他站在礼臻旁边，回味着这几句诗，无意中，他的腿蹭到了她。她沉浸在诗的意境里并未察觉，他却发现自己的身体不由自主地起了变化，他突然很想紧紧地拥住她，却转身向浴室走去。他不想让礼臻发现他的窘迫。

正是自这次之后，每次靠近礼臻，新华年轻的身体里便像有一团火苗蓦然腾起似的发热，对比自己大了几岁的礼臻，他萌生了一种难以描述的倾慕。原先对男女之事懵懵懂懂的他，突然明白了他无意中窥见的他父亲郑海山到秦兰英家去做的事。

新华曾和所有人一样，认为父亲郑海山这山东汉子敦厚朴实，不解风情。直到有一天，他无意中看到了他父亲无声地推开秦兰英虚掩的房门，走进去，再轻轻地将门关紧。他蹑足走到门边，隔着房门，他听得到他们急促的喘息声。

母亲干能凤开始猜忌丈夫，说他和对门的秦兰英眉目传情，和他争吵不休，看他们闹得家里鸡犬不宁，新华对始作俑者——他的父亲郑海山怨恨在心。他曾经听到秦兰英对尚明说起冬天门底下的缝隙漏风，没几天后，他就看见他父亲蹲在她家门口，为她贴上他用旧羊毛毡自制的防风条。

对礼臻产生难言的感觉的一刻，新华相信了他父亲是对秦兰英动了真心。原来父亲硬朗的外表下，也藏着细腻的心思，他反而开始对干能凤有些反感，也许正是他母亲的强悍，让父亲将男人的温柔给了别有风情的秦兰英。只是，像父亲这样传统的男人是绝对不会迈出离开家庭这一步的，他相信他母亲对丈夫最起码的要求，也就是维持一个完整的家。

后来，不知道出于什么原因，秦兰英和别人介绍的顾建明结了婚。新华想象得到他父亲心里经历着怎样的痛苦煎熬，因为之后的好些年里，他愁眉不展。新华心里竟然对他充满了同情。

新华开始阅读起外国小说。作为一个青春期的男生，关于异性间感情交流的描写令他过目不忘，他发现，越是不同寻常的爱情故事越能打动他的心。新华从他父亲看秦兰英的眼神里看到了一种他对干能凤从未有过的脉脉温情，他想起了阿喀琉斯之踵来，他是从《希腊神话故事》里读到这个词的。他父亲从没有将对老婆和儿女的感情放在脸上，只是面对这个不管在什么年纪都风姿绰约的秦兰英，他却控制不住男人的欲望。

新华飘忽的思绪回到眼前，他又想起一件事，问礼臻道："你知道李得胜的事了吗？"

"他有什么事？"礼臻每次到尚明那儿，都是来去匆匆的，尚明又不喜东家长西家短地闲聊，所以她还没从尚明那里听说李得胜的事。

"听说他下台了。"新华是在他父亲和母亲聊天时正好经过他们旁边，无意中听到的。

　　李得胜从周家别墅搬走后，搬进来的是原街道办事处的副主任沈兴福一家三口。这次老沈被安排到街道服装厂做支部书记是从管理机构下到基层，街道提供了这间刚好空出来的房子作为补偿。老沈很快发现，到了厂里，反倒比在街道办事处自由许多。宁做鸡头，不当牛尾，还是老话说得好啊！他很快将爱人申国香从其他里弄加工厂调到自己厂做出纳，他们的女儿沈珏也跟她妈从外区转学到了周宁所在的小学，和周宁同一个班级。

第二十八节

　　周宁放了学，正在课余书画组练着毛笔字，秦兰英破天荒地找来学校，催她赶紧回家，说她太公太婆已经到了。

　　走进周家别墅的大门。院子里站了黄彩娟、刘月梅、申国香、干能凤、车海光、郑红芳和几个住隔壁弄堂的人。

　　"周宁，快到屋里去，你太公太婆从香港来了。"彩娟见到周宁，马上向她招手，将"香港"两个字说得特别重。

　　周宁早些天已经听祖母尚明说了，去了香港的太公太婆要回上海来，却不知具体哪天。走到楼上起居室门口，才看到她父母都在。

　　一个用一根黑色链条挂了副眼镜在胸前的老者坐在沙发上，一件宝蓝和金黄色的条纹衬衫束在米色长裤里，沙发另一头坐着一位身穿海蓝色连衣裙、颈项上戴串珍珠项链的白发苍苍的老太太。祖母尚明坐在他们中间，两手各挽住两人一条胳膊。和两位衣着光鲜、神采焕发的老者相比，穿着灰色两用衫和长裤的祖母显得苍白憔悴，但她脸上却罕见地满是眉飞色舞的喜悦。

"周宁回来了。"何学新先看到女儿，轻轻在礼全手臂上推了一下。

"外公外婆，我女儿周宁放学回来了。"礼全俯身，在他外婆陈太太耳边说道。她的耳朵不太灵。

"哦，礼臻放学了？"陈太太看着周宁问道。

"不是礼臻，礼臻早长大了，这是礼全的女儿周宁，你的重外孙女。"陈先生仍然耳聪目明，隔了女儿尚明，弯腰凑近他太太大声讲。

"哦，哦，听到了。"老太太伸出双手，来拉周宁的手。

"太公太婆。"周宁开口叫他们，陈太太从身边的手提包里摸出一个大红包来："这是太婆给你的见面礼。"她将厚厚的红包放到周宁手里，周宁看着尚明。

"快收好，谢过太婆。"尚明笑着说。周宁道了谢，接过红包。

尚明起身到楼上去拿先前烧的水来为自己父母添茶，陈先生便拉了宝贝外孙礼全坐到自己旁边说话："礼全，周宁长得好看，面相也好，这么好的小囡，应该多生两个才好。"

礼全解释道："我们工作都忙。"

话音刚落，礼臻就从楼下咚咚地奔上来："外公外婆。"

陈先生夫妇去香港时，她还是个抱在手上的孩子，凭记忆是完全记不清他们当时的样子的，但是有一张照片她一直悄悄地夹在一本字典里，照片上，外公外婆端坐着，她和哥哥礼全在他们各人腿上坐一个。隔了四十多年，任岁月再怎么改变他们的模样，她还是一眼就认得出他们。

晚上陈先生在国际饭店订了两桌酒席，尚明、礼全这里连秦兰英六位，礼臻一家连荣生父母六位，云怡、忠民和女儿依依、儿子庆元四位，惠林一家，在两张圆台上团团坐定。

这次回上海，陈先生夫妇圆了多年的团圆梦，在酒店的房间里，陈太太拉住女儿尚明的双手道："我时常和你爹爹讲，我们要撑住，不见到尚明我们谁也不许走。"

"姆妈，我们不是又见到了吗？"尚明抚摩着她的手像哄孩子一样说道。

"只是可惜了，云祥这么早就走掉，尚明，你实在太不容易了。"陈太太混浊的眼里涌出泪来。

"囡囡，"没有外人在，陈先生用了小时候对尚明的称呼叫她，"有时候我听周围人讲讲，自己再想一想，暗中觉得，一切都是命里注定的，云祥走得早，是他的命。"父亲的话令尚明蓦然想起婆婆玉莲。

"你们这次来，花费不少。"陪两人到城隍庙吃点心的时候，何学新说了一句。先前替周宁收起红包里的钱时，她突然有点悲哀，因为那是她和礼全工作了一辈子都没有存起来的数字。锁好写字台抽屉的锁，她自言自语似的叹了句，三十年河东，三十年河西，礼全笑着说这话不太像出自她的口，从前的她可是对钱毫无概念。

"花钱就是为了开心。"陈太太一边说，一边关照尚明付账的钱由他们出，想吃什么尽管点，多点些，情愿吃不完带回家继续吃，也不要当时吃得不饱。

尚明知道这是她母亲早年就喜欢说的口头语，不由得会心地笑了一笑，转瞬想到隔了这些年，自己连款待父母的钱都拿不出，这顿饭要由母亲来付账，心里既是歉疚又是羞愧。

陈太太宽慰般地握住尚明的手腕，在她手背上轻抚了几下，尚明心里一暖，到底是自己的母亲。她记起十八岁时跟着她母亲第一次去周家别墅的情景，不由得想到了仲良。

"爹爹姆妈还记得关仲良吗？"她试探着问他们。

陈先生黯然低头，眼神定定地落在面前一盘油爆河虾上："哪会不记得呢？早些年听内地过去的朋友讲了，关家夫妻两个人都寻短见了。"

"我本来不想提不开心的事，但是总该让你们知道的，"原来父母早已知晓仲良父母的事，尚明怕引得他们伤神，赶紧岔开话题，"仲良虽然被派到青海，好在他是去做医生的，他隔段时间总会写封信来报个平安。"

"我本来倒蛮希望你和仲良结婚的。"陈先生忍不住说了一句。

"我过去也以为你和仲良是绝配，自从到周家去看到云祥，我就知道这桩事情会有变数，就是担心一件事，我们是烧香拜佛的人家，云祥是信天主的。"陈太太接过话题。

"当时我不是和你说，打算一起过一生一世的两个人，首先还是要看感情，只要是劝人向善，信啥教都不是问题。"陈先生又补了几句。

"都这么多年了，爹爹姆妈还说这个。"尚明故作轻松，用撒娇的口吻和她母亲说话。

荣生妈说，让荣生两个兄弟也跟到国际饭店去开开眼界蛮好，却被荣生抢白了一顿："都是礼臻家里人，叫你们去已经是客气了，也讲得过去。我两个兄弟去，我家一大堆人，显得急吼吼的，不要让她家人看不起我们，好吗？"

听荣生讲陈先生要尚明办到香港去的手续，还要周宁也一起去，荣生妈问他道："礼臻好去吗？她去你不就可以一起去了吗？"

荣生不耐烦："她外公外婆又没叫她去。"

"那小群和颖颖呢？周宁去她们就能去，礼全和礼臻有啥不一样嘛！"荣生妈想到这里，心里觉得不公平，愤愤地又说了句："看不起我们高家还是什么，放在过去，他们周家是有钱人家，我们穷，他们好看不起我们，现在新社会这么多年了，人人平等，再说礼臻娘是家庭妇女，我有工作，他们还以为自己高我们一等吗？"

"你不要再自说自话了。"荣生烦起来，不再理她，自顾自到阁楼上去了。

第二十九节

尚明从香港回来，正近清明时节，礼全陪着她去了棠坞给周裁缝和锦顺夫妇扫墓。

锦荣的大儿子云鹏跟厂里的车到无锡火车站去接的他们："我爹爹在镇服装厂做副厂长好些年头，现在这个位置我在做了。"

全家人逢年过节时在餐桌上聚齐，锦荣必说起上海的侄媳，侄子英年早逝，侄媳改了周姓，独自将两个孩子抚养大，难得早年她生活并不宽裕，还时常寄钱到公婆老家，将来好生报答伯母，每次锦荣都以此言收尾。对他的这番话，儿子们总毕恭毕敬地听完，不免附和几声，到了孙辈，听多了难免嫌他唠叨，随他在那里讲，却只顾自己谈笑。

早些时候，云鸿背地里对他哥哥说过一回，要是当年爹爹听伯父的话留在上海，他们现在的生活不知该会怎样。云鹏只说棠溪河也好，黄浦江也好，哪里的水都养人，说着话，他意味深长地望望天，都过去了，不如不想。云鸿果然未再做此假设。

云鸿等在镇上的家里，将早准备好的黄表纸、锡箔折的元宝和香烛装在一个竹篮里，供奉的食物瓜果又装了一篮，等云鹏厂里的面包车将堂嫂堂侄接到，他提了这些上车，直接开到墓地。锦荣和秀珍已经等在那里。周家的几个后生男人拔掉墓碑前新长出来的野草，清扫了墓地。

祭拜了先人，面包车将一众人载到锦荣家。不开裁缝铺后，锦荣早将沿街面房子改成了住家，在靠近门的地方砌了个烧柴的大灶台。云鹏和云鸿各自造起自己的宅子，老房子只有锦荣和秀珍两人在住。

"要是听你哥哥嫂嫂的话，在上海学西式裁缝，我们一大家子人现在就会住在上海你哥哥家的花园洋房里，哪里会有这么多外头人住在那里呢！"秀珍还没有迈过当年锦荣不顾锦顺和玉莲留他们在上海、硬要回棠坞的坎。

锦荣尽管人老，心里却敞亮通明，先对秀珍说："你不要吃着白米饭不知道稻米香，在棠坞住一辈子，是我们的命，这些年能太平度过，就是因为我认命。本分点好，不要想不属于自己的东西。"

听秀珍不再说话，他看着两个儿子，又念叨起说过许多遍的故事："当年大伯岳父朱老板的两个堂弟，贪他的好地，趁他身体不好，压低价钱拿下那块地来，拿下来就拿下来吧，两兄弟平分也就没事了，偏偏老大贪心，说自己是长子，硬要多拿十亩地，还便宜得了他家房子，结果呢，老大的成分是地主，子女都跟着倒霉，老二算中农，总算太平无事。平安是福！"

见所有人皆低头沉思，他转向尚明："当年要是我们留在上海，现在会是怎么一个情景，我想都不敢想，还好棠坞地方小，运动搞得没有那么大。"

"叔叔说得有道理，平安是福。"尚明回味了一番锦荣的话，颔首赞同。

锦荣除了天生的机灵，更有为人处世上的机灵和敏感，作为为镇上当权人物订做出客服装的专用裁缝，他巧妙地把握住机会，始终左右逢源，从没有得罪任何一派。经济方面的政策松动些时，镇上头脑灵活的人开出服装加工厂，他顺理成章地受聘成了指导生产的副厂长，意识到自己早晚会体力衰退，他成功地辅助大儿子一步步参与厂里生产，直到替代他主掌厂里的生产大权。

分别时，尚明看着锦荣苍老的容颜，有些忧心，而在锦荣眼里，尚明的脸色是那样苍白。耄耋花甲，两地相隔，每次见面都只怕是最后一次，两位老人各自挥手，除了"保重"二字，说不出其他的话来。

周宁并没有和尚明一起去香港。何学新正准备考试，怕缺课多了跟不上，以后有机会，她和礼全可以带她一起去。周宁对这次未与祖母同行自然觉得遗憾，闷声不响了几天，想想以后有的是机会，也就回复了平常。

对周宁家突然冒出香港亲戚来这件事，沈珏羡慕不已。"要是我，随便怎么也要跟奶奶一起去的。"她从父母那里听说香港如何繁华，小小年纪，已经对传说中的花花世界心驰神往。

第三十节

新华约了礼臻在南京路的西餐厅见面。新华先到了，找了个靠窗的位置坐下。只隔了一两分钟，礼臻也走了进来。虽在周家别墅里经常碰见，约了出去，特别是约在西餐厅这种通常为男女正式会面的地方，还是第一次。面对面坐定，再熟悉不过的两个人竟都拘谨起来，先只默默地喝自己面前的咖啡，隔了一会儿，还是新华先开口："我总觉得你的性格不适合做教师。"

礼臻抬了抬眉，并不认同他的说法："我读的是师范，为的就是做教师，我蛮喜欢这个职业的。"

"礼全哥不是没做教师吗？"新华小时候，学校的不少老师都不太喜欢他，因为这个，他对教师这个职业有些反感。

"我哥哥倒是个例外。"想到可以站在讲台上给整个班级的学生讲课，礼臻心里有点得意，这种得意不是因为成为可以被学生仰视聆听的教师，而是感觉每次上课，她都是在用自己喜爱的语调念着台词，在一个属于她的舞台上独自表演。

"礼臻姐。"新华叫了一声，礼臻抬起头来等着他说下去，他却不说话，只是看着她，表情奇怪。

"什么，新华？"她问了一句。新华到她家借书还书，她就懂了他看她的渐变的眼神，她不露声色地默默地关注他，从唇上覆盖着一层稀软绒毛的大男孩，到眼前英俊挺拔的青年男子。他叫了她一声，她就猜得到那个简单的开场白后他想要表达的意思。

果然，稍稍停顿后，新华开了口："这些年，我心里对你是什么样的感情，你应该知道的。"到了该明说的时候，他愿意做首先打破僵局的人。

礼臻宽容地朝他笑了笑，缓缓说道："新华，我是你的大姐姐呀，我有家庭，小群和颖颖都那么大了。"

"唉，"他说"唉"字的调子重重地转了个弯，表示否定，"我说的感情是婚姻和家庭之外的一种抽象的东西，只属于精神世界。我们之间存在这种东西，和你有没有孩子没有任何关系。"她提到她的孩子，对此新华并没有丝毫顾忌。

"我也相信有灵魂伴侣的存在。但许多事，我虽然能理解，真要自己去做，是不可能的。新华，你比我年轻，找个和你年纪相仿的人，你们的想法会更接近。"礼臻理解，在大学里读书的人往往容易激进前卫，做事不计后果，新华既高歌猛进，她就只有一路后退。

"我早就看出来，你从来就不是个随波逐流的人。我对你的感情，是不想具体和你做什么的那种，我要的只是你能懂我的心。"话虽这么说，新华觉得他想要的更多，但那些潜在的意愿只能藏在心里。

"婚姻里的女人,不随波逐流,还能做些什么?我没有你想象的那么超脱。"礼臻无奈地转开脸去看窗外,却见到一个熟悉的身影从外面的小马路上拐进对面中央商场的一个店铺,她皱了皱眉头,不安地中止了先前的话题,"我刚看到申国香走过去,不知道她是不是看到我们两个人。"

"或许是和申国香长得像的人吧。"新华无所谓地看了看外面,并没有申国香的影子。

新华回到家里时,干能凤正往楼上走。他赶忙上前叫住她。"你到楼上去做什么?"他母亲的神情让他有种不太好的预感。

见他回来,干能凤犹豫了一下,转身下楼拖了他往家里走。"你来得正好,我还是先问问你。"她关上门,拉新华在桌边坐下,"你和周家的礼臻是怎么回事?"

新华便知道礼臻说得没错,那人一定是申国香了,心想万幸自己及时到家,但他不回答他妈的问题。

"人家比你大好几岁哪,还结了婚有两个孩子,照理你们俩也不该有什么呀!"干能凤摇了摇脑袋,似乎想找出点头绪。"我知道了,"她一拍桌子,"一定是你爸和我都在干校那会儿,她勾搭的你。我听红芳说过,你天天上周家去。"又想了一下,她更加相信自己的猜测,"我说礼臻结婚那时候,你怎么跟生病似的,一回家就躲在被窝里睡大觉,我不是还找中医院的李医生来家里给你把脉,原来是被这个礼臻害的。"

新华还是不吭声。

干能凤站起来,一边说要和尚明谈谈,一边去开屋门。

新华这才突然从椅子上弹起,一把将她拉回来:"妈,我和礼臻姐什么事也没有,你找周伯母干啥?"

"我必须找你周伯母说说理,她必须给礼臻提个醒,你们俩绝对不能有什么。"干能凤不理会新华,用"必须"和"绝对"这样的词加重语气。

新华将他妈硬拉回椅子边:"我求你别到人家家里闹事,行吗?"

干能凤被新华有力的胳膊阻拦着,只得坐下,双手在大腿上拍打了几下:"哎哟,你们爷俩都是怎么回事啊!周家的女人比别的女人好吗?"

红芳从外面走了进来,干能凤立即若无其事地拿起织了一半的毛衣继续织起来,不再提刚才的事。尽管和郑海山结了婚后,干能凤自己也参加了革命工作,她还是按老辈的规矩来教育要求红芳,女人作风不正派的例子,她一点也不想让女儿听到。

新华觉得屋里有点闷,走到后院,在花坛低矮的水泥围栏上坐了下来,心事重重地长叹了口气。

下卷　新天地
20 世纪 80 年代—21 世纪 10 年代

第一节

  周宁在长沙发上躺了下来，拉过搭在沙发扶手上的一条薄毛毯，盖在身上。

  那条羊毛毯还是祖母周尚明留下来的。早年尚明从英国留学回国前，在伦敦的哈洛德百货公司买了这条毛毯，却一直没舍得用。直到周宁出生，尚明才从樟木箱里将保存得妥妥帖帖的毛毯拿出来，晒了太阳，按尺寸做了棉布套，给周宁当盖被。

  到周宁上初中时，棉布套洗得旧了。尚明的病重到不能下床，问儿媳何学新能不能去买块纯棉的布来重新做一个。

  何学新脸上一丝不易察觉的困窘被一旁的周宁看在眼里。周宁心知那是因为她不善缝纫，对她祖母摆了摆手道："我长高了，这毛毯再当被子有点短，还是放在沙发上睡午觉时用吧，不用做布套了。"周宁匀称高挑的身材像尚明，十三四岁的年纪，已经和她祖母长得一般高矮，和同龄的女孩比，亦显出与年纪不相称的成熟。

  何学新曾断断续续告诉过丈夫礼全一些她娘家的陈年旧事，在一边自顾自玩耍的儿时的周宁声声入耳。那时，何学新还叫作何秀贤。

  从何学新的话里，周宁听得出她说起外祖母秦菊英时心情的复杂。当年是秦菊英说服丈夫，将原准备留在家里帮着做家务、照顾弟妹直到出嫁的长女送进学校，不过秦菊英要求她读书之外，必须学会一应家务，因为女人终究还是要嫁人，伺候公婆、丈夫，拉扯孩子。而除了读好书，何学新没有听从她母亲任何其他的教诲，她不屑地批评她母亲思想落后，用开导的口吻对秦菊英说，已经是新社会了，要改变封建落后的观念，为了彰显男女平等，她非但不会学做家务，读完中学还要读大学，和男人一样到社会上做事，至于家务，男人有手，同样可以做。矫枉必须过正。何学新说的这句话，周宁当时却没有听懂。

自己能出去读书，何学新说她母亲功不可没。从秦菊英来说，无非只想让从小就聪明的大女儿识字认数，从未想过她会读到高中，更想不到读书读出自己主张的何秀贤还想升大学。妹妹秦兰英的一番话让她省悟过来。在家乡离桥这样的小镇，别说女孩，男孩不读书，将来也没有什么机会出去做大事，秀贤功课比班里任何男孩都好，她不升学，留在离桥，将来无非还是嫁个男人，摆脱不了生娃娃做家务伺候男人的命运。再看秀贤下面的儿子富升，虽也古灵精怪，却不是块读书的料，她再三想过，秀贤既志向高远，不如遂了她的愿。

最初开始思索何学新说的那些事的时候，周宁还不到十岁。她发现，何学新说到姨妈秦兰英，言语中充满感激，拿她当自己的再生父母，而且，她祖母尚明对住在自家楼下的秦兰英似乎也比旁人亲密。

那次拆去棉布套，周宁才看清了毛毯原来的样子。深深浅浅粗粗细细的绿色和黄色条纹纵横交叉着，搭配出严谨而优雅的格子图案。莫名地，她越发喜欢那条毛毯。每当闭起眼，手指轻轻抚弄着柔软的羊毛流苏，周宁就会忆起她的祖母。她模糊地记得，小时候她跟祖母睡一张大床，晚上入睡前，祖母总会给她讲故事，偶尔地，她还会夹进句英文。

周宁为高中二年级升高三的暑假制订了严格的复习计划。炎夏天气，她习惯在午饭后休息半小时左右，那样下午效率高些，晚上多复习一个半到两个小时也不至于打瞌睡。这天她已做了一上午的习题，到了午后确也有些疲惫，刚迷迷糊糊盹着，楼梯上就响起嗵嗵的脚步声。周宁睁开眼睛，脑子里想到的就是隔壁沈珏那双宝蓝色的中跟搭襻皮鞋。

午觉没睡成，周宁便起来继续温课。楼道里不时响起的脚步声让她有些厌烦，干脆背了书包到公园去看了一下午的书。

沈家住进周家别墅后，沈珏和周宁成了同班同学。周宁功课好，成绩在班里总是前三，沈珏正相反，殿后的三个人里，总少不了她，不过老师们似乎更喜欢沈珏。沈珏眉眼细巧身材娇小，确实属于那种容易讨人喜欢的女孩。直到有一次沈珏有些炫耀地告诉周宁她爸爸给班里所有的老师每人送了一件衬衫，周宁才想到，这应该是老师们喜欢沈珏的另一个原因。不过成年人为人处世的俗套倒不曾影响那个年纪的两个小女孩之间的友情。

到了升初中时，周宁轻轻松松考出高分进了市重点。沈珏则是按考分进了住址附近指定的普通初级中学。申国香平日极爱面子，自己女儿明显被比下去，这令她十分难堪，和礼全夫妇照面，她的神情、语气变得古怪起来，对周宁也是时而爱理不理，时而视而不见。

申国香和楼下的秦兰英从无大的瓜葛，却无端地互相看不顺眼。自从觉出干能凤与秦兰英不和，申国香立即和她组成搭档，有事无事地凑在一起议论秦兰英，发现这样能给自己带来些痛快的乐趣后，两人有时还会合起来当面挤对她。

第二节

听见周宁叫自己阿姨，申国香朝她翻了个白眼，没有搭理。同在厨房的秦兰英撇嘴冷笑道:"和一个孩子过不去,也好意思。"她从碗柜里拿出个牛皮纸袋,对周宁招招手:"这是奖励给聪明小姑娘的。"秦兰英知道申国香气量小,最怕邻居们拿沈珏和周宁比,故意这么说惹她生气。果然,被"聪明"两字戳到痛处的申国香脸色变得格外难看,又不能直接说什么,只得边指桑骂槐,边摔打锅勺出气。

秦兰英虽起了头,也不想将事情闹太大,总归是邻居,没必要闹到撕破脸皮的程度,见申国香一副寻衅的架势,她马上塞了蛋糕给周宁,转身回了自己屋里,关起门来不出声。

申国香嘴上逞强,心里却清楚沈珏的学习情况。她安排她报考中专,那样读出来可以有干部编制,沈珏果然进了区卫生学校。秦兰英在院里发布了周宁被学校保送本校高中的消息后,申国香即按一种行不通的逻辑,不再和周家人说话,并且将仇视的范围扩大到惠家,因为惠家是周家的亲戚,广义上也可算作周家的人。

除了申国香,楼下的干能凤也曾经对周家的人横眉冷对了相当长一段时间,因为周家的两个人让她有如鲠在喉的感觉。

郑海山出面给秦兰英介绍工作的事,引起了干能凤对丈夫的怀疑,她开始悄悄观察这两人见面时的神态。只稍许留神她就发现,对自己冷鼻子冷眼的丈夫在看秦兰英时,脸上却会流露出一丝丝温情。她越看越相信丈夫和对门的女人有说不清道不明的关系,却苦于找不到证据。她每时每刻都想嚷,想闹,但是她不能,她知道捉奸拿双的道理。她不得不在疑神疑鬼的状态下过着时刻保持警醒的日子,满心焦虑,寝食难安,如果不是为了维持自家的面子,她恨不得到处去说,秦兰英这个女人风流成性、不守妇道。

早先,干能凤时常幸灾乐祸地告诉丈夫申国香和秦兰英之间的琐碎龃龉,起先郑海山总算能沉默地听她絮叨,直到有一天干能凤嘴边习惯性地滑出"那个舞女"几个字,郑海山突然变了脸色,厉声呵斥了她一番。见丈夫当着两个孩子的面发作，干能凤知道他是真的动了肝火，吓得没敢在他面前再提秦兰英的名字。

秦兰英的同事给她介绍了一个从黄山小三线回上海的大龄单身汉顾建明。两人各揣各的心思见了几面，很快就做了结婚的决定。于干能凤而言，这简直是老天在帮自己的忙，因为自从顾建明住进秦兰英家，丈夫郑海山似乎断了对秦兰英的念想，对自己明显比以前上心，这下她绷紧的神经才慢慢松弛下来。

前些年刚从干校回家的那阵，凭母亲的直觉，干能凤发现儿子郑新华看周家礼臻的眼神有点异样，她曾经审讯似的逼问新华，新华却说是她神经过敏。干能凤不相信新华的话，据她分析，女孩通常早熟，一定是在她去干校的那段日子，大了几岁的礼臻以关心照顾的名义勾引了正值青春期的新华。一想到她引以为傲的儿子新华可能和礼臻扯上关系，再联想到丈夫和秦兰英，干能凤心里气愤难平，因此对尚明也拉下脸面。

对同一个门进出的这两个女人，何学新显示的是一种不和她们一般见识的姿态。礼全向来对院里的成人、孩子一视同仁，他明智地以不变的谦和应对申国香和干能凤的反复无常，劝何学新主动和她们打打招呼，何学新不屑地答他："我也想和她们做好邻居，是她们先拿出这副自绝于人民的态度的。"

礼臻每个周末都带孩子到周家别墅来看望尚明，一到学校假期，她每天都要来娘家转转。正好新华也是那个时候放假，干能凤怕这两人单独见面会有事发生，好在红芳天天在家，她再三嘱咐红芳盯着新华。

那天申国香从外面一回来，直接跑来告诉她看到新华和礼臻在西餐厅约会，干能凤立刻火冒三丈，忍了好一会儿也没能压下心头的怒气，正想上楼找尚明，正巧被刚到家的新华拦了下来。趁红芳走开，新华坦然承认，从头到尾都是自己在一厢情愿地单恋礼臻，当日也是因为自己缠住不放，礼臻没办法才跟他出去的。这个说法成功地阻止了干能凤去找尚明，担心就算她找周家论理，新华也会将责任全部揽下来，她岂非搬起石头砸自己的脚。

直到新华和他顶头上司老李的女儿李靖结了婚，干能凤心里的一块大石头才算落了地。尚明不在了，礼臻不再常来周家别墅，这样，新华和礼臻碰上的机会就不多，干能凤越发地放了心。丈夫和儿子不再和周家的女人扯上关系，干能凤对周家人的态度也缓和了些，毕竟有些事也许只是她自己的捕风捉影，何况在他们夫妇去干校的时候，有尚明代为照顾两个孩子，她才不至于太担心。

新华反正已自立门户，干能凤将重心转到了女儿郑红芳身上。

第三节

一到星期天，周家别墅里就比平日多了不少人。

周宁温课需要集中注意力，最怕院子里充斥着嘈杂的声音。和上班时只能穿软底鞋相反，沈珏平日进出喜欢穿硬底鞋，楼道里不时响起她清脆的脚步声。干能凤的高音穿透力最强，每次新华和李靖带女儿来，她总里里外外追着哄孩子。楼下车海光的儿子车杰时常和马家的老大马一鸣在院里拍篮球，皮球砸在水门汀地上砰砰作响。所有响动，就是关着门，还是传得到屋里。

"星期天我还是去学校复习功课吧。"周宁和她父母一说，礼全立刻赞同。学校有不少寄宿生，周末食堂也开放，温课一整天他都不用担心周宁的午餐，再说，星期天，周家别墅的里里外外的响动确实是太大了。何学新不以为然，她认为心静就不会怕吵，不过最后还是同意了在学校学习环境更好的说法。

周宁背着沉重的书包下了公共汽车,拐离大路,沿着通往学校的小路往前走。伴着浑厚沉闷的马达轰鸣声,一辆摩托车从后面驶近,在她身边骤然停下。她转脸看去,一身皮衣裤的骑车人摘下头盔朝她一笑:"这么巧,上车,我带你去学校。"她认得那是学校去年新来的英语老师尹晓风,那头醒目的卷发曾引得女生们分成两拨,争论他的头发是烫的还是天生的,据说后来得到核实,那是他家遗传的天然卷。她不知道尹晓风如何会认得她,这是他第一次朝她笑,也是第一次和她说话,她却不觉得陌生。

"尹老师好。"她招呼了一声,站着看着他。

"坐稳。"他递过个鲜艳的红色头盔,略侧过身,示意她搭住他的肩膀上车,她敏捷地跨上后座,两人的动作配合得流畅自然。

尹晓风教的是初一四个班中的三个,第四班由英语教研组长苏永福在教初二之外亲自兼任。苏永福用心良苦的安排却让他自己有些难堪,因为没多久,尹晓风教的那三班学生的平均成绩竟然超过了四班。有了比较,尹晓风的实力一下子得到多数教师的认同,一些消息灵通的女生还将这位酷酷的新老师当成了偶像,周宁也不由得对他多留意了些,一个没有资历的应届毕业生能被分配到市重点中学当老师,各方面一定特别优秀,她想。

当摩托车在阶梯教室的大玻璃窗外停下时,教室里所有人都扑到窗前,所有人也就都看到了周宁扶着尹晓风的肩跨下那辆亮得炫目的大功率雅马哈。

"谢谢尹老师。"她将头盔还给尹晓风,他用亮闪闪的眼睛看着她,又朝她笑了一笑,晒成古铜色的肤色衬得他整齐的牙齿特别白,她还了他一笑。几句简单的对白成了他们的第一次接触。

那以后,在校园里远远地看见周宁,尹晓风会自然地扬手招呼,周宁也大方回应。他总是在她放学的时候在校门口出现,带上她,到周家别墅门口将她放下,才和她告别。

"这么晚你还没下班？"这天周宁值日，打扫完教室，又拿出习题集来做了一会儿，见天色开始暗了下来，才匆匆收拾好书包往教学楼外走，却意外地看见正坐在门房外的花坛边的尹晓风。她不知道，从尹晓风办公室的窗户看得到她走在从教学楼到校门的长长的林荫路上。

摩托车的声音吸引了正在阳台上的何学新眼光，她看见一个女孩从摩托车的后座跨下。女孩摘下头盔的瞬间，即使在半暗的暮色中，她也一眼认出那是自己的女儿周宁。

这还是母女俩第一次正式谈话。面对面坐着，何学新却不知如何对女儿开口，有些尴尬地僵持了一会儿，她才小心翼翼地问道："你是不是早恋了？"

被何学新以试图发现什么的目光盯着，周宁有些慌张："尹老师只是用摩托车带我回家，他说高三时间宝贵，那样我能节省路上的时间。"

"那么说，每天放学后尹老师的确送你回家？"一个男青年天天送一个女孩子回家，这不就是谈恋爱最常见的方式之一吗？至少何学新是这样认为的。

"他让我搭车，肯定是顺路带我回家。"周宁对何学新说的是她自己的猜测。

听周宁这样说，何学新也不想再和尚天真幼稚的女儿辩论，直接用严厉的口气叮嘱道："有则改之，无则加勉。今年是高三关键的时候，不能让任何事分了心。"

"我知道了。"何学新引用的耳熟能详的语录，听上去十分有道理。

"还有，不许再搭尹老师的车回家，你还小，不懂事，他是成年人，你无心，怎么知道他是否有意？"对何学新提的这个要求，周宁没有作声。

干能凤听到摩托车响，走到大门口看了一会儿。周宁上楼后，她先是走进在楼上的厕所，等周家的门关上，又蹑手蹑脚走到走廊上站了一会儿，断断续续地听到母女俩的对话，怕有人看到她偷听，她没敢多待。

"上梁不正下梁歪！"干能凤一边下楼，一边嘟囔了一句。红芳从小听话，正派老实，怎么也不会和周家女人一样。

女儿红芳的缺点就是不爱读书，初中毕业上了工厂的技校。儿子成绩优秀，干能凤对红芳的选择也就无所谓了，本来她想培养女儿学学唱歌跳舞或是琴棋书画之类任何一样女孩子通常具备的才艺，反正自己在文化局工作，近水楼台，但红芳对其中任何一样都提不起兴趣。即便如此，还是有一件令干能凤引以为傲的事，那就是，在她手把手的调教之下，年纪轻轻的红芳成为一把家务好手，经她灵巧的双手做出来的面食，不论蒸的、煮的、煎的、烙的，完全传承了自己山东女人的手艺。所有认识干能凤的人都夸过红芳，说谁家能娶到红芳做媳妇就是有福。

第四节

连着几天，周宁没在学校见到尹晓风。他大概是生病了吧，要不就是有事请假？最初的心生好奇慢慢变成思前想后，她猜测起他的行踪来，但没人可以打听。直到一个月后，同班的李海滨才神秘兮兮地告诉她，听他爸爸说尹晓风已经被调走了。李海滨的爸爸是他们学校的数学老师，他的消息应该没错。这下周宁吃惊不小，想追问原因，李海滨却眼神闪烁，说只在他父母背着他说话时他无意间听到一句，似乎是和女生有点关系。

放学回家的路上,周宁闷头想着李海滨告诉她的事,刚拐进周家宅弄,却意外地看见尹晓风站在停着的摩托车旁,斜靠着围墙抽烟。她就站在那里看着他。这天,他身上穿了套黑色的皮衣,衣袖上整排长长的流苏在傍晚的微风里飘动。看到尹晓风以只在外国电影里才有的桀骜不驯的形象出现,周宁一时间竟然有些痴迷。

尹晓风一转脸看到了周宁,将垂落到眼前的一缕卷发朝后捋了捋,脸上露出了她熟悉的微笑。"我是来告诉你,我调走了,"他拿出一张纸片,"这是我家的电话和地址。"

"是不是因为校长知道我乘了你的摩托车的关系?对不起,我不知道会给你带来麻烦。"她傻乎乎地问他,又真心地向他道歉。

"小姑娘,你还太小,有些事你现在不会明白。等你到了社会上就懂了,那时候我会告诉你许多事。"在一个不谙世事的女孩面前,尹晓风无法多说,他怜惜地伸手轻轻抚摩了一下她耳边的头发。

恰在此时,何学新从路口拐进弄口。她看不见尹晓风眼睛里的忧伤,他撩拨她女儿头发的动作却令她陡然警觉。她疾步上前,不等周宁介绍,直截了当地问:"你就是尹晓风吧?我是周宁的妈妈。"她打量着眼前这个年轻人。他的头发,他的装束,完全不是她心目中一个人民教师的形象,甚至连正派都谈不上,她顿时对他生出反感来。

"阿姨。"尹晓风叫了一声,见到她脸上正义凛然的表情,有点窘迫地站在那里。

"一个人民教师,没事怎么可以到女学生家找她?作为家长,我必须警告你,周宁是学生,马上要参加高考,请你不要影响她。我相信你知道接下去应该怎么做。"何学新并不和他寒暄,劈头就是一通教训。

周宁走上一步,站到何学新和尹晓风中间,镇定地对何学新说道:"尹老师没有做任何错事。"

何学新并不理会周宁,继续严肃地对尹晓风说:"在周宁高考前,为了她的前途,希望你保持理智,不要接近她。"她的话是有力度的。

尹晓风看了周宁一眼,缓缓地对何学新道:"我承认一见到周宁,就觉得她和其他女孩子不同,但我们之间并没有发生什么超越师生关系的事,您不用担心,我有分寸,不会做影响她学习的事。"

何学新依然板着脸:"尹晓风同志,我再说一遍,周宁是学生,需要专心学习,而且她还小,不懂事,如果你们不断绝来往,你就会分她的心,有什么后果,你负不起这个责任。希望你好自为之。"

尹晓风艰难地点了点头:"我知道了,在她高考前,我不会见她。"

周宁这时才意识到,她还没有资格介入两个成年人之间的对话。何学新的意思是要尹晓风保证不再见自己,而她的理由百分之百正确,尹晓风无从反对。而她再为他辩解,都无法改变他就站在神态庄严的母亲面前的事实。何学新一把拉起周宁的手:"跟我回家。"

不知所措地被何学新拉着回到自己房间,周宁才听见不远处摩托车发动的轰响。她拿出尹晓风给她的纸片,原来从学校门口的那条小路走到大路口,尹晓风家就和周家别墅是两个方向了。那么,他真是特意送她的了?

第五节

隔了一湖碧绿的荷叶,周宁远远地见到尹晓风正站在人工湖边的凉亭前等她,一身白色T恤衫长裤令他看来比以前更加清爽帅气。

以优异的成绩从中学毕业,被向往的大学录取,和尹晓风重逢,这个夏日发生的事,让此刻的周宁达到了快乐的巅峰,脸上情不自禁地挂着笑容。

尹晓风抬手招呼后快步向她走来,她想也许他会给她一个拥抱,但他却在离她一个手臂远的地方转了个方向,和她沿着湖边的石径并排漫步。

"高考前的一年对你整个人生来讲多重要,你应该知道。我不和你联系,是怕影响你学习,你能理解吗?"

她"嗯"了一声。他做到了一年前当着她的面对她母亲何学新的承诺。如果没有高考,他们会不会一直往来至今?她猜测着他话外的意思。

"你还在那个学校吗?"明明在一个城市,她却无从知道他的消息。

他转头看向湖中的荷叶:"没,我早已不教书了,这段时间一直在我姐夫的公司帮忙。"这令她有些意外。"我姐夫是日本人,到国内做生意,需要帮手。"他简单地解释了一句。

不知为什么她想到的是他的摩托车和皮衣裤,何学新只看到过他一眼,说看上去不正派的话恐怕就是因为这些舶来品吧?

"师范大学的高才生不做老师,不可惜吗?"她没有多想就问了出来。尹晓风的沉默让她意识到自己的唐突,也跟着默不作声,担心起一年的分别已经让他们原先尚不牢固的连接变得更疏远了。

盛夏的下午,偶然的一丝微风吹不散空气中的热量,尹晓风提议去有空调的电影院。电影开场不久,她注意到他曾睡着过一会儿。是她按字条上的地址给他写信约他见面的,他不会只是出于礼貌才赴约、实际上却兴趣索然吧?她心里忐忑不安,因疑惑而生出些矜持来,挺直了背注视银幕,却并不知道电影说了个怎样的故事。散场出来,天色已暗,他送她到电影院附近的电车站,正巧有车靠了上来，来不及多说什么，他们匆匆道了再见。

没有人知道她和尹晓风的重逢，尽管只是场淡淡的见面，也成了她舍不得和任何人分享的秘密，她想独自回味得久一些。

一开学，周宁结识了寝室里的其他六个新生。林倩和钱丽华两个和她上的是外语系，其他四个女孩都是其他系的本地生，七个女孩都在十八九的年纪上。

"大学的课没高中那么紧张了，现在我就想先好好玩一阵。"林倩躺在周宁的下铺，双手枕在脑后，长长地打了个哈欠，头天晚上她到楼上同乡那儿串门，半夜才回自己宿舍。

一年级的星期五下午没课，周宁和另几个女生能回家过周末这点，让来自东北的林倩和西北的钱丽华羡慕不已。

天凉下来的时候，白昼短了下去，早早吃过晚饭，礼全就催了周宁去学校。一见周宁推开宿舍的门，斜靠在床上的林倩立刻坐起来，从她的背包里找吃的，正对着镜子察看脸上青春痘的钱丽华也凑了过来，三个人坐在桌子边，吃起周宁从家里带来的桃酥。

林倩和钱丽华属于完全不同类型的女孩。林倩高高的个子，有一张白里透红的圆脸，眼睛不小却总爱眯起双眼，她脸上最惹人注意的是她那肉嘟嘟的红唇，这长相引得不少急吼吼的男生围着她们宿舍转，林倩看不上那些人，一门心思要觅一个具备诗人气质的男朋友。钱丽华身材矮小，肤色暗沉，和老乡互相修剪的头发直直地贴在头上，戴了副深色金属框的眼镜，显得有些老气。

同宿舍的伙伴们都还没有男朋友，周宁也不提尹晓风。事实上他们连朋友都还算不上，从那晚分别，她没有再见到他。他在电影开场前说过，他暂时在外地工作，难得回家一趟。她不敢确定这是不是他的托词，也许在遇到自己以前，他心里早有别人，在他们分别的一年里，他也可能遇到令他心动的人。她看不透他的心思，能做的只有静静等待。

第六节

　　周宁和林倩从溜冰场出来，并排沿着操场边的小径朝宿舍走。
　　太阳刚刚下山，树顶的天空上，几片染了些淡红的云像动画似的在飘移中改变着形状，一抹橘红色的晚霞正渐渐西沉。
　　周宁沉迷地仰头观望着黄昏的天边变幻的色彩，林倩却无心欣赏风景。她一路走着，回想着刚才在溜冰场遇到袁辰的情形。"那位袁老师，溜得那么好，也不肯带带我们。"她有点生气地噘了噘嘴，见周围没人，赶紧在刚才摔疼的部位用力上下摩挲。
　　林倩以前没有学过溜旱冰，不知怎么突然来了兴趣，非拉着周宁陪她一起去学校的溜冰场。刚穿上旱冰鞋，她人就朝侧面倒下去，狠狠地摔在磨光石子的场地上。
　　"周宁，快拉我一把！"她坐在地上大叫，抬头寻找周宁，却见她正在好几步之外背朝自己和一个看上去是高年级的男生说话。
　　那男生见林倩摔倒，做了个向后转的手势，周宁回头一看，赶紧过去将林倩拉了起来，自己却打了个趔趄，也差点摔倒。那男生赶上前来，一个紧急侧刹，将周宁拉住。
　　"谢谢袁老师。"周宁有点窘。
　　"新手吧，慢慢来。"袁辰放开她，朝两个狼狈的女孩点点头，自顾自倒退着滑向溜冰场中央。
　　林倩决定先拉着栏杆练习走步，让周宁不用顾她。
　　周宁跌跌撞撞地在靠近栏杆的地方溜了几圈，上次溜冰，她还在读高一，隔了三年，动作自然就生疏了。
　　"快看！"周宁顺着林倩指的方向看去，不由得惊叹了一声："哦！"

只见袁辰正在场地中央,双手反握在背后,倒退地画着8字。他的身体随着场边喇叭里音乐的韵律,时而向左,时而向右,流畅而稳健地摆动,画出一道道优美的弧线。周围的人渐渐停了下来,退向栏杆边,溜冰场仿佛成了袁辰独自展示技巧的舞台。最后,袁辰在场地中央以一个优雅的后刹结束了表演,以一副当之无愧的神情享受着掌声和欢呼声。

看见周宁和林倩也在人丛中看着他,他一手按在胸口,屈膝朝着她们所在的方向俯身鞠了一躬。

"我跟他不熟。他是语文课陈老师的室友,我去送班里的作文本,陈老师不在,我就请他代收一下。"周宁是在代班长去交作文本时见过的袁辰。

"他比陈老师帅多了,不知道他教哪个班。"林倩露出花痴兮兮的神情。

周宁笑她:"有些女生见到任何男生,都会想一想我和他会不会有戏。"

两人说着话,就到了宿舍。门开了一半,在走廊里就可以看到最靠近门口的下铺的钱丽华正在梳头。

"去食堂吃饭还梳头。"林倩笑她。

钱丽华一本正经地说道:"也许对的人下一分钟就会出现在面前,因此我始终要以最佳状态出现在公众场合。"

"那我也梳一下头再去食堂。"给钱丽华这么一说,林倩马上意识到自己从溜冰场回来,头发一定乱了。

"你不梳更好看,凌乱美。"钱丽华和林倩开玩笑。

"我饿了,先走一步,你们两个思春的小女子慢慢梳妆。"看她们忙着梳妆打扮,周宁调侃道。

正是晚饭高峰时段,周宁排了好一阵队,才端着买好的饭菜挤出人群。刚就近找了个座坐下,袁辰径直朝她走了过来。

周宁招呼了声"袁老师",自顾自吃饭。袁辰在她对面坐下,从上衣口袋里掏出一个小玻璃瓶,用筷子挑出些暗红色的酱放在搪瓷碗里的白粥上,抓起一个馒头在那簇酱上蘸了蘸,大口地咬下去,偶尔喝一口碗里的粥,三个白面馒头吃完后,他将碗端起来喝剩下的粥。"我是北方人,爱吃面食,三个馒头就是一顿饭。"他说着这话时,她正用一把长柄的不锈钢勺将饭盒里最后一点米饭舀起来。

"看你的样子,一定是本地人吧?"袁辰问了一句。

"嗯。"她点点头,刚想站起身来,林倩和钱丽华买好饭菜走了过来,和他们一桌坐下。

"袁老师,你溜冰的样子好帅!"林倩仰望着袁辰。

"呵呵,在大学练上八年,你也会这么帅的。"袁辰得意地朝她笑笑。

"你都在学校八年了啊?"林倩刨根问底。

"是啊,四年本科,硕士三年,博士在读,还得再待两年。"袁辰边说边看了周宁一眼。

"我们才上第一年。"林倩还想问点什么,袁辰见周宁坐着等她的同伴们,知趣地说了声"你们慢吃慢聊",起身往门外的洗碗池走去。

"看这位的样子是对周宁有意思吧?"钱丽华瞪大眼睛看着林倩。

"没有的事,他是语文课陈老师的室友。"周宁抢着解释。

林倩却还在朝门外张望:"下次我去给陈老师送本子吧。"

第七节

星期五下午从教室回到宿舍,周宁边整理背包,边想着心事。

好些天没有尹晓风的消息了，就算她在学校不方便接电话，他不会写封信来吗？她的心里生出少少的不安来。

"又到回家的时间了。"一到周末，钱丽华就会用这种眼神看周宁。

"哪天你俩跟我回去住两个晚上，星期天一起回来？"周宁每次见钱丽华露出这样的神情就会心软，她伸手在她肩上摩挲了几下。

"好啊！"钱丽华知道周宁说的是真的。

"那干脆就今天吧？"不等周宁说话，林倩就迫不及待地打开她的那格柜子拿毛巾、牙刷。

"那你也快点。"周宁催钱丽华。

三个女孩一路挽着手臂到了周家别墅，正上楼时，沈珏刚好从浴室走了出来。

"沈珏！"周宁招呼了一声。沈珏回头看了她们一眼，目光在林倩胸前白地红字的校徽上停留了一下，冷漠地应了声"唉"，闪身进了自家屋里，重重地关上房门。

林倩扮了个鬼脸，轻声问："你欠她吗？"

周宁摆手不语，等进了屋，才轻声道："她是我小学同学。我们说话注意点就是了。"

周礼全和何学新下班回来时，周宁已经烧好了一锅米饭。平时夫妻俩吃得简单，这天周宁要回家吃饭，何学新在单位食堂买了两个小锅菜带回家。见多了两个周宁的同学，她用有些埋怨的口气说周宁："你应该早点给我打个电话，我好从食堂里多买点菜带回来。"礼全说："我到路口熟食店买些现成的吧。"

等礼全回来，父女俩将冷热菜分盛在几个瓷盘里。礼全从碗柜最高一层取出高脚酒杯，洗净擦干。"菜留在饭盒里不就可以了吗？家里不用那么讲究。"何学新有些不以为然，这些又大又圆的菜盘，还是尚明留下的，她平时最不喜欢用，华而不实，连洗起来都没有洗钢精饭盒方便。周宁看了她一眼，没有声响，她不喜欢她母亲在所有的事上都尽可能因陋就简的习惯。

一家人一起端了菜上楼摆上桌，礼全给每人倒上他刚才在路上买的长城葡萄酒，和气地招呼林倩和钱丽华："不要客气，就当在自己家，明天我带大家去吃小笼包。"

晚上熄了灯，三个女孩挤进屏风后的小空间里的一张床。尚明去世后，她要求父母和她换了房间。

随便说了会儿话，林倩说起一件儿时的事："我四五岁的时候，外面街上有个卖糖葫芦的人走过，我哥哥馋了。我奶奶出去回来，拉了哥哥去她房里，有时候我奶奶会煮个鸡蛋让哥哥背着我吃，其实我都知道。那天我摸摸口袋里过年时姥姥给的钱，一个人走到街上，卖糖葫芦的人说钱不够，吆喝着走远了，我在街上大哭起来，惊动了街坊邻居，可他们不知道我哭的是什么。晚上我爸妈回家，奶奶向他们告状，我爸打了我一顿。小时候的许多事我都忘了，这些事却记得清清楚楚。"

钱丽华大概是困了，喃喃道："周宁，你爸妈真好，我要是也在家门口上学就好了。"

第二天从点心店回去，周宁拿出本影集给林倩和钱丽华看。

"这么大一栋楼，以前就只有你曾祖父一家四个人住！"钱丽华对着影集里一张泛黄的黑白照片惊叹道。

"嗯，这楼还是在五十几年前，我曾祖父的朋友替他造的。"周宁听她父亲讲过曾祖父周锦顺和哈特夫妇的渊源。

"那现在怎么住了这么多人家？"林倩不解地问道。

"具体的我也不是太清楚。"周宁打了个过门，她听住在楼下的姨婆秦兰英断断续续说过一些关于房子的事，不过她并不清楚里面的前因后果，何况，没有必要在那样的时候告诉钱丽华她们那些冗长的陈年往事。

钱丽华却拍拍林倩的手背，故作老成道："唉，沧海桑田哪！"

几个人一回宿舍，门房胖胖的田阿姨冲她们大声说："你们是326室的吧？这个周末怎么一个人也没有？星期五有人找周宁，留言了。"

"是袁老师。"林倩眼尖，看见了字条下的落款，又大声将字条的内容读了出来，"下周有派对，想请你做舞伴，特上门相邀不遇。下周四前可否抽空光临我宿舍？"

"行动派的。"冲袁辰的盯劲，钱丽华给他分了派。

"我不想去。"周宁看都不看那张字条。

袁辰却在周三晚上找到周宁宿舍来。"天很好，出去走走好吗？"他邀她一起出去。

"去吧，去吧。"钱丽华朝她又眨眼又努嘴，林倩却在一边看着他们不说话。

周宁想了想，跟着袁辰出了宿舍门，在楼梯口停了下来："有什么事吗？"

"是这样，明天我们系有位外教生日，请了些教师和博士生去外教楼开派对，为照顾男女比例，每个人都要带伴，我可以请你帮我一次，做我的伴吗？"他礼貌地问她。

他请她帮的是个一次性的忙，她想不出拒绝他的理由。

还好袁辰对别人介绍她时没有说她是他的女朋友。袁辰端起啤酒杯，走去加入几位外籍教授的聊天。周宁到吧台上取了杯冒着气泡的饮料，在一张桌子边坐了下来。

一段舒缓的舞乐响起时，各人散了开来，各自去邀舞伴。袁辰托起周宁的手，将她带向中央的空地。原来他的舞也跳得很好。隔得近了，周宁才看清袁辰有着一双深邃忧郁的大眼睛，她的直觉告诉她，他的眼神中隐含着太多她无从解读的信息。

派对接近尾声时，所有人都下了舞池，不大的场地显得有些拥挤。她正跟着他的节奏移动脚步，边上一对陶醉在轻歌曼舞中的人闭着眼横跨了一步，眼看就要撞到她，袁辰突然拉了她一把，巧妙地避开了碰撞，马上，他的手在周宁腰间托了一下，使她向他靠拢，她不好意思立刻甩开他，那样太不给他面子，又怕他再次拉她靠近，只能用搁在他肩上的手臂将他撑得离自己远远的。隔了片刻，袁辰将握着的她的另一只手放到自己胸口："周宁，你能做我的女朋友吗？"他看着她。

"不能。"她想也没想，轻声但生硬地回答，他近似逼视的眼神，还有汗涔涔的脸上分不清是深情还是矫饰的表情，都令她生出讨厌。

袁辰并未因她简单明确的拒绝而气馁，自顾自地说道："你不用急着回答我。其实我看到你的第一眼，就想问你这句话，但那时我没勇气，只能从旁边关注你，你不知道罢了。那天在溜冰场牵到你的手，我更加确定，你就是我要找的那个人。我不想再暗恋，一定要向你表白。"他说得很认真，周宁却感觉他像是在背诵一段预先排练过的台词。

"我有男朋友了。"她想这个理由足以打消袁辰的念头。

"没有关系，我可以和他竞争。"袁辰自信的口吻令周宁对他生出反感。

"你看见我和长得最高的那位美国人说话了吗？"和外籍教授关系不错，袁辰似乎有些自豪，不等周宁回答，他接着道，"我想请他做我去美国留学的担保人。"

隔了几天，陈老师在下课后叫住了周宁。

"听袁辰说，他在追求你？"他们沿着林荫道一起走着，陈老师突然问了周宁一句。

"也许他有点意思吧，不过我觉得和他没有可能。这种事，是可遇而不可求的。"周宁和陈老师熟一些，不介意将自己的想法说出来。

"你说得很对。谈恋爱嘛，首先动机要单纯，我看得出来，你是个有头脑的女孩，自己好好把握吧。"陈老师不比袁辰大几岁，言谈举止却沉稳许多。

周宁听得出陈老师的话外之音，微微点了点头。

第八节

田阿姨递给周宁一张留言条。是尹晓风来的电话，说他已经回了上海，但马上要去福建出差，然后直接回浙江，所以没空和她见面了。好些天，周宁心里都有点空落落的。久别重逢之后的见面，尹晓风并没有任何表示，这次回到上海，也不急着和她见面，自己是不是误会了他？她从未有过地不自信起来。

"周宁，这个星期五别回家了，有舞会。先把票收起来。"周宁从图书馆回到宿舍，林倩从枕头下摸出两张印在橘红色纸上的票来，朝她挥动一下，塞了一张到她枕头下。只有两张票，看来林倩是特意趁钱丽华不在时拿出来的。

"哪里的？"学校正风行交谊舞，周末大小舞会颇多，周宁不知道林倩是从哪里弄来的票。

"研究生会的，是袁辰给的。"林倩轻声回答，怕钱丽华从外面回来听到。对女生们来说，参加研究生会的舞会就有机会结识比本科生高一层学历的男生，票自然抢手。

"那你和丽华去吧。"周宁想将这机会让给钱丽华。

"我只想和你一起去。"林倩坚持道。

周宁和林倩走进研究生活动中心的舞场时,里面已是人声鼎沸,音乐声震耳欲聋。五彩斑斓的灯光洒在她们身上,林倩一下子兴奋起来,随着音乐的节奏摆动身体。

"袁辰!"看见袁辰正和其他几个男生说话,林倩忙向他招手。几秒钟后,两人已经一起旋进舞池中央。

周宁独自站在角落里,看着人群中的这一对,她注意到,林倩一直用双臂交缠着钩住袁辰的头颈,袁辰也用双臂环抱住林倩的腰,两人并不顾忌别人的眼光,每当音乐一开始,便只管将身体紧紧地贴在一起,在舞池中随节拍轻轻摆动。几个星期前还一脸真诚地向自己表白的袁辰,此刻和林倩像一对热恋中的情人一样相拥。她想起自己对袁辰说"不能"时的霸气,不禁暗暗为自己叫好,嘴角浮起一丝含着讥诮的微笑,不过她马上转念替袁辰想,既为一个女孩所拒,能和一直仰慕他的另一个女孩在一起,也未尝不是好事,她微微耸了耸肩。

人群中,一个身材高大的年轻男人正注视着周宁,她细微的表情、动作全被他看在眼里。他稳健地向她走过去,将手伸给她。没等她反应过来,他已捉住她的手,她反应过来时,他们已融入人群。"我叫赵哲,你呢?"他问。"周宁。"她答。

和赵哲和着最后一支曲子的旋律舞动时,周宁徒劳地在人群中寻找林倩,赵哲却像知道她在找什么地看着她笑道:"你的朋友已经和那个男生一起走了。"

初相识的两人在夜晚的河岸边缓缓漫步,月光透过摇曳的稀疏的树枝投射下来,在他们身上、脸上跳动,空气中飘散着桂花的馨香。两人都不说话,仿佛生怕一点点的声响都会驱散了这扑朔迷离的气氛中弥漫着的宁静和神秘。一阵夜风带着深秋的寒意吹过,见周宁环起手臂抚了抚双肩,赵哲很绅士地松松地揽住她,将她向自己身边拢了过去。周宁感激地转脸看了赵哲一眼,他也正低头看着她，年轻男人线条俊朗轮廓分明的脸离她很近，她心慌意乱。

"我终于找到你了。"她听不懂他的话，却听得到他的心跳。

"重新介绍一下，我叫赵哲，去年从本校毕业，留校在计算机系做教师。"

周宁迟疑了一下说："周宁，外语系一年级。"赵哲都毕业做了老师，自己才是新生，这样的区别让她觉得她和他有些差距。

她曾经迫切地想知道尹晓风是不是在等自己，如果是，那自己又会不会是他唯一等待的人，直到两小时前，他的答案对她而言还至关重要，因为她准备付出的是生命前十八年凝成的第一段感情，她不能不小心翼翼。尹晓风模棱两可的态度令她气馁，她和他之间本不紧密的连接似乎因为赵哲的出现而变得越发薄弱。此时，她宁愿尹晓风和自己真的只是师生关系，因为在她的认知里，同时陷入对两个人的感情也好，移情别恋也好，都是有违道德标准的事。

在她刚感到头隐隐地痛起来时，女生宿舍到了。

"今晚我很快乐，你呢？"赵哲问道，面对宿舍楼门口的灯光，他的眼神清澈明亮。"我也是。"他热情洋溢的笑容有种令她无法抗拒的感染力，此刻她毫不怀疑，自己的内心充满纯粹而真切的快乐。

仿佛有结盟者间早已熟记在心的约定，他们同时伸出双手，掌心相贴，手指竖立着合在一起，辗转交错着紧握起来。

第九节

紧接着的那个星期一，林倩一下了课就不见人影。到了晚饭时间，周宁和钱丽华见林倩还没回宿舍，决定不等她先去食堂。

赵哲站在食堂门口，像是在等人，一见到周宁，脸上立刻露出笑容。周宁只愣了一愣，钱丽华立即看出了端倪，独自走去排队。周宁犹豫了一下，还是朝赵哲摆了摆手，快步追上了钱丽华。

两人面对面坐下吃饭时，钱丽华有点生气："一夜之间，一场舞会，你和林倩就都有方向了？"周宁知道钱丽华心里的失落。假如是她也和她们一起去了那场舞会，是否也会遇到一个可以做伴的男生？没告诉钱丽华和林倩去舞会，周宁原本已觉不妥，看到她生气，她心里更有些歉疚，一时又不知说什么合适。两个人出了食堂，见钱丽华不和自己说话，周宁只好低头往宿舍楼走。

"好帅！"钱丽华突然发出声低低的惊叹，完全忘记了刚才还在生周宁的气。周宁抬头望去，原来她的视线是被自行车棚前一个穿了套黑色皮衣裤的身影吸引了过去。

"尹老师！"黄昏微弱的光线下，靠在一辆摩托车上目不转睛地盯着宿舍门口的人正是尹晓风。

"我们还是去外面走走吧，这个时间，女生们都在宿舍，不方便，再说管宿舍的阿姨也不会让你进去。"周宁将饭盒交给眼睛瞪得大大的钱丽华，引着尹晓风朝校门口走。

尹晓风不说话，只沉默地推着沉重的摩托车。周宁有些失望，突然生起他的气来："你来找我，又没有话要和我说，是吗？"

"不是，我是为这些专门来的，我以前常听的音乐带，全部送给你。"他从行李盒里取出一个鼓鼓囊囊的帆布包来，停了停，欲言又止。

"你自己不听了吗？"她看着他。

他没有解释，从包里摸出个有金红色封套的磁带盒："我特别推荐这里面的第一首曲子给你，你仔细听，这个版本和别的乐队都不一样。"

"好的。"她对自己先前责备他似的语气稍稍有些歉意，又不至于说抱歉的话。

"我没有办法陪你,过了今天,我又要到外地去了。"他答非所问。她猜测着他这句模棱两可的话是不是在向她告别。

"那你忙吧,不用管我。"她装出一副若无其事的样子,希望尹晓风会明白她只不过是以退为进。

他却只简单地"嗯"了一声。

她看着他骑着摩托车的背影消失在夜色中,提着帆布包回到宿舍。

"刚才那个是?"钱丽华朝她挤眉弄眼。

"以前中学的老师。"除了这层,周宁还能怎样介绍尹晓风和自己的关系?她打开信封,轻轻将里面的卡带倒在床上。

钱丽华一眼看到了彩色的封面纸,低呼道:"原版进口的,"她扑了过去,用西北口音的中文读着外国乐队的音译,"保尔莫里亚、詹姆斯拉斯特……周宁,全部帮我拷贝一下吧。"

周宁从一堆盒子里挑了那个裹着金红色封面的出来。接在随身听上的一对迷你音箱里传出一阵"啾啾"鸟鸣声,紧接着,《爱情故事》的优美旋律在小小的空间里飘荡开来。

果然如尹晓风所说,这是一版风格和她以前听过的完全不同的演奏。鸟儿们在树梢间清脆婉转的鸣叫和不知名的乐队轻快欢乐的演绎,令她的遐想油然而生,她眼前仿佛出现一幅美不胜收的画面:枝繁叶茂的大树下,绿草如茵,蝴蝶在盛开的花丛中翩翩飞翔,一对璧人坐在树下的野餐垫上,耳鬓厮磨,轻言细语。

钱丽华也听了出来:"我以前总觉得这首曲子是因为忧伤才优美,听了这个,怎么感觉到的是一片欢乐?"

"大概是悲伤的电影故事给人造成先入为主的印象,觉得这曲子理所当然该被演绎成忧伤的风格吧,但是,脱离电影,春光明媚、鸟语花香,欢乐的爱情不是更美好?"周宁似乎明白了尹晓风特意要她听这版演奏的用意。

"我觉得最好的爱就该带给人身心两方面的愉悦。"林倩的评论正面而高调。

尹晓风送给周宁的这些音乐带成了几个女孩流行乐的启蒙，每天在宿舍的时间里，她们将音量调得既可弥漫到全室每个角落又不失优雅。

周宁新带到宿舍的一盒卡带是向赵哲借的。"你平时喜欢听什么？"见他带着随身听，她随口问了句。

"《Blowing in the wind》，鲍勃·迪伦，听过吗？"他递给她一副耳机中的一个，按下随身听的按键。

"嗯。"她点头。

"你听，歌词写得多好，其实我更喜欢另一首的歌词，《The times they are a changing》，不过这盒里没有。"

"那首我没听过，"她想了想，确信自己说得没错，"哪天你带来，我记一下歌词。"

他们不再说话，一起跟着耳机里的歌声哼唱起来。

"周宁，其实你不知道，我们都挺羡慕你的。"周宁拿给钱丽华那些自己托礼臻拷贝的盒带来时，她若有所思地看着她说了一句。

"How many roads must a man walk down, before you call him a man？ How many seas must a white dove sail, before she sleeps in the sand？"晚饭后到出去晚自修的一段时间里，女生们在宿舍里合唱了一遍《答案在风中飘》。

赵哲并未刻意地和周宁约定见面，却时常出现在她面前。即使在校园里他们不能像情侣一样形影不离，只要见到赵哲，哪怕远远地看上一眼，周宁的心情也会瞬间愉悦起来。

转眼已是冬天。一个星期五的午后，周宁正收拾双肩背包打算回家，尹晓风却出乎意料地出现在她宿舍门口。

暮色渐浓，尹晓风将摩托车停在离周宁家不远的街心花园旁，她跨下后座，跟着尹晓风一起走到一张长凳前坐了下来。片刻的沉默之后，他捉住周宁的手，俯身在她的唇上轻轻吻了一下。

周宁的一低头说明她对这突如其来的亲密并未做好接受的准备。她没有办法告诉尹晓风，她看见过关于未来的镜像，未来她生活中的某些片段会无声地覆盖住她眼前的情景，她眼中所见的那个与她并肩执手、谈论柴米油盐或是一同挽着个孩子的小手的人却是赵哲。无疑，那些只延续几秒钟的片段只可能是幻象，但里面的一切又都那么真实，就像她身临其境。

对周宁的这种神秘幻象不可能知情的尹晓风又是很久没有消息。但因为他难得的一次大胆，她的心还是摇摆了一阵。很快，她确信自己要的不是含糊的表达。既决定了选择赵哲，她只能放弃尹晓风，哪怕心有不甘。

赵哲手上拿着张抄了歌词的信笺出现在她面前的时候，她手上正捧着书，眼神却恍惚涣散。"你这个状态根本看不进书。"跟他去体育馆打了一阵乒乓球，她的活力才恢复过来。

"你看，你需要多运动。"站在更衣室门口，赵哲的手在她脸上轻拍了几下，先前她已从镜子里看到了自己脸上运动后特有的红晕。

每次见面，赵哲都会给她有力的拥抱，分开时，他们以吻作别。和他在一起，她心情愉悦，头脑敏锐，她想，这才是林倩说的最好的爱的正常模式吧，在感情中，时间与空间的作用是重要的。当和赵哲的朝夕相处成为习惯，尹晓风的样子从周宁的脑海里渐渐淡出。

夜自习后在宿舍楼门口和赵哲告别时，周宁诧异地看到了站在不远处目睹了一切的尹晓风。赵哲显然也看懂了一些，揽着周宁的肩大方地向尹晓风问了好。

尹晓风一语不发，没有表情地低下头去点起根烟。周宁有些难过，她扭过脸，不敢再看尹晓风的脸。

第十节

星期天一早，周宁接到一个女人打到她家的电话。听筒那一端是一个低沉的女中音："你不认识我，我叫尹丽秋，是尹晓风的姐姐。"周宁突然有些不知所措，尹晓风从来没有对她说起过家里人。

听周宁沉默不语，尹丽秋问她是否在家里说话不方便："你出来，我们到外面谈谈。"她约了她一小时后在公园见面。

尹丽秋看上去三十岁多岁，长得和尹晓风很像，一头精心梳理过的卷曲的长发使她看上去多了丝女人味，但她盯着看人的眼神却又有种冷森森的感觉。

"你就是周宁？"

"我是。"

尹丽秋上下打量了周宁一会儿，眼光停留在她敞开着的条纹棉布衬衫里的蓝色T恤衫上，脸上明显流露出嫌弃的神色。周宁知道自己穿着的是件质量不太好的旧汗衫，胸前印了一把雨伞，伞下是一对搀着手的少男少女的背影。她朝尹丽秋多看了一眼，才知道她对自己的鄙夷之态并非没有理由。尹丽秋身上，从粉色的珠链和耳坠、浅蓝色的短裙套装、臂上挽着的白色皮包，到足下的白色过膝软靴，无一不是式样考究，质地高档，周宁有点为自己孩子气的穿着感到窘迫。

尹丽秋接下去说的话，却将周宁吓得不轻："你大概还不知道吧，你害了尹晓风。"

"尹老师怎么了？"周宁焦急起来。

"小腿骨折，绑了石膏在家休息，"尹丽秋用手在自己腿边比画了一下尹晓风受伤的部位，不等周宁开口，气冲冲地接着说，"我弟弟在认识你之前样样事情都可以说是顺风顺水，特别是读书，从小学到大学，一路都是尖子生。刚一认识你，他就开始倒霉，你是个不折不扣的扫帚星。"尹丽秋说着，音量越来越高。

周宁怔怔地看着尹丽秋。本来，第一次被一个陌生人以这样的方式约见，她就有些惶惑，尹丽秋将尹晓风遇到挫折的原因完全归在她头上，她满腹委屈，特别是那声刺耳的扫帚星，更是让她难以接受。十八岁前，她在周家别墅里长大，没有任何的人事需要她独自应付。她想起长者们常说的"等你踏上社会就知道了"这句口头禅，难道自己这就算踏上他们指的"社会"了吗？这样想着，她感到像是被无形的外力猛烈地撼动，她无法自持，只能无助地低下头，眼泪成串地砸在地上，发出啪嗒啪嗒的声音。

"哟，我只不过说了几句，你就哭了？走，跟我去看看他现在惨到什么样，你再哭不迟。"尹丽秋不由分说拉起周宁的手臂，周宁无法反对，只能被她拉着坐上出租车。

站在狭窄的老街深处一间平房的门前，周宁一眼看见尹晓风坐在屋里靠窗的一张单人沙发上，上了石膏的左腿搁在沙发前的一张方凳上。她止住没多久的泪水又开始唰唰地顺着双颊流下。

见到周宁和尹丽秋一起出现在自己家门口，尹晓风脸上闪过一丝诧异，他轻声对她道："你怎么来了？进来坐。"

周宁走过去，在他对面的一张椅子上浅浅地坐下，无声地用指尖擦了擦眼。

"不要哭，小腿骨折又不是什么大不了的事。"他应该猜到什么，转向尹丽秋，嗔怪地问，"你怎么没和我商量就这样做？"

尹丽秋没好气地说:"你为她做的,她都不知道,你值得吗?"她的话点到尹晓风的痛处,他一时语塞,低头不语。

尹晓风不出声的时间里,尹丽秋将发生在尹晓风身上的事告诉了周宁。

尹晓风到中学不久,校长曾在食堂和他一起吃饭时以前辈的身份和他闲聊了几句,温和地提醒他,作为新走上岗位的男教师,要注意穿着和仪表,不要穿奇装异服,不要在学生面前抽烟,还要注意和女生保持距离。此后不久,尹晓风被以工作需要为由调到了郊区的一个初级中学,那时他才知道校长有意坐到他旁边说的话其实是有的放矢。

正在那个时候,尹丽秋和她的日本丈夫小野一起来到中国,开了家做家居用品的零售店铺,兼做批发生意,小野正缺得力人手,竭力鼓动尹晓风做他的助理。他答应下来,不是为了算不上十分优厚的报酬,而是因为心高气傲的他知道从学校对他的处理方法来看,今后光是流言,也会让他无法在本地的教育系统内有好的发展。

小野倚重尹晓风,委以数职,除了兼顾守店、推销、盘点仓库,为了降低成本,小野在郊区找了工厂代加工产品,他还需要去代加工的工厂监督生产。他的这次骨折,就是因为在骑车从郊区回市里的路上被一个农民无证开的卡车带了一下,从倒地的摩托车上摔了出去。

"我们是工人家庭,以前家里从没出过大学生,我弟弟大学一毕业,能分到国家重点中学教书,是件相当光彩的事,我爸爸讲他是光宗耀祖,请所有亲戚喝了酒。没想到因为你,他的大好前途从此完结了,跟着我做,也是没办法,我爸爸为此气得生病住了医院。"尹丽秋总算讲出了她责怪周宁的原因。

"我真的不知道我做错了什么。"以周宁的年纪和经验,并没有能力完全理解尹丽秋的话，她多余地辩解了一句。

尹丽秋不理她的话，继续说道："如果你们真在谈恋爱也就算了。我们家人早就知道你的情况，知道你考上大学后约他出去，我们都鼓励他和你确定关系，但他说你年纪还小，怕一下子提出来你会觉得突然，说要一步一步来。这次他到外地去了好多天，一回来就去找你，没想到回来说，你已经有男朋友了，他不好再打扰你。"

周宁没有想到，尹晓风家的人和自己素未谋面，却洞悉他们间的一切。她想象不出如何会有忙成那样的工作，阴差阳错皆因误会而起，她在心里狠狠地责备自己的不懂事。

"你知道有多少女孩子喜欢我弟弟吗，他偏偏为了你吃足苦头，你倒好，好像什么事也没发生一样，去和别人谈恋爱。所以我说是你害了他，毁了他，一点都不过分。"尹丽秋越说越气，抬起手，啪的一下，重重地在周宁脸上扇了一个耳光。

周宁短促地惊叫一声，捂住脸看着尹丽秋，她从小到大从来未被人打过，而给她这突如其来的一掌的竟然是尹晓风的姐姐。她的眼泪再次排山倒海似的涌了出来，十八年的生命中，这是她流了最多眼泪的一天。

尹丽秋的那一巴掌，让尹晓风也猛吃一惊，他本能地想去护周宁，但搁起的腿却让他不能立刻站起来，他只能沮丧地催促她："早点回家吧。"

周宁不记得自己是如何和尹晓风他们告别的。她恍恍惚惚地走出尹家门前的窄巷，茫然地走过一个又一个街区。对不起！对不起！她在心里一遍遍地向他赔罪，又一遍遍地告诉自己，从今以后她将和尹晓风再无半点关联。想到此处，她悲从中来，并不在乎偶尔从对面走过的人们看到她脸上恣意落下的眼泪时不加掩盖的好奇。

第十一节

"小宁，帮舅舅做件事。"周宁在楼梯口被她舅舅何富升叫住。

何富升让周宁帮他将一台机器的英文简介翻译成中文。

前些年离桥镇上有人开了家织袜厂，产品生产出来，销路却打不开，厂主听承包装修工程的兄弟说起从供销公司出来、现替自己做材料采购的何富升是个能人，便在家备了酒菜，请他过去为自己出出点子。酒过三巡，何富升用筷子蘸了碟中的酱油，在桌上写了个"舍"字。厂主原只打算靠小投资捞个机会，开出爿厂，见没赚到大钱，还要继续往里投，连忙摆手说不想干了。何富升盘算了一番，象征性地出了些钱，将袜厂接手下来。

何富升了解，离桥当地市场有限，不免动起大上海的脑筋，前思后想，他决定亲自驻扎在上海。有这个想法，一是因为他雄心勃勃，一心将生意做开，再就是他亲姐和亲姨妈都在那里，他有地方落脚。推销产品不是一天两天的事，生意起步阶段，他不用在外花钱租房吃饭，就不怕耗时间。

镇上的人只道他是到上海投靠姐姐，何富升心里却清楚，这次他靠的是他姨妈秦兰英，因为秦兰英听他说要到上海做生意，主动表示如果他需要住处可以住在她家。

丁莉曾在何富升跟前毫不避讳地嘲笑他姐姐何学新："别看她学历高、职务高，在一万多人的大单位做个二把手，成天一副正经八百的样子，可惜了手里的权，什么也没捞到。亏得你姨妈旧社会在舞厅里跳跳舞，搭着个有钱佬，住进花园洋房，你姐才有机会嫁到周家，不然，她在上海都未必立得住脚。"何富升闻言不寒而栗，自家女人对他姐姐的评论满是露骨的势利，实质上又一针见血。

丁莉对何学新的不满早已不是一天两天的事了。何学新不但平时谈不上从经济上照顾他们，前几年她让丈夫开口，请何学新帮忙介绍弟弟丁勇到上海她厂里工作，被她一口回绝，还说丁勇既没学历，也不具备一技之长。何学新对她娘家兄弟不留情面的评语使丁莉恼怒，一提此事，就和何富升闹得不愉快，作为报复，她才常在口头上攻击她。

每次何富升和弟弟妹妹说起大姐，秀贵也总会发泄一番心里的怨气，和许多小地方的女人一样，她向往都市的繁华，却受制于自身的条件，嫁给了小镇男人，她怨父母在她没得选择的年龄将机会给了大姐，也怨直到自己出嫁，大姐都没为自己创造过一点离开老家的机会，因此，没有红白喜丧的大事，她从不回娘家。弟弟富仁没有妹妹那么多的牢骚，他和大姐岁数间隔大，大姐出去读书时他还不怎么懂事，谈不上有多少姐弟亲情。

何富升自然知道，他这姐姐太讲原则，从不徇私，自从和周礼全结了婚，她和娘家的联系就变得稀疏起来，只偶尔回离桥探趟亲，除了爹妈在世时寄些钱给他们，她确实从未给娘家人带来任何实惠、做过任何具体安排。从她的话里他听得出，她满脑子想的全是工作，就算在女儿周宁身上，花的时间也不多。他相信她一直和小时候读书一样，与生俱来的好胜心驱使她不懈努力。一个小地方飞出的金凤凰，一步步做到上海国营大厂的第二把手，靠的不光是运气，她付出的努力也成倍于一般人。

在何富升心目中，对他姐夫家的人始终怀着点敬畏。他记得少年时跟着母亲秦菊英到上海去，姐夫周礼全和他母亲周尚明对他极其和蔼，他却感觉得到自己和他们之间有天壤之别，他暗自下决心，每次出现在他们面前，都要保证比上一次有更好的面貌，而成年后，他对这"更好"二字最直接的理解就是有更多的钱。

第十二节

　　即使看得出秦兰英的丈夫顾建明内心对自己抵触抗拒，何富升还是硬着头皮在姨妈家住下了，连一日三餐都在她家吃。不回老家时，只有在说得出名堂的年节，他才会跟秦兰英夫妇一道，和住在楼上的姐姐全家一起吃顿饭。这是因为姐姐姐夫没空料理家务，平时基本靠单位食堂解决三餐。

　　何富升到上海前，何学新将家里的一张折叠钢丝床拿到楼下秦兰英屋里。秦兰英爱整洁讲体面，嫌一开门就看得到房间里撑了张小床碍眼，让何富升每天起床后将小床收起来，到晚上才放开。顾建明在大床尾的衣柜顶上和门背后钉了挂钩，拉起条绳子来，每晚临睡前，他负责在绳子上搭条被单，充当隔开两张床的屏风。

　　初到的局促不安过去，何富升不愿再看顾建明的脸色，这不仅是方不方便的问题。秦兰英是自己亲姨，这又是自己姐夫家的物业，一个顾建明，为了有个立脚的地方才进的门，反倒嫌弃起他来，何富升自然不服气，他暗下决心，一定要让自己的一张床有一个更好的安置方法。

　　不过眼前，他还是需要做点小事改善一下挂床单睡钢丝床的现状。他用钢皮尺量了量房间尺寸，陆续从外面捡回些木料、砖块，堆在后院墙边攒起来。

　　惠小江见了，问他要这些材料派什么用场。知道了他的打算后，惠小江豪爽地说："这个好办，我们厂里不要的边角料多了，比外面拾得到的都要好，我帮你搞点来。"他去厂里跟木工班讨了些废料，用借来的三轮车运回周家别墅。

何富升人勤快，手又巧，还擅长动脑筋。他向惠小江借了些工具，用那些废料做成一面齐头顶高的活动墙，挡在自己床前。房间里有了像样点的隔断，顾建明多少有了些私密的空间，加上何富升从乡下带了不少土产来，他吃得满意，也就不再成天板着张脸。

何富升心里煞清，他必须尽早在上海立稳脚跟，才能真正拥有属于自己的一席之地。

顾建明虽比秦兰英年轻好几岁，大概是因为以前的底子实在太差，长年面色枯黄，人也总是无精打采的，一天吃了两个冷了的油墩子，突然说肚子痛得厉害，秦兰英催他去医院，竟查出胰腺癌，才几个月就去世了。

申国香对干能凤道："顾建明一脸薄相，命里没的东西他消受不起。"

干能凤的年纪大上去后，心态渐渐变得平和起来，常常独自反思，觉得过去自己说过不少不像一个党员干部的话，因此听申国香言语刻薄，并不愿搭理她。

秦兰英在不住的叹息声里，为亡夫做完了七七。何富升打电话和丁莉商量了一下，根据眼前的局面制订了接下来的计划。

"我想让我儿子到上海来读书，如果他的户口可以报进你这里，就会方便许多。"丁莉希望他设法将一双儿女都接到上海，何富升却说只能一步一步来，女儿何艳读书成绩比儿子好，正在无锡读寄宿高中，考上大学的希望很大，宜先将初中毕业后既没升学也不工作的儿子何伟的户口办妥。

丈夫病逝，秦兰英不由得再次考虑起自己的身后事。过去嫁给比自己年轻不少的顾建明，后来让亲外甥何富升住到自己家里，多少都是考虑到自己无后。总要有人替自己养老送终的，丈夫没了，在她这个年纪，可以依赖的亲人只有姐姐的后人。现在何富升有事相求，她能帮的，自然要尽量帮。她脑子转了一阵，想到了郭依依的丈夫宋政。

第十三节

　　郭依依接到秦兰英的电话有点意外。除了过年过节，表弟周礼全很少主动找自己，表弟媳何学新的姨妈来电话找宋政，想必是有特别的事。

　　郭依依将秦兰英托办的事交代到宋政那里。宋政一向对郭依依好，她家的亲戚，宋政一定要给面子。当天下了班，他主动到秦兰英家找何富升。一进门，宋政就看到何富升在桌上准备的两条三五牌香烟和两瓶茅台酒。两人寒暄一番，一起抽了根烟，宋政便想出了点子。

　　何富升去了趟老家，略费了些周折替儿子何伟将年龄改大两岁。宋政和在一个企业管人事的朋友打好招呼，将何伟的户口转成他们单位的袋袋户口。何富升将何伟接到了上海，隔了段日子，何伟的名字就顺利地落到了秦兰英的户口簿上。

　　何富升夫妇喜不自胜，丁莉开始催何富升为女儿何艳想办法。何富升对自己的谋略颇有自信，让丁莉不用着急："先看看女儿的高考结果。"

　　秦兰英知道宋政肯帮忙，完全是看在礼全的面子上，她和何富升要感谢，也得请礼全出面，于是去楼上让礼全给表姐郭依依打电话。礼全除了谢谢两个字，也说不出别的话，反正只要他开了场，秦兰英就好说话了，她接过话筒，赞了宋政的人缘和办事效率，说改天由何富升面谢。

　　何富升又做了一面带个一米见方的窗户的活动墙，和原先那面墙以九十度的直角连接起来，移到房门背后靠里些的地方，如此，即巧妙地从一个大房间里隔出个小间来,这通风透光的空间成了他和儿子的卧室。秦兰英的床被何富升放置到向阳的南窗下,他将大衣柜和五斗柜在秦兰英的床尾并排连起来,虽不能隔成房间,却可以挡住站在门口看进秦兰英床铺这边的视线。中间正对着门的一块地方放了饭桌,三人吃饭起居都在这里。一间大屋被何富升安排得井井有条,何家父子稳稳妥妥地成了周家别墅里的常住居民。

何伟来上海之前,何富升买回张双人床,将钢丝床还到何学新那里。对自己的兄弟和侄子可以从老家出来,何学新自然特别高兴,不过她并不清楚这看似不可能的事,何富升是如何办成的。

何富升特地到老饭店订了一桌酒席,预备请的客人有:宋政和郭依依、秦兰英、何学新和周礼全、郭依依的弟弟郭庆元和妻子陈佳、周礼全的妹妹周礼臻和丈夫高荣生,连他自己正好十人。

他的第一个邀请电话打给了宋政。宋政客气地推托道:"都是自家人,不必破费。"

何富升笑道:"就因为是自家人,大家才要常聚。这次就由我来牵这个头。"

"那好,我和宋皓、宋婷说一下,叫他们记得那天早点回家。"一听宋政提到儿女,何富升猛地一拍额头,上海人家家庭活动以孩子为中心的多,既然说是亲戚聚会,如何只记得请平辈,小辈们也是绝不能落下的。他掰着指头一算,立刻让饭店加了一桌酒席。

这一来,位子又似乎有点松。何富升想到了另外一个人,就是住在同一个院子里的惠小江。他不止一次听说,是惠小江的祖父惠宝将礼全的祖父周锦顺领到上海来的。周锦顺运气好,做了惠宝的老板朱阿福的女婿,才发达起来,惠宝倒一辈子都在周家做伙计,惠宝的儿子惠林感念周家出钱让自己到上海来读书,一直尽力照顾尚明。只是老辈人去世后,惠小江非但不再提和周家的亲戚关系,对周家人也不怎么理睬。

何富升扳手指头排了一下，惠小江和姐夫礼全两人好歹是表亲，又是住同一个院子里的邻居，他在秦兰英屋里搭墙时，惠小江还热心地帮过他的忙，饭桌空着也是空着，不如请上他一家三口。算算人头，一桌十个，一桌八个，干脆再多做个人情，连楼上的老沈一家也请了，老沈知趣，听何富升讲都是亲戚，说就让沈珏代表他们夫妇去凑个热闹。

那天成年人坐了一桌，另一桌是小辈，周宁、宋皓、宋婷、高群、高颖、何伟、惠小江的儿子惠嘉豪，郭庆元的儿子郭文渊，沈珏和周宁挨着肩坐在一起。

何富升还封了两个红包，各装了一千块钱，悄悄塞给郭依依，说是给宋皓、宋婷的见面礼。郭依依怕给亲戚们看见，不好推托，收下红包后快速放进包里，在何富升的手背上拍了几下，表示领受了他的好意。

别的本事且不说，何富升这人颇擅琢磨人的心思，他请客还有别的意思。自己和儿子离开老家的圈子到上海生活，绝对有必要和当地的亲友们融洽相处，他要在新地方重织一张关系网。他打算先从眼前的亲戚熟人开始，逐渐将网铺开去。虽然在上海这地方办事须遵守按部就班的规矩，对人际关系的重要性何富升还是深信不疑。

请客那天，正好惠小波也去了周家别墅，何富升将她也一起请了来，正好和孩子们凑足十人。惠小波本想拒绝何富升的邀请，正在花园里和他说话时，礼全经过他们边上，只一声"都是家里人"，成功说服了她一起参加这场难得的家庭聚会。和惠小江不同，她从小就暗暗崇拜礼全。小波单身，剪个男孩样式的短发，看上去年轻，和小一辈坐在一起，非但一点不突兀，还似乎更和谐，她也和沈珏一样，选在周宁的旁边坐了。

知青回城时，靠惠小江做徐燕的思想工作，小波的户口才落回家里。这是徐燕最大的让步了,一家三个人只有一间屋子,她怕小波真的住回家来。小波看徐燕不顺眼,一直住在和自己一起回城的朱茉莉家,除了拿放在哥哥家的衣物,平日很少到周家别墅来。在乡下时,惠小波取了个彼坡的笔名,给知青广播站写稿,回上海后,在街道办公室找了份负责搞宣传的工作。小波业余写的诗在报纸杂志发表过几次后,有了些小名气,她开始被称作诗人。

第十四节

　　尽管何富升和何伟是周家的亲戚,对他们的入住,申国香却并不反感,原因很简单,何富升刚住进秦兰英家,就给周家别墅所有人家按人头每人送了一双袜子,给申国香的却是整整两打。没多久,他又提了两瓶五粮液酒和两条万宝路香烟,上门请老沈将他介绍给和街道服装厂有往来的生意人。老沈不抽外烟,申国香将万宝路卖给了菜场附近的一个烟杂店。

　　正巧,那时街道服装厂刚刚改名为服饰公司,从单一的生产厂转型成集生产和贸易于一身的经营企业,从别处组织货源,转手卖给如雨后春笋般冒出来的销售低档服饰的小服装店赚取差价,这也是公司的一块利润。如此一来,老沈从一个街道工厂的支部书记变身为贸易公司的总经理,申国香也从出纳升为财务部副经理。老沈开始经常在外面应酬,申国香主管资金,理所当然地也常在饭局上作陪。

　　这次何富升邀他们一家加入饭局,申国香人没去,心里却颇为受用,对老沈说:"这个何富升,虽是从小地方来的,倒比周家其他人都拎得请。"老沈也觉得这是和周家改善关系的好机会,这次虽何富升出面邀清，毕竟那是周家的家宴，他不便挤在里面，他灵机一动，欣然派和周宁要好的沈珏代他们夫妇出席。从此，申国香对何富升另眼相看。

在何富升的老家，先开始做生意的人大多是弃农经商的农民，十里八乡的人就算不认识，也是面熟陌生，但在生意行当内却谈不上有成形的人脉，方方面面的关系都需要打点。何富升看得多了，自然知道场面铺排得越大，到手的机会就越多，渐渐养成礼数周到、出手大方的行事风格。这次设宴遍请上海的亲戚，他想的是"行得春风有夏雨"。比起家乡那些急吼吼等好处的人，上海亲戚不知有多通人情。"到底是大地方的人，心平，本分。"他对丁莉啧啧赞叹。

自秦菊英夫妇相继去世，何学新只在几年前的一个春节带周宁回过一趟离桥。母女俩在何富升家住了三日，便匆匆回了上海，她对他家经济状况的了解还停留在那个时候。对何富升请客这一阔绰的举动，何学新甚为震动，她不知道大弟是何时又是如何赚到的钱。她并不势利，但娘家兄弟在周家别墅长了面子，她嘴上不说，心里却感到扬眉吐气。

老沈要请一家经营外贸剩余产品的门市部的经理林盛强吃饭，邀了何富升同往，既算答谢他又送礼又请客，也是要让他知道，有机会的话自己乐意为他牵线搭桥。

一阵觥筹交错后，何富升从老沈和林盛强隐晦的对话中听出了名堂。老沈手里有权，关照销售科将厂里提供给外贸出口多余的产品低价销给林盛强，林盛强私底下再返好处费给老沈。这次林盛强拿的紧俏货多，出手快，返给老沈的钱不少。老沈自然懂这份人情，从公司的活动经费中支款，请林盛强吃顿饭。

林盛强点头从何富升那里拿四箱锦纶丝袜，男式女式各两箱，反正何富升说了不用先付货款，这样他既照顾到老沈的面子，也多少可以赚些钱,至少不会有损失。

"谢谢林老板!"何富升端起酒杯给林盛强敬酒。

"不客气,何老板,叫我老林就好。"

老林多喝了些酒后,不再只说冠冕堂皇的套话:"不能小看低档货,买的人多啊!在上海这些年,我看出来一点,别看人家穿得时髦,多数人是舍不得花大钱买衣服的,进的货要新潮,又不能让人一眼看出是廉价货,光靠精刮的上海本地人,钱难赚的。还有,在上海的人多了,不是只有上海人,进的货还要考虑各地来的人。"老林比何富升早了好些年从浙江农村到上海来开店,懂得自然比他多。

何富升觉得老林说话颇接地气,有意和他多接触,又和他干了两杯,两人谈得越发投机,老林又多说了些实在话。他店里的商品定位在外贸剩余产品上,所以他的顾客不是讲究新潮就是追求前卫的人,女人爱穿的长筒丝袜和连裤袜,他都是去广东进货,但现在他更看好的是棉质的运动袜和卡通袜,因为时髦的年轻人开始和外国接轨,平日里爱穿运动鞋和休闲鞋,丝袜和这些不搭。

根据老林的意思,何富升决定再买两台织袜机。正好展览馆有机械产品展销会,他便邀老林同去参观了一番,从纺织馆拿回些机器的英文数据,让读大学的外甥女周宁帮他翻译出来,他好拿进口机器跟国产机器做些比较。

到底是买进口的、国营大厂还是乡镇企业生产的机器呢?何富升对着一堆说明书,反复权衡,头疼起来。人际关系的结哪怕再错综复杂,他都可以抽丝剥茧般耐心地层层解开,但要拿用数据说话的说明书来做比较,他的脑子一片混沌茫然。

还是老林的一番话点醒了何富升:"这个品种,一定要做短线,产品不求牢,只求新,资金一回来,可以再做其他的,哪天袜子不行了,手头有钱就不怕,兴啥做啥。老何,你不可能打算长年只做袜子生意吧?"

老林的话有道理，只求新不求牢，何富升并不打算将袜厂做成百年老厂，他决定买价廉物美的国产机器，这样，在国营大企业和乡镇企业生产的产品中，他选的自然也是价格低得多、到货快还包服务的乡镇企业产品。

在短平快的袜子买卖上赚到些钱后，何富升拿出利润的一半分给老林。老林见何富升有魄力，人也仗义，提出和他合作经营服饰，何富升求之不得，立刻答应。袜厂已走上正轨，他也正打算开辟新的渠道。

有何富升去广东，老林不用亲自出马，笃定在上海指挥，何富升只管在批发市场大量地进紧俏货。时装这行，讲的就是快，两人配合默契，占尽先机，运气又好，着实赚了不少。钞票赚得这样快，出乎何富升的意料，在第一次分成到手后，他给老林送了一对日本精工手表。

老林先是不肯收，说自己拿的是同样多的钱。何富升说赚钱是好事，交朋友更开心，这也不是什么名贵的表，只是自己的一点心意而已。

老林欣然道："我做了多年的小生意，碰到的人多数斤斤计较，能交到你这样一个朋友，也是缘分。手表我就收下了。"

饮水思源，何富升又到城隍庙给老沈的女儿沈珏买了一条足金项链。他的思路是，老沈路子虽多，总还在集体企业，能拿回家的现金不会多到哪里去，手头像老林这样的客人也不会太多，一定不舍得给女儿买这种奢侈的东西，而颈项上戴条黄澄澄的足金项链是正在兴起的时髦。

送金链给老沈夫妇的宝贝女儿这一招特别管用。申国香当着沈珏的面就对老沈说道："隔壁周礼全书读得再好，何学新在单位蹿得再高，照样没用，他们帮不了老何赚钱，就算周宁是老何的亲外甥女，老何都不会送金链给她。"

第十五节

　　有很长一阵，周宁没有见到赵哲，她的直觉告诉她，他在忙什么特别的事。她表面一副若无其事的样子，内心却警觉起来。
　　林倩还是一没课就和袁辰痴缠在一起，周宁和钱丽华都和她开玩笑，说她陷得太深。林倩只顾陶醉在幸福里，完全不理会两人的话。
　　"这校园里想出国的人不少，袁辰有没有这个意思？"周宁试探着问过林倩。
　　"他当然想过，还真办了，请来学校做过外教的波登教授做担保人，不过不知道为什么没申请成。"原来林倩早知道这事。
　　"你和赵哲，是认真的吗？"钱丽华看不太明白周宁和赵哲的关系，试探着问周宁。
　　钱丽华的这一问，轻易地打破了周宁竭力维持的平静，她的神色变得有些黯然，语调也晦涩起来："我自己也说不好。"
　　她在脑中回放他们在一起的一点一滴，想找出哪个环节出了问题，却没有一点线索。他们上一次见面是在小剧场看英语版的电影《尼罗河惨案》。他们都喜欢读阿加莎·克里斯蒂的探案小说，看到食堂门口的预告，赵哲第一时间买了票。散场后，赵哲将她送到女生宿舍楼下。那晚的吻别，赵哲似乎比往常投入，最后的拥抱中，他在周宁耳边轻轻问道："今晚住到我宿舍好吗？"周宁的心一慌，睁开紧闭的双眼，轻轻将他推开："下次再说，好吗？"赵哲不答，只是再次以一个深长的吻向她道了最后的晚安。难道是因为她拒绝了他的要求，他生她的气了？因对自己的做法不能判断对错，她备感惶惑。

快到周宁二十岁生日的时候，礼全说美好的青春岁月值得留下些回忆，建议她请些要好同学到家里来，开个派对庆祝一下。

沈珏收到何富升送的项链后，见到周宁变得和小时候一样友好。想到曾是儿时的伙伴，周宁的生日派对也邀请了沈珏。

钱丽华最先发现沈珏和袁辰悄悄离开房间去了阳台上，赶紧对正朝嘴里塞蛋糕的林倩做手势。袁辰是作为林倩的男朋友陪她到周宁家来的。接到钱丽华的信号，林倩跟着走到阳台上，剑拔弩张地瞪了沈珏一眼，将袁辰拉进屋里坐到自己身边。

生日派对的气氛很好，周宁心里却怅然若失。赵哲音讯全无，也许是自尊心作怪，她没办法设法去邀请他。连到了她的生日都不主动联系的，应该不能再算恋人了吧？好多次她有哭出来的冲动，每次她都费尽全力强迫自己镇静下来。

钱丽华知道周宁心情不好，拉了她参加一个周五晚上的讲座，那样，晚上她留在学校两人可以在宿舍谈谈心。"战胜自己，你就是强者"，讲台上的报告者慷慨激昂的结束语赢得了台下年轻的聆听者雷鸣般的掌声。

离熄灯的时间只剩半小时，林倩还没有回宿舍。

周宁正站起身准备上床睡觉，钱丽华半开玩笑地问："林倩不会在袁辰那里过夜吧？"

周宁道："也许等会儿她就回来了。"

正说着，林倩从外面开门进来，眼睛又红又肿。

钱丽华忙拉她坐下："谁欺负你了？"

被她一问，林倩的眼泪立刻滚落下来："袁辰不要我了。"

周宁赶紧坐到林倩另一边，和钱丽华一人一边挽住林倩的手臂。

"怎么了？吵架了吗？"钱丽华用姐姐哄妹妹的口吻问道。

"他说他另有所爱了。"林倩呜呜地哭着。

"既然他这么说了,我们就坚强一点好吗?你这么好一个姑娘,还怕找不到比他好的?"钱丽华轻轻地抚摸着林倩的头发。

周宁一时说不出安慰的话来,只握着林倩的手,联想到自己的境况,心里也觉郁闷。

"我不明白,我们那么好,他怎么一下子会说分手?"林倩痛哭着,挣开周宁和钱丽华的手,解开胸前全部的衬衣纽扣后,伸手到背后,将胸罩的搭扣也松了开来。

周宁和钱丽华不由得大惊失色,只见林倩雪白的胸脯上,布满了齿印,褐红的旧痕和鲜红的新印迹碰叠在一起。

熄灯了。黑暗中,三个女孩紧拥着挤在一张窄小的单人床上。

想了半夜,周宁决定在第二天回家之前先找一下袁辰。

"我正好想找你聊聊,进来吧,陈老师回家了。"袁辰开了门。看来他刚醒来,睡眼惺忪,头发乱蓬蓬的。

"如果你是来替林倩说话的,就不必了,她不适合我。我是喜欢过她,但是她什么都帮不到我,只会拖我后腿。周宁,如果你是我的女朋友,情况就会完全不同,你明白吗?"袁辰隔着桌子俯身向前,盯着周宁。

"你要她帮你什么?从头开始林倩对你就是一片真心,你却一边和她在一起,一边说另有所爱,真够无耻的。"周宁不给袁辰面子。

袁辰呵呵笑了一声:"林倩没告诉你我们之间的约定吧?我们早就说好,在各自没有找到更适合的人之前,暂时在一起,互相满足。现在我找到了,她就该守约。"袁辰换了种玩世不恭的口气,斜过身靠在床架上。

"林倩怎么会喜欢你这种人!"周宁无奈地站起来朝门口走。

"小妹妹,你太年轻了,而且,你不是我,你不会懂。"袁辰冲着她的背影说了一句。

袁辰也说了自己因为太年轻而不懂他。周宁疑惑起来。她没有向钱丽华解释劝林倩不要再去找袁辰的原因,她说不出口。她只简单地说了句:"现在看来袁辰是不会回头了。"

回到周家别墅,沈珏也给了周宁一个意外。

"我要结婚了,到时候你一定要做我的伴娘。"沈珏卫校毕业,在区中心医院做护士,周宁还从没见过她带男朋友回家。

"你的保密工作做得太好了,我怎么还不知道你有男朋友了?"周宁替沈珏开心。

"是他要求我先不要说的,说等办婚礼的时候给大家一个惊喜。"沈珏有点不好意思。申国香告诉何富升,自己的女儿虽然当初读的是中专,找的女婿却是高级知识分子。为自己能扳回面子,她得意非凡。

何富升传达了这个消息给何学新。何学新道:"难怪申国香一副喜上眉梢的样子。"

周宁无论如何也没想到沈珏的未婚夫竟然是袁辰。

第十六节

钱丽华从同乡的宿舍回来后,神情古怪地拉住周宁,说想和她出去走走。

"周宁,我听到点事,不知该不该告诉你。"

"你这样说,就是认为必须告诉我。"周宁嘴上开着玩笑,心里却有些不祥的兆头。

"我老乡也是计算机系的老师,早就认识赵哲,她刚听我说赵哲在和你往来，让我提醒你多留个心眼，因为最近赵哲向学校提出了辞职，你听他说了没？"从赵哲好久没露面上，钱丽华看出不妥，悄悄找了计算机系一位原先并不常往来的同乡。她说这番话时，紧紧握着周宁的手，似乎怕她经受不起打击。

周宁的心沉沉地往下坠。这么重大的事，赵哲竟然对她只字未提，那在他心目中，自己算什么？她想起袁辰的事，黯然地看着钱丽华："他没说过什么，不过好像提起过在突击强化英语，也许是打算出国？"

钱丽华又说："那也该和你说一下不是？我让老乡再打听一下，说不定他有难言之隐？"

周宁醒过神来，倔强地阻止钱丽华："不要。他既不说，我就不问。"钱丽华也就不再说下去。

空旷的操场上，寂静的教室里，人山人海的街道旁，赵哲的身影随时在周宁眼前出现，她不敢相信她会就这样被他忽略。究竟是事出有因还是心有旁骛？她开始武断地相信赵哲的出现只是为了否定自己对尹晓风的感情。

她看着更衣箱门上的小镜子里的那张没有笑容的苍白的脸，不得不承认，赵哲的不告而别，意味着她已经真的失去了他。她决定试着忘记他，她将这她相信是正确的决定付诸行动，却毫无成效。

"……对这类人来说，唯有新伤可以覆盖旧的疤痕。"钱丽华手里拿着本不知哪里来的星相小册子念着。也许没错，她疲倦地想，心若是一个有限的空间，只有刻意引入一个新的人，方能将原先占据着的那个人硬是排挤出去。她在心里默念起尹晓风的名字："你在哪里？"

仿佛听得见她无声的召唤，尹晓风竟真的出现在她面前。如血的夕阳下，他用双手握着她的肩，脸色苍白，神情痛楚。

"你怎么了？"她抬头看着他，满是担忧。

"我姐姐没了。"他垂下头。

周宁惊呆了："怎么会？"

尹晓风缓缓地讲了尹丽秋的事。

前些年，尹丽秋觉得从小家里条件不好，工厂女工的生活不是她想要的生活，决心趁年轻跟朋友去日本找机会。在一家居酒屋打工时，她遇到了离婚的中年男人小野。两人来往了一阵后结了婚。不久后小野失了业，在五十多岁的年龄，难再找到合适的工作，尹丽秋提议，不如到中国来试试运气。

小野的家庭日用品批发生意红火了好一阵，他们夫妇很快成为暴发户。谁知仿佛雨后春笋般，国内突然出现了许许多多相似的生意，那些店铺以低廉的价格出售质量低劣的仿冒产品，迅速抢走了他们的市场。风光不再，小野的情绪变得越来越差，时常在家打骂尹丽秋。有一晚小野喝多了酒，嫌尹丽秋打扫过的浴缸里仍有头发，将她推倒在地，她倒下时头正撞在浴缸边。隔了两天，尹丽秋头痛欲裂，等去了医院发现她脑部有淤血，做什么都已太迟。小野始终不承认尹丽秋的伤是他的暴力所致，而他的外国身份让调查无从开头。尹丽秋死后，小野关闭了生意，带着清算下来的所有的钱回了日本。

周宁哭着听尹晓风说完。尹丽秋是她生命中第一个也是唯一一个打过她的人，她的一记掌掴，让周宁彻底放弃了和尹晓风在一起的希望。可尹丽秋以这样悲惨的方式离开人世，她还是为她伤心难过。

低声抽泣的声音引得经过的人好奇地回头，周宁并不在乎，有尹晓风在她身旁，她索性尽情地宣泄她的情绪。

"跟我到外面去吧。"尹晓风将周宁载出了校园，在夜色下的车流中穿梭。

越来越冷的风令他们颤抖，他将她带到了他家里。

"办好我姐姐的后事,我舅舅接了我爸妈到苏州老家去住一段时间,"尹晓风从桌上拿起一瓶苏州桥桂花酒,倒了两杯,递了一杯给周宁,"喝一点酒就不冷了。"

她接过去,两人碰了碰杯。"再来!"她放了空杯在桌上。

他爱怜地在她握着空杯的手上挡了一下:"慢点喝,先吃点东西。"

他用筷子从漂浮着桂花的糖水中夹起片藕来,举到她唇边。他的这个举动充满了饮食男女的烟火气,她胸口漾开一片暖意。

见她唇边沾了些糖渍,他伸手轻轻替她擦了擦,然后温柔地抚摸她的脸。她抬起头,看着他浓密卷曲的睫毛和深邃幽怨的眼睛。她不也在朦胧的情意中为他牵肠挂肚过吗?他是她十七岁的少女梦中最帅气的白马王子啊!他曾经是那样优秀,而现在,他却如行走在荆棘密布的丛林中的小兽般伤痕累累,他的神情无声地告诉她,只有她,才能给他最真切的安慰。

微醺中她将他的头揽至胸前,像一位慈爱的长者般抚弄他的头发,那一刻她发现自己的心是那样柔软。在他沉重的痛苦面前,表白和承诺算得了什么?况且,此时出现在他面前的自己只是隐藏起了伤者的姿态,实际上她同样迫切地需要他牵着她的手,带她走出布满雾霾的幻境。

第十七节

接下来,对周宁来说最迫切的事,就是必须找到赵哲。她要向他坦白,她的心不能再在他和尹晓风之间摇摆不定。

熬过又一段不安的等待,赵哲仍像凭空消失了一般。

忘记他。可怕的焦虑和惶恐在达到极点后反倒让她痛下决心。赵哲却在这个时候再次敲开她宿舍的门。

"我要去美国了。"坐在操场边的看台上,赵哲神情复杂,他告诉她,他是特地抽时间来学校找她的。

就算已经决定忘记他,直到现在他都不告诉她究竟发生了什么,而是只用一句话通知她一声他的安排,这种被忽略的感觉还是粗暴地刺痛了她。

他想为她擦拭眼泪,她挡开了他的手:"是跟陈静去的吧?"

处心积虑隐藏的秘密被揭开,赵哲脸上露出难堪的神色。他适应了一下,坦然承认:"对。你已经知道了?"

钱丽华的老乡特地跑到宿舍来告诉了她们赵哲已和早几年去了美国的同学陈静结婚的消息。有一个瞬间,周宁的感觉如同掉入冰窟。幸好,她有两个情同姐妹的室友,三人中无论谁受伤,其他两个都会用最亲密的友情温柔地安抚另一个人。

"周宁,"赵哲认真地叫了声她的名字,这还是她第一次听到他这样叫她,"我希望你不要怪我。"

她略摇了摇头:"不用担心,我没资格怪你,我知道你一直有出国的愿望。"

赵哲感激地看了她一眼,继续一字一顿地说:"我总觉得自己是个普通的教师,触角伸不到校园外太远的地方,如果一辈子在校园里,我甚至都接触不到真实的社会。我甚至梦到过自己在迷宫里寻找出路的情景,走在一条两边都竖着高过人头的围墙的路上,我的判断力没有任何用处,没有一点线索可寻找,靠的只能是运气。'Don't criticize what you can't understand',世界很大,路有许多条,选择之前,需要看清方向,迷宫只是个游戏,选错路,可以回头另找,但人的生命有限,或许一步走错,一辈子都来不及回头重来。"

"真的没有别的选择吗?"她徒劳地问。

赵哲缓缓摇了摇头:"也许有,但眼前我想不出更好的办法。你还太年轻,不懂这些,以后,你会慢慢了解的。"

赵哲的话如此熟悉,她闭起眼来,啊,对,尹晓风曾撩拨着她的头发说过相似的话,还有,她指责袁辰时他也这么说过。是巧合吗?这不约而同的预告,令周宁茫然并且心痛。他们说的需要等她成熟后才会明白的,指的是什么?可自以为是的成人却不了解,Children-know-it-all。

"陈静是我大学时的同班同学,她去美国前曾经要我和她一起走,我没有答应。前段时间,她去北京看她弟弟,之后就来上海找我。我们谈了很多,她再三劝我,要不惜一切在三十岁之前看到不同的风景,因为值得。"

赵哲的话将她拉回现实。她给不了他陈静可以给予的帮助,在他的理想面前,她无疑是渺小的,而渺小的事物,通常会被忽略。"所以你决定放弃这里的一切。"她语气中略带了些不屑。

他似乎知道她在想什么:"我的父母和他们的兄弟姐妹都是搞科研的,从来只相信报纸头版的新闻,一生习惯于按部就班、循规蹈矩。我父母既不认同我的想法,更没能力帮我,凭我自己的力量,什么也改变不了。陈静了解我的处境,她说,再等下去,过了三十岁,就过了血气方刚的年纪了。"

她完全没有想到,直到快要分别,他们之间才有了这样的对白。就算在一起亲密无间,他们却从来没有尝试过拨开溢于表面的温情,深入下一个层次的交流。或许关于严肃的现实,他们各自的想法太过深邃,才会刻意隐藏,而更愿意在面对面时只说一些无足轻重的话。如果初相识时向对方敞开内心,知道除了值得留恋的年轻的面容和灵巧的身形,他们还具有可令彼此惺惺相惜的思想,他们早可以成为灵魂伴侣。

但他们没有经验。

无论如何，选择陈静的同时，他放弃了自己，她想。但他既让她了解了取舍的理由，她不能不设身处地为他着想，她改用尽可能轻松的语气道："只要你相信你做得对就好。祝你早日找到你想看的风景。"

"为什么你要这么懂事？"赵哲责怪的口气中满是对她的怜惜。她不能告诉他，实际上她言不由衷。

他接下去的话却给了她一个意外："我事先没告诉你，我也是存了私心的。我和陈静谈过条件，等我拿到绿卡，你已经毕业了，到那个时候，我会想办法回来带你走。"

这样一个疯狂的计划，周宁几乎不敢相信出自赵哲之口，她想起他们最后一起看的那场电影，她不能成为赵哲利用陈静的同谋："那样对陈静不公平。"

赵哲摆手否定她的想法："你不了解陈静，她从来就不是个俗人，在国外住了这些年，她想得更加通透。我告诉了她我们的事，她说预料到我现在有女朋友，就算那样，她还是愿意帮我。结婚是条捷径，其他的路要难走许多，如果我觉得现在的选择辜负了你，将来可以补偿，这是她说的。"

"要说辜负，是我在先。"她纠正他，却对陈静这样一个本该令她妒忌排斥的人心生好奇。

赵哲摇头："最多是平局。"

她不是没想过没有必要再告诉赵哲她已和尹晓风重归于好，因为那对于他已经毫无意义，但她还是改变了主意。至少要公平。她必须让他知道，她根本不是无懈可击，不管他是否辜负自己，她也已在情况尚未完全明朗的时候接纳了尹晓风。承认自己的失信，为的是问心无愧，漫漫长路，她才可以安心地走，不然，她将无法再次面对他。她庆幸分别前和他有这番谈话，至少她知道了他们心意相通。

阔别就在眼前，一切言语已是多余，他们既没有拥抱，连手都不曾握，却以频率相同的目光举行了一场独特的告别仪式。此后，她释然放下。

第十八节

宿舍门房的田阿姨用大喇叭筒在窗下将周宁叫去听电话："326室周宁马上下来听电话。"

电话是礼全打来的，他的声音听上去令周宁似乎看得见他脸上严肃的表情，这是他第一次请管宿舍的阿姨让周宁直接来听电话代替留言，她意识到一定事关紧要。

"姑姑和姑夫在办离婚，姑姑想带小群和颖颖到我们家住一段时间，如果你的房间临时给她们住，你觉得可以吗？这段时间里，周末你如果回家，就在爸妈房间挤一挤，好吗？如果你同意，你的房间干脆给她们三个人住吧。"礼全小心翼翼地问她。礼臻带着两个女儿住回娘家，礼全怕事先未征得周宁的同意就安排她们住她的房间，会令已是成年人的周宁感到不被尊重，他不希望家人间有嫌隙。

周宁忙说，这种时候理所应当让姑姑和表妹们住到自己家，只是，姑姑和姑夫要离婚的事让她有些意外，明知这不是三言两语可以说得清的事，还是不甘心地问了一句："出了什么问题？"不出所料，礼全只说详情等她回家再谈。

礼全还在考虑怎么开口，礼臻却说，周宁已二十多了，会理解，坦然地将自己的事一五一十地告诉了侄女。

高荣生和一个叫肖敏的女人好上了。肖敏在一家民办企业做会计，负责向银行贷款。肖敏请客送礼，甚至奉上身体，都只是为了完成老板指定的任务。时间一长，两个成年男女却因亲密行为生出感情来。肖敏开始逼荣生离婚，知道他不敢向礼臻开口，她亲自到高家找礼臻摊牌。到了那个时候，荣生再无法否认他和肖敏的事，但他恳求礼臻原谅他，因为事情发生时他没有想到过它的严重性，他甚至从不认为这种关系可以和自己的婚姻和家庭放到同一个层次上谈论。

"礼臻，你真的想清楚了？这一步跨出去，就难再回头了。"何学新以为礼臻只是和高荣生斗气，劝她再想想。

"任何时候，这里都还是你的家。"礼全简单的一句话让礼臻泪流满面，离开高荣生，她最不放心的是两个女儿，有一个安稳的地方可以安置她们，她就有了维护自尊最起码的条件。

没有旁人时，礼全沏了壶龙井茶，是时候和礼臻好好谈谈了。他看着面容苍白眼圈发黑的妹妹，有些心疼。礼臻当初选择了所有人口中门不当户不对的高荣生，也许仅仅因为少不更事的逆反，而现在，她终于还是败给了千年不败的世俗魔咒。礼全想起了祖母临终前对姑妈云怡说的那句"女怕嫁错郎"，眼睛一下子湿润了。

他稳了稳情绪，开口对礼臻道："当年你第一次带荣生来，姆妈就说过你们不合适，她主要是从荣生的家庭来看的，只是以前的情况复杂，姆妈也难，不好多说，再说，她就是劝你，依你当时的脾气，是不会听的，她只能寄希望于你们好好过日子。现在发生这种情况，我不会和别人一样只想做老好人，拿'宁拆十座庙，不拆一桩婚'这种和稀泥的话来劝你，因为我是你唯一的哥哥，而且，这是原则问题，不能让步。"

他们母亲当年反对她找荣生，礼臻现在也已经能理解她有她的道理，但礼全重新提起来，她却避开不谈，反而说起他的事来："那当时你自己呢？姆妈一向说，杨毓琳和你最般配，大家都看得出,你心里也明白,你和她是有感情的,可你还不是因为怕毓琳家是资产阶级,不敢和她发展感情,找了现在的嫂嫂?"

兄妹俩终于对彼此敞开心扉说出过去多年讳莫如深的话,礼臻觉得一身轻松,不过心里尚有些忐忑,若是这番话让何学新听见,只怕家里会起轩然大波。果然,礼全立刻做了个制止她的手势:"话不好这么说。依我看来,姆妈各方面都优秀,可惜她这么多年没有参加工作,接触社会的机会少,思想还局限在老时代的框框里。我们是新时代的人,应该有所突破。人与人之间没有高低贵贱之分,夫妻两人,也没有谁配得上谁,只有合适与不合适。"

似乎需要一点时间消化刚才的对话,房间里静了下来。

以前,礼臻以审视的目光旁观哥哥的婚姻,尽管没有完整像样、可以放到桌面上说的具体理由,她仍固执地认为何学新配不上哥哥。她自己曾经的少不更事,却如一团乱麻般被她胡乱塞入一个旧袋子,拉上拉链放置于杂物间最里面的角落。她试图说服自己,她和荣生之间不存在根本的不同,因为毕竟他们从小生活在同一城市,有的最多是生活习惯的细小差异,而生活环境不同形成的差别才是难以缩小的。

听礼全这么说,她低头沉思起来。过了片刻,她还是有些困惑:"高家、何家和我们家,处理事情的方法完全不同。"

礼全边思索边慎重地说道:"每个人看待事物的角度、分析问题的逻辑,还有判断是非的标准都不同,处理事情的方法自然就不同,多数情况下一家人只是容易形成相同的习惯,许多事也不是简单地可以说谁对谁错,真的非要判断个是非曲直,要看谁的行为更符合大众的观念,但也不尽然。"

"我认为他们的上辈对他们的言传身教不符合这个社会的普遍道德标准。"礼臻还是将礼全的泛指具体化,言辞有些犀利。

礼全摇头道:"你眼中他们所有的不得体,多数还不需要上升到道德标准方面,或许他们从来没有思考过,不明白凡事都有事理,而我们这些所谓的知识分子,自以为受过正规的教育,看他们时带有成见。"

礼全换了个角度,接着说道:"你私底下有没有想过,我们家前些年能太平无事,何家和高家起了很大作用。"礼臻用正脸对着她哥哥,觉得他的话不无道理,比起周围原先和他们家条件相似的家庭,她不愿意但又不得不承认,他们通过婚姻引入的家庭成员,的确起了稀释成分的作用,她心服口服地"嗯"了一声。

礼全言归正传:"今天我有事要和你说,这件事是你眼前必须考虑的,荣生来找过我了,说他单位正在分福利房,他已经在分房名单上了,为了不影响分房,暂时不宜提离婚,等房子到手后再说,这样,办离婚手续的时间上要延后一些。他说了,争取分房子也是为了你和两个女儿。"

荣生知道肖敏去找过礼臻后,和礼全长谈了一次。他了解礼臻的脾气,知道他很难改变她的决定,因此为了这次能顺利分到房,有必要请礼全出面说服礼臻。

"为了他能分得到房子,晚些办离婚也可以,难得他为两个女儿着想,但我一天也不会再在高家住。"房子关系到两个女儿的利益,礼臻不得不现实起来,而且她们三人也不能一直占着周宁的房间。

荣生的大弟结婚时,搬进了单位的鸳鸯楼,小弟工作后去单位的集体宿舍住。荣生的父母先后去世,夫妻俩搬到了楼下的房间里,将阁楼上的大床给两个女儿睡。荣生在房间的墙上钉了块搁板,用来放他父母的骨灰盒。礼臻每次抬头,那两个黑漆漆的木盒子上,生前当面只用"喂"或"哎"叫她、背后把她称作"破肚皮"的老妇人的黑白照片上,那双阴森森的眼睛总让她发怵。

何学新听了礼全告诉她荣生在外有人的事,心里为小姑不忿:

"错在荣生，礼臻就这样从高家出来了？"礼全说了荣生单位分房的事，何学新才说："真那样的话，他还算有点良心。"

荣生拿到的不是单位的新房子，而是他科长分到两室一厅的新工房后倒出来的一套老式三层楼房里一套没有客厅的两室户。他来周家别墅找礼臻签字的离婚协议书上，只字未提房子归礼臻和女儿们。他正等着肖敏办结婚手续，没有房子，婚事潜存变数。

礼臻看到这份离婚协议书，便知她中了荣生拖延的计谋。她外表平静从容，内心实则日夜煎熬。陷于和令她不齿的人的婚姻里的耻辱，让她一丝一毫都不想再和荣生纠缠，唯一的愿望就是尽早和他做个了断。

何富升听说了荣生拿到房子后变卦的事，心中亦觉不平，特地到楼上，叫上礼臻和他姐姐姐夫四个人坐下，向她面授机宜："荣生家周围那片房子，迟早会拆迁。即使离婚，只要你和两个女儿的户口还留在那里，分到房子只是时间上的事。"

礼臻很快地想了一下，何富升说的话不无道理，但不愿意看到自己的名字仍然留在高家的户口簿上，她决定只留下女儿们的户口。

第十九节

秦兰英在肿瘤医院做了几次化疗，癌症并没被治愈。望着镜子里瘦得脱了人形的自己，她自知时日不多，决定停止治疗，回老家去送终。

知道了她的意思后，何富升安排留守老家的老婆丁莉为她打点："我姨妈这次回乡，应该回不了上海了。"

丁莉立刻着急起来："那她现在这个样子，可不能住进我们家。"

"姨妈要到老家送终，我不能不管，"何富升想了一下，关照丁莉，"这样办，你到附近找间房子，打扫干净，里面的东西置办得齐点。你去办个留职停薪，专门在家服侍姨妈，反正你那厂里亏得工资也发不出。人你一定要照顾好，不要太在意钱，姨妈从不亏待为她做事的人，她早留好养老送终的钱了。"

丁莉说："你放心，姨妈对我们有恩，我一定会好好服侍她。"

还是在解放前，秦兰英两手空空只身去了上海，没几年就住得起花园洋房，在离桥的乡亲眼里，这点就是她的本事，令人更为佩服的是，她还资助了外甥女何学新，在镇上茶馆里说故事的龙根将这归功于秦兰英从小就爱听他讲的《七侠五义》。

秦兰英在丁莉为她租来的屋子见到了分别已久的远近亲戚，她心里通明，他们都是来和她做最后告别的。何学新的小弟何富仁也去看望过秦兰英两次，他打电话给二姐秀贵，秀贵说家里走不开，不过就算从未受过姨妈的照顾，到办丧事时，她还是会去的，这点起码的礼数她懂。

秦兰英回老家前，特地叫了俞兆坤来再让她看一眼。见到俞兆坤，她将枯瘦的双手伸向他，俞兆坤上前握住，她的眼泪就从深陷于眼窝的双眼里流了下来："兆坤，难为你来看我，我年轻时，感情用事，对不住你妈和你，你心里不要怪罪我。"

"秦阿姨，你不要这样想，其实，我爹爹当年为了我，也亏欠了你。"俞兆坤安慰道。

兆坤明事理，既然他父亲和这个女人有过一段情缘，他便认她做他的长辈，秦兰英心中自是宽慰，她从枕头下摸出一个手掌大的红丝绒袋子，塞到兆坤手里："过去你爹爹待我不错，留了些东西给我，我自己以前做工时，也喜欢买点小金器，戒指、耳环什么的，我一直都藏得好好的。现在我用不到了，全部留给你，不值什么钱，你权当个纪念吧。"

秦兰英没有将收藏下来的金银细软留给娘家的人。虽然嫁过顾建明，也和对门的郑海山有过纠缠，但在她心里，始终记得周家别墅的人们曾经称她为俞太太，俞兆坤既是俞家的后人，她的家当自然应该传给他。

秦兰英的葬礼是在离桥办的。宋政跟合作单位借了部依维柯面包车开过去，捎上了上海的全部亲友。除了自家亲戚和俞兆坤，周家别墅的邻居里，楼上的老沈，楼下的郑新华、车海光、马春辉各自做了家庭代表，她工作过的文化馆工会主席和妇女代表也搭了这部车。

周家别墅里原先秦兰英住的那个房间只剩下了何富升父子。何艳考上了南京的一个专科学校，只在寒暑假回离桥，丁莉不想一个人待在老家，干脆将一应事情托给兄弟丁勇，自己也去上海住了下来。

何富升让丁勇放出他在上海有其他发展、无暇打理老家生意、想要出手的风声。离桥的许多人都听说过何富升靠袜厂赚到第一桶金的故事，争着托丁勇牵线，何富升以一个好价钱转让了生意。

丁莉具备一个精明主妇的所有特点，伶牙俐齿，手勤脚快，生活中最重要的事就是每天将家务事安排得井井有条。何学新喜爱家乡口味，丁莉的到来，对她来说是件再好不过的事，她乐得不开伙仓，每个月贴足伙食费，和礼全的晚饭就搭在何富升家吃了。丁莉对菜场行情了如指掌，不用细算就知道，何学新给的伙食费连自家三口的一日三餐都包进去，还是绰绰有余，她做饭的积极性益发高涨，天天变着花样烧些拿手的家乡菜。

礼全开头还不太吃得惯油重酱浓味甜的离桥菜，时间长了，也就不再说什么。

礼臻只须顾自己和两个女儿，倒更自在。

第二十节

周末新华一家三口来到周家别墅时,礼臻正在厨房里洗菜做饭。新华让雪莉叫了声"大妈妈",礼臻淡淡一笑:"来啦!"

红芳的话让新华实实在在地吃了一大惊:"礼臻姐住回来了,她和高荣生办了离婚。"

趁李靖带雪莉到外面去买冰淇淋,新华进厨房拉了礼臻就往楼上的露台走。因为匆忙,他上楼后手肘撞到走廊上一个矮柜,原先那里并没有这样一个对象。

"撞疼没有?我两个女儿的东西多,房间里实在放不下,只好放个柜子在走廊上了。"礼臻紧张地问,为自家不得不占据公用走廊感到歉疚。

此刻新华对手肘撞没撞疼根本不在意,拖着礼臻走到露台上,看着她问:"你为什么一直不告诉我?"

"告诉你什么?"她试着掩饰。

"你和荣生过得不好。"她不愿说的话,他替她说了出来。

"告不告诉你,有区别吗?"她苦笑了一下。

"如果早知道你会走到这一步,我怎么可能和别人结婚?"新华看着礼臻,毫不掩饰他的后悔。

礼臻急忙摆手:"千万不好这样说。一旦结了婚,有了孩子,一切就和单身时都不一样了。"

"你是在说,如果我们都是单身,还是可以走到一起的?"新华从礼臻的话里寻找破绽。

礼臻给他问住了,一时想不出怎么答话妥当。

"我不会向你抱怨生活中的琐事,只想告诉你,活到现在,最遗憾的事就是我的婚姻。"新华黯然说道。

"谁也不能预知未来,爱情总会在柴米油盐中褪去原来的颜色。"礼臻安慰般地答了一句。如果没有肖敏,为了孩子,很多事她自会妥协,即使形同陌路,她还是会继续和荣生做一家人。

"不是爱情褪色,而是没有爱情,所以,我会尽快离婚的,你等等我。"新华目光灼灼地看着她的眼睛,他要做她身边的男人,他要她看到他眼里的坚定。

新华这是在向她宣告,他要将他对追寻爱情乌托邦的执着付诸行动,无论从什么方面考虑,她都有必要劝阻他:"千万不要做傻事,家庭是最重要的。"

"就是因为走了段弯路,我才更加理解有爱情的婚姻才是神圣的这句话,你不是已经用行动证明了吗?"对于新华有些迂腐的坚持,礼臻还是摇头,但她还来不及说什么,就听到了雪莉的声音:"爸爸!"

丈夫郑海山去世后,干能凤病了很久。在丈夫的指点下,她这个目不识丁的农村姑娘走进了扫盲班学习文化,可以说,她进机关工作、入党、南下,成为文化局干部,他一直是她的领路人。丈夫是她生活的重心,他一走,她的心里空了一半,自己一病,她比以往任何时候都为两个孩子操心。以前她最大的心事是担心儿子新华会因礼臻而走上感情的歧路,幸好新华做了明智的选择,她心才如释重负。接下去,只要女儿红芳的婚事有稳妥的着落,她就可以安心去见郑海山了。

早几年,红芳还在好年龄上,干能凤也没怎么催促。耽搁了几年,红芳成了别人眼里的老姑娘,还是没有带个男朋友回来,干能凤心里着起急来,托了亲戚朋友介绍,可人家一听红芳的年龄,找来的人不是离婚的就是丧偶的,干能凤气恼之下全部给否定了。

"红芳个性好,长得也不丑,怎么就找不到个好对象呢?"干能凤心里暗自嘀咕,直到有一天,一个看似农村打扮的年轻女人敲开她家的门,她才猛然明白过来。

"我丈夫石军和郑红芳在一个车间上班,我刚从老家出来,听他们同事说,他俩关系一直不错,我就想来看望一下您,给您送些老家的土产。"自我介绍叫陆美的女人似笑非笑地看着干能凤,将一个四五岁的男孩拉到她前面,管她叫阿婆。

干能凤愣在那里。从少年起就让她担惊受怕的新华,循规蹈矩地结了婚,她眼中乖巧听话的女儿红芳却不声不响地做出离经叛道的事。她想起自己说周家女人们的那些话,顿时像有口气凝结在胸口似的,不能畅快地呼吸。"伤风败俗啊!"她脑子里回旋的只有这几个字。看似愚钝的以退为进,却是陆美这个农村女人再三思虑后想出的唯一的办法,因为她一无所有,无以和一个出身于革命干部家庭、住大都市花园洋房、在国营大企业工作的未婚女孩抗衡。干能凤竟然佩服起这勇敢地捍卫婚姻的女人的智慧来。

对女儿红芳,除了简单粗暴的强制规定,干能凤没有费脑筋去想更有策略的办法:"不许再和那个男的往来,听到没有?不听话,我打断你的腿,赶你出门。"她用裁衣的竹尺在桌沿上狠狠敲打,声嘶力竭地朝红芳吼叫。

干能凤久病的身体没能经得住这一劫。临终前,她对新华说出了那件她一直耿耿于怀的事,她为丈夫生儿育女,从一而终,他却经不起秦兰英的诱惑,背叛了她。她想过到单位去找领导反映情况,但那又如何?无非是毁了他的名声,到那时他没了职务甚至工作,这个家就会毁于一旦,也许到了那个地步,郑海山反倒孤注一掷和秦兰英走到一处,而自己这样一个处在尴尬年纪的女人,既不敢想象没有丈夫的生活,也无法接受另找一个男人,所以,再委屈,她都不能声张。还有,自己对红芳的言传身教,无非是希望她能在婚后成为夫家人眼中的贤妻良母，但红芳竟大逆不道地插足石军的婚姻，害得他在农村的原配陆美找上门来，她不堪忍受这样的耻辱，作为母亲，她更无法原谅自己。

第二十一节

父母不在了，新华不常到周家别墅来。楼下偌大一个房间，只剩红芳一个人住着。和整个院子所有人家相比，她成了住得最宽舒的一个。厂里的同事们开始热心地替红芳介绍起男朋友，主动接触她的男青年也多了起来，比她年轻的都有。

红芳咬牙忍住一时之痛和石军分手之后，身边并没出现合适的人，她表面一副淡然的样子，心里却不免焦虑。她报名参加了厂里工会组织的职工交谊舞学习班。同车间几个关系好些的年轻人学会后，筹划着办个周末舞会。红芳一个人住，家里又是打蜡地板，舞会安排在她家最理想。

红芳有些紧张，以前家里从没办过派对，现在要安排一场舞会，她不知该做些什么。她首先求助的人便是她哥哥新华。

"礼臻姐就在跟前，让她先替你拿主意，你们先准备起来，舞会那天我早一点来。"红芳觉得新华的主意不错，这种事找礼臻就找对人了。

礼臻见红芳家砖块式录音机的功率小，提了自己的双卡四喇叭录音机下来，还带了盒舞曲的磁带。红芳试放了一首，一听是快三，立刻兴奋地跟着欢快的旋律转了个圈："这比我的那些舞曲好听多了，这是什么曲子？"礼臻告诉她是根据小施特劳斯的《春之圆舞曲》改编的舞曲，红芳当即将这盘磁带拷贝了下来。

到了周末，高群和高颖去荣生那里后，礼臻去买了食物、饮料回来，将汽水放在厨房里唯一的一台冰箱里冰着，那是用她外祖父母带来的外汇券买的，各家头天有吃剩的饭菜都存在里头。新华到时，她和红芳正在做火腿三明治。新华凝神看了一会儿，她们才察觉他站在门口。

"怎么站在那里发呆？"礼臻一边问，一边低头继续忙手里的事。

"看你的样子，我想起我妈在干校时你拿果酱做三明治给我吃。"新华笑道。

"那时你妈还批评过我崇洋媚外，怕我带坏你们俩呢！"礼臻也想起了过去的事。

红芳在一旁笑道："你们不知道，后来我妈叫我盯住你们，不让你们单独见面。"

"不要瞎说。"新华怕礼臻难堪，礼臻却装作没有听见红芳的话。

红芳被新华一说，也觉得自己冒失，想起干能凤也干涉过自己和石军的事，又有些窘迫，忙岔开话题问道："李靖和雪莉呢？"

"听我说，今天是来帮你张罗找男朋友的事，李靖带雪莉去她娘家了。"

新华和红芳一起将床拆了，将床板放到后院。礼臻从自家拿来几把椅子，又向楼下的车海光借了几把折椅。桌子已被挪到靠门那一边的墙角里，上面放了准备好的食物。

礼臻趁众人到达前上楼换了衣服，还简单地化了淡妆。再出现在新华眼前的礼臻，明眸皓齿，神采飞扬，她将一边的齐肩发别在耳后，让另一边的发梢飘垂下来，在脸侧拂动，看上去别具韵致。她的眼尾已有几丝细纹，不过在新华眼里，这一点也没有减弱她对他的吸引力。

新华呆呆地注视着礼臻,第一次发现,她的一颦一笑串起了周家的三代女人的容颜,尚明、礼臻和周宁都有鹅蛋形的完美脸廓,微微上挑却不失柔情的眉眼,除了这些,她们还有一个共同之处,她们的身体时时发散着一种动人于无形的磁场。新华不知道除了他,是否还有别人能够捕捉到这种磁场的存在。

红芳厂里来了五男四女九个同事,石军也在其中。加上新华、礼臻和红芳,正好六对。

第一支舞曲是支舒缓的慢三步,新华将手伸给礼臻。

长久以来只能藏在内心深处的那个人就在眼前,和自己手握着手,随着音乐的节拍轻轻摇摆,这不就是自己梦寐以求的一幕?自从知道礼臻和荣生离了婚,新华心里原先和所爱之人长久相守的朦胧愿望陡然清晰,他不想错过这表白的机会。他闭起眼,将礼臻拉近,直到她的脸触碰到他的胸襟。礼臻没有抗拒。

新华结婚没多久,就有好事的同事暗暗向他透露,他岳父拆散了李靖和当时的男友,因为那小伙子的老家是内陆的一个有名的穷乡僻壤,家里还有久病的母亲。

"自强不息就能改变什么吗?比起有底子的人,他差了十万八千里,再怎么努力也赶不上,而且,他的家庭会拖累他一辈子,绝不能背上这个负担。你不懂事,我们做父母的不能眼看着儿女犯傻。"父母日复一日的洗脑,终于动摇了李靖原先坚如磐石的决心,她答应了和干部子弟郑新华约会,不久就和他领了结婚证。新华相信自己的感觉,即使李靖很爱女儿,她的心却并不在自己身上,他无奈地和她过着同床异梦的生活。新华冒出离婚的念头时,唯一的顾虑就是女儿雪莉。但是,今生的路还长,值得为将来重新谋划。

石军特意站在红芳旁边,他想邀她跳第一支舞。陆美在上海住了一段时间,见石军真的不再和郑红芳纠缠,才带着孩子回了乡下，那儿有地要种，还有年老的公婆爹妈需要她照顾。跳舞时石军紧紧握着红芳的手，说他后悔当初轻易地放了手。他问了个笨拙的问题，假如他现在离婚，还有没有机会请她同意让他在单位集体宿舍挂了多年的户口转到她家的户口簿上。

红芳却早对他没了感觉，和他跳舞时有些心不在焉，对石军的试探，她只勉强笑了笑。其实令红芳彻底放下的，不是她妈干能凤的棒打鸳鸯，而是陆美带着孩子到周家别墅来过之后，石军对她避之唯恐不及的态度。红芳不是没有理智的人，她也猜测过石军只不过是一直在利用她的可能性，先前她只是没有勇气先提出和他分手罢了。

那天来的男同事中，有个叫吴沛东的小伙子，长得秀气斯文，厂里对他有意思的女工有好几个，红芳平时见到他虽也会多看两眼，却因为比他大了几岁，没敢奢望他会喜欢自己。这天吴沛东连着请红芳跳了好几支舞，红芳心里不由得对他多了些好感，即使和别人跳着，她的眼神也跟着吴沛东的身影转。

过了些天，红芳告诉新华，吴沛东想和她确定关系。新华记得和红芳跳了好几支舞的那个高个子，问起吴沛东家的情况。红芳说，他父母当年去了安徽的小三线，吴沛东读中学时一个人回了上海，住在外婆家，他外婆去世后，他没少挨舅母的白眼，所以他找女朋友首先考虑的条件就是有房子，可惜厂里看上他的普通女工家境都一般，在单位也不可能分到房子，和她们发展恋爱关系无非是浪费时间的无用之举，所以他一直没有找女朋友。

新华有些担心，他怕吴沛东是又一个顾建明，想先约他见面谈谈。

红芳有些急："小吴是老实人，你不是见过他了吗，我们都蛮看得中对方的。不要以为只有你们这种有文化的人才配谈感情。"

新华不再说什么了。他想象着他父亲刚从农村来到上海的画面，这个山东大汉第一次踏进单位为他争取来的周家别墅里的一个房间，还担心隔壁的资产阶级会影响自己子女的思想。那时的郑海山无论如何不会料到，有朝一日，他女儿的婚姻会得益于这个房间。

第二十二节

在何富升家吃过晚饭，何学新留下和她弟弟聊天，礼全独自回到楼上，礼臻听见他进了自己房间，跟了进去。

"最近周宁有没有找过你谈谈心？"她问礼全。从周宁的神情中，她看出她有心事。她怕因自己住在娘家，周宁回家的时间少了，和父母的交流受到影响。

"你是不是察觉到什么？"礼全知道礼臻不会无缘无故地问他。

"我不是很确定。我想，女孩子大了，总会有感情方面的事吧，前些天她拿了不少人家送的音乐带找我替她同学拷贝，有一盒的封面上用英语写了几句诗，还特意写了给周宁。我怕就算有事，周宁也不会和她妈妈说。"礼全不是不知道，周宁从小就和何学新有些疏离，只将小心事告诉祖母尚明，礼臻说话也就不必避讳。礼全想想没错，女孩子到了这个年纪，需要有稳妥的人启发感情的事，这个家里，礼臻应该是最适合的人。

"那你增加点和她接触的机会，最好了解到她感情方面的情况。"礼全拜托自己的妹妹。

即便答应了礼全，这个长得比自己两个女儿更像自己的侄女到底会不会像对朋友一样向自己敞开心扉，礼臻并没有把握。

"周宁，下个星期六我想带小群和颖颖到你学校去参观一下，让颖颖回来更用功一点。"大女儿考上的大学不理想，小女儿在读书上又并不是很专注，礼臻心里有些着急。

"我正要和你们说，下个周末我有点事，不回家了，再下个星期六吧。"周宁已经和尹晓风说好了跟他去苏州看望他父母。

"什么事周末也不回家？"何学新刚回楼上，神色紧张地看着周宁。

"和同学去郊游。"周宁找了个借口，脸却一红，但她没有办法在何学新跟前说出尹晓风的名字。

礼臻在一边忙说："那我们就说好再下个周六。"

两场婚礼让周家别墅热闹了好一阵。

红芳和年龄上隔了半代的周宁平时虽没什么来往，心里却觉得亲近，她请周宁做她婚礼的伴娘，周宁欣然应承。

红芳婚礼那天的筵席后，宾客们跟着新婚夫妇去周家别墅闹新房。红芳的婚房也宽敞，容得下所有人。她厂里的年轻人有不少令人遐想的顽皮花样，那些令新婚夫妇尴尬的善意的捉弄惹出闹新房的人们一浪高过一浪的笑声。

袁辰和沈珏领了结婚证书，顺利地将户口迁到了周家别墅。毕业时他曾向文教系统的不少单位投过简历，出乎意料，即便有博士学位，他所有的申请都没有成功，又错过了原来不感兴趣的大学内的职位，最后去大学附设的实验中学报了到。

老沈打听到师大的教工住宅区规模颇大，本指望袁辰能在大学工作分间房子，袁辰却只在附中当老师。凭经验，老沈知道袁辰短期内不可能在分房上有戏，失望之余，他背地里对申国香抱怨，说沈珏找人的眼光还是太短。

申国香却不赞同他的话，她对这个女婿还是满意的，至少袁辰的学历远远地盖过了所有周家人，这才是关键。"不就是分不到房子嘛，小袁没背景，只能暂时屈才，只要骑驴找马，投对门路，将来肯定前途无量。你在这里啰唆，不如帮他通通路。"申国香做了财务经理后,开了眼界,在老沈面前说话的口气自信了许多。

见老沈若有所思,她转了语调,继续开导他:"他们眼前经济条件不好,你动动脑筋,帮他们一把,凭我们这个公司,为家里谋点好处应该没问题吧?"她的话说得老沈频频点头。

撞见沈珏和袁辰在屋里亲热,老沈觉得给他们办婚礼的事迫在眉睫。公司的生意虽在朝好里发展,但前身底子差,只能搞点小的实惠,暂时还没有能力置办房子,老沈只得挖空心思将自家的这间房做了改建。老沈不知道,经过改建工程,他家的布局和以前被造反派头头李得胜赶跑的老徐家几乎没什么差别。

沈珏结婚,何富升送的是所有亲朋好友中最大的一份礼。在申国香的提议下,沈珏已经认了何富升做干爹。老沈帮过自己,沈珏结婚,何富升必定出手不凡。

沈珏接过沉甸甸的红包,交到她妈申国香手中,转身给了何富升一个亲昵的拥抱:"谢谢爸爸!"

沈珏并没有如她之前所说请周宁做伴娘,周宁反而松了口气。直到婚礼当天早上离开宿舍,周宁都没敢告诉林倩,她是去参加袁辰的婚礼。

申国香对女儿结婚没安排闹新房这一环节,心里很不是滋味,但新房小得跟块豆腐干一样,还设在新娘的父母家,她没有颜面将客人迎到新房来。想到楼下红芳的婚礼,她暗下决心,非要尽早为女儿挣间房子。

第二十三节

何富升和林盛强做着服装生意,心里却不约而同地想着拓展两人推杯换盏之间，谈起生意经，发现竟然有说不完的共同语言，只觉得相见恨晚。

"再做点什么好呢？"一段时间里，两人每天都思索着这个问题。但前面的道路纵横交错，一不小心就可能踩雷，两人不敢轻易跨步，心中不免都有些迷惘，直到一日遇到林盛强的同乡金志良。

"我和志良是中学的同学，好多年没见，没想到在上海碰到了。"林盛强是在金志良经过他们的桌边去洗手间时一眼认出他的。老同学在异乡见面，分外兴奋，一番寒暄之后，他们说好待金志良送走他公司的客人，同去卡拉OK叙叙。

金志良在歌单上选了好些曲目，林盛强并没有心思唱歌，金志良独自握着麦克风唱了好几首。见何富升饶有兴趣地听自己唱，金志良将麦克风递给他，何富升连忙摆手："我五音不全，唱不了，只爱听歌。"

金志良端起饮料喝了一口："今晚菜咸了。"何富升按了铃，让服务台送个水果盘来。金志良又唱了一会儿，有些累了，搁下话筒，三人边吃水果边聊天。

林盛强从上衣口袋里掏出先前老金给的名片，又摸出个随身携带的名片盒，将名片放进精致的盒子前，拿在手上一个字一个字地仔细读了一遍。金志良向他介绍道："我们公司主要是经营矿产和金属产品的进出口生意的。"

林盛强心细，从金志良话里，他捕捉到一个极其重要的信息，他们公司专门和国外供货商有长期合作关系，只要有人下订单，进口一单铁矿粉或是钢锭，中间人通常可以赚到几十万美元。他试探性地开口问金志良："需要货的人家一定要通过你们公司进口吧？"

金志良有些得意："是啊，每年的进口许可证有定量，一般人家分配不到，只有加价委托有许可证的公司进口。"

这么一说，林盛强立刻明白了为什么中间人会有如此大的赚头。他的心思活了起来,多问了一句:"这种生意金额大,风险一定也大吧?"

金志良摇头道:"正规的进出口生意是严格受国际贸易法保护的,只要上下家都是可靠人家,风险远没有国内企业之间做买卖大。"

和金志良道别后,林盛强和何富升连夜在车里商量起来。两人初算了一下,按老金说的,如果由他们牵线做成一单进口铁矿石生意,扣除各项费用,赚个五万美元应该没问题,折成人民币,就是四十多万元,可以说非常不错。"真的这样,做不做?"

"老金这人靠得住吗?"何富升一开口,就有些后悔,他知道老林不是随便对什么人都称朋友的。他注意到,在所有场合,老林介绍起人来,基本上用的是我的熟人,要显示关系更好些的,加上一个老字,老熟人,反过来,凡能被老林冠上朋友这个身份的,必是可靠稳妥的人。

老林并不在意何富升的问话:"放心,老金这人不虚,他的单位是央企,来头大,外面在江湖上混的人做得再大也比不了。"

何富升去了无锡一趟,喜滋滋地回来了。他已经敲牢了一家钢厂,那家厂原先一直花大钱向大钢厂求货。"最关键的,求着国内的钢厂,除了额外加价,公关费的开销也绝对不是个小数目,人家还像施舍一样。"

这一回,林盛强和何富升郑重其事地请了金志良一起到国际饭店。三人一坐下,林盛强就让何富升将无锡的情况对金志良说了一说。

金志良一听,知道这事大有希望。

"老林,老何,我们先小人后君子,第一单生意,以我手上的权限可以承诺你们每吨矿石一点五美元的佣金,你们负责和国内钢厂的联络协调,其他的事全部由我们公司负责。请转告对方厂长,我们可以让外国生产商、出口商邀请国内的经办人员到外国实地考察，而且这笔经费可以由我们公司负责。"

林盛强飞速看了一眼还在发蒙的何富升，笑着对金志良连连作揖："谢谢，谢谢！"

送走老金，林盛强对何富升解释道："纯粹收佣金更好，旱涝保收。"

何富升想起件事："说来也巧，无锡这位惠厂长，和我扯得上些亲戚关系。他是我姐夫的远房表叔。"

"哈哈，世界真小！"林盛强开怀笑了出来。

第二十四节

何富升到无锡之前，想起惠小江是无锡人，随口问了句，和老家的亲戚还有没有联系。

惠小江答道："我爹爹的堂弟承包了乡里的钢厂，他到上海来出差时，我曾经到他住的旅馆去看过他。我记得他当时说，是来求大厂卖材料给他的，但大厂那头对民营企业爱理不理的，他在乡下，人人对他点头哈腰，到了上海，被大厂看轻，气得再没亲自来过，只派下面的人来办事。"

何富升一听，兴奋到几乎要跳起来，心想还好他平日对惠小江不错，拉了惠小江和他一起到无锡去。林盛强关系多，特地借了辆日产皇冠轿车，连司机也借了来，一路将何富升和惠小江送去再拉回来。

意向谈好，资金是关键。惠厂长说当地银行只有在货到后才可以放款给他，前期他没有钱可以预付给金志良的公司。金志良说只要有银行同意贷款,他们公司就可以开出进口信用证,这样就没问题了。

何富升完全听不懂这些新名词和操作方式,但他相信没有把握,金志良不会随口说没问题。他脑子转得快,立刻想到了高荣生。他将去找高荣生的念头一说出来,却有点担心:"我姐夫的妹妹已经和高荣生离了婚,我这个前大舅子的小舅子关系远了点,找上去只怕自讨没趣。"

金志良胸有成竹地说道:"你只要牵根线,接下来的事我来办。"

这单一万吨铁矿石的进口生意做得出奇顺利。金志良的公司赚到十几万美元的大头,林盛强和何富升各净入袋六万多元人民币,惠小江也拿到何富升给的五千元人民币。

惠厂长带着厂里的材料科长和供销科长,由进出口公司的总经理和金志良陪着,去了一趟供货商所在国澳大利亚,和那里的大矿签署了长期合作关系的意向书。

何富升担心他们上下家一联手,老林和自己是否会被飞过海,他看得出,老林对此也有些忧心忡忡。不过又一单生意做成后,老金的公司还是遵照合同转了账给他们。老金出主意,由林盛强和何富升出面,请上他公司里的几位正副总经理和所有经办人员,和银行领导及信贷部门的全体成员开个联谊会。

何富升听出高荣生虽离了婚,对女儿们还是极其上心的,托金志良到香港的金店买了两条手链,送给荣生。荣生送女儿们回周家别墅时,礼臻不在,两个女孩迫不及待地拿出手链来给何学新看。何学新看了一眼,有点吃惊,让她们赶紧收起来放好,不要对任何人说。

礼臻问出手链是何富升送的,在电话里对高荣生道:"你不要为了钻营关系,让这个年纪的孩子学会不劳而获,叫何富升以后不要这么做了。"她并没有直接去找何富升，而是将手链连包装盒一起退还给高荣生。桥归桥，路归路，高荣生收下的礼物，还是由他自己解决。

"富升，听说你送给小群和颖颖各人一条金手链？"何学新用审视的眼光看着她弟弟。被何学新一问，何富升有些尴尬，他怕姐姐责怪他送礼物给荣生的两个女儿时，没想着自己的亲外甥女周宁。

"是这样的，荣生最近帮了我个大忙，他已经不算我们的亲戚，我想用这办法谢谢他，大人不是都在乎孩子嘛！"将高荣生归为外人，送礼属于生意上的往来，是何富升的聪明之处，果然，何学新不但不生气，还赞赏他想得到帮过他忙的人。

周宁只知道舅舅何富升文化不高，在上海也没有正式工作，钱却赚得不少。过去她只在去外婆家时和舅舅的儿女见过几面，何伟来后就算住在楼下，他们也不太亲近。

何伟到上海没多久，觉得自己身上的衣服乡气，让沈珏陪着去几个新开的百货公司逛了一圈，买回两件亮闪闪的T恤衫。沈珏说给周宁听时，表情复杂："两件衣服三千多块，顶我几个月的工资。"

秦兰英去世前，忧心忡忡地和何学新说起何伟："这孩子读不进书，谈起吃喝玩乐来却头头是道。富升现在有钱了，该多花点在培养子女上，你们小时候家里条件不好，读一点书多难。"

何学新也有同样的看法："我和富升谈过这个问题，他的孩子是我们何家的后代，要想光宗耀祖，他不能这样娇惯他们。可富升说，能读书自然最好，可惜何伟不是读书的料，还是不要太辛苦了，反正将来他的家当总会传给儿子的，何艳读得上，就让她多读点，以后好钓个金龟婿。"

周宁在她们旁边看报纸，没有作声。秦兰英摇头叹息道："也怪，在读书上，何家一直是阴盛阳衰。这个富升，钱是赚到些了，目光不够长啊！"

第二十五节

"君君臣臣，父父子子。"以前惠宝常在儿子和孙子跟前念叨这几个字，说那是他小时候在胡秀才的私塾窗外听到的。胡秀才在课堂上讲纲常，对不经世事的孩子们做的最简单的解释就是做人要守本分。

对自家上两代和周家的关系，惠小江始终有些困惑。聚兴隆为周锦顺丈人朱阿福所开，"周锦顺"的老板周锦顺就是周礼全的祖父，祖父惠宝在聚兴隆和"周锦顺"的身份却一直是打杂的伙计，祖母水芹也为周家做了一辈子用人。祖父是旧社会过来的人，他认定是周家养活了他们一家，他理该对主人家忠心耿耿，恭恭敬敬，这点惠小江虽有不同看法，也还算能理解，他不懂的是他父亲惠林。惠林有自己的工作，不用靠周家生活，却仍无微不至地照顾尚明。惠林常说自己能到上海读书，靠的是周家，惠小江却不以为然，如果祖父母为周家做事，连儿子的学费都付不起，那就是被周家剥削了。论亲戚关系，所谓一表三千里，何况尚明只不过是父亲的表侄周云祥的遗孀，和惠家没有血缘关系，他父亲对尚明如此上心，想必还有特殊的原因。

一天惠小江无意间的一个转身，看到了惠林擦拭家里那尊石膏女神像时的神态，专注而细致，与他默默从旁看尚明的神态一模一样。唇上刚开始长绒毛的惠小江这才明白，尚明就是他父亲心目中矜持高贵的女神，可那岂不等于欺负他母亲黄彩娟？终于有一天，他找到机会，用男孩发育时奇怪的嗓音对他父亲嘶吼起来。

惠林用惊异而痛心的眼光看着眼前的儿子，好像不认识他一样，接着他就用一只海绵拖鞋的鞋底狠狠地抽了他几下。惠小江对此怀恨在心，跑去派出所，要求改跟他母亲姓黄。民警问他理由，他现编了个动人的故事，他出生的那天早上，他父亲在去医院的路上，看见了早晨的黄浦江，所以给他取名小江，巧的是他母亲姓黄，如果可以叫黄小江，更能显示他对上海的热爱。派出所的民警们都笑了，但却还是劝尚未成年的他先回家去和他父母商量一下。这样，到现在他仍然姓惠。

惠林在被官复原职的老领导点名批评后，转岗去了仓库当门卫。尚明去世之后没多久，他也因肝癌去世。惠小江非但不与周家的人攀扯亲戚关系，叛逆心理还让他对他们心生厌恶。他在工厂倒三班，平时不怎么碰到周礼全和何学新，日子久了，除了点头招呼，他和他们没了任何往来，原先徐燕遇到何学新还会寒暄上几句，给惠小江说了几次之后，她和他们间叫应也只剩下"早""好""再见"这几个字。

何富升来后，比周家人对惠小江殷勤得多。"我们是亲戚，还是半个老乡。"他白天不用上班，一看见惠小江倒班时在花园里抽烟，马上会出来递上他的好烟，这让惠小江觉得他比他姐姐姐夫有诚意，见何富升积攒木料搭矮墙，他做了个顺水人情。

惠小江陪何富升去了趟无锡，没想到一次拿到五千块钱的报酬，这是他生平第一次靠动用一下关系赚到的钱，他体会到了巨大的成就感。在厂里看到那些穿着油腻麻花的劳动布工装裤的工程师，惠小江虽会和其他工人一样，客气地叫声某工，心里并不怎么买他们的账，这次一下子到手高于全年奖的好处，他自觉有了品评周礼全的资本："多张文凭而已，有什么用，做了那么长时间的清洁工，就算坐回科室，也不过拿的基本工资比工人高点，日子过得还不及乡下出来的何富升,至少人家经常上台面,请客送礼见世面。"

自从丈夫从何富升那里拿到钱,徐燕说话总顺着他的意,听他这样讲,马上附和:"何学新也是,一天到晚端个架子,二把手又怎么样,说不定银行里的钱还没我们多。"

惠小江嗤了一声:"赚钱多少,就是衡量人本事大小的一杆秤,他们自以为是知识分子,装清高,不会搞关系,注定发不了财。"

徐燕难得有和丈夫一起痛批周家人的机会,借着这个话题扯上礼臻和周宁:"还有那个周礼臻,不过是个中学老师,也自以为高我们一等似的,周宁这个小丫头跟她差不多。"

"你看,现在荣生混得多好,难怪会去找别人嘛!"在何富升刚来时的第一次饭局上,惠小江对高荣生还只是皮笑肉不笑地招呼一下,现在,他绝对对荣生刮目相看。

第二十六节

惠厂长又进了一船铁矿石。有了上两单生意打好的基础,这次操作起来更为顺利,各人赚得也比以前多了些。惠厂长特地对何富升说,以后惠小江那一头由他来管,其他人不需要从自己的赚头里拿一块出来给他。惠厂长出手和何富升不同,他只给了惠小江五百块钱意思了一下。

惠小江明白,惠厂长拿这五百块钱打发他,意味着以后不会有他什么事了。"为富不仁,过河拆桥!"他愤愤不平地骂了一声。他忘记了件事,以前惠厂长到上海寻找门路,他到惠厂长住的小旅馆去过,看到他一副落魄的样子,后来惠厂长再来,他没回他电话。上次惠小江带何富升去无锡，碰巧惠厂长正为寻找进矿石的门道犯愁，这才接待了他们。

何富升决定买一部车子。他一再尝到先不急于谈生意而是建立关系的甜头，要搞好公关，有部车子会方便许多。他知道这事还是要找宋政，请了他出去吃饭。宋政很快给了消息，有一部从政府机构处理下来的二手桑塔纳，已经跑了近二十万公里，好在保养做得地道，外观如新，里面也干干净净的。没费多少事，何富升就办妥了过户手续。

何富升开车回周家别墅时，所有在家的人都出来看热闹。丁莉早按何富升的嘱咐将大门打开，好让何富升直接将车停到楼门前。

英国人哈特当初建造周家别墅时，是铺了一条从大门通到楼前的双车道的。只不过当年的主人周锦顺一生节俭，不爱显摆，周家从来没有买过汽车。

吴沛东正好下了早班回家，见众人围着车和何富升聊天，也凑上前去，拍了一下何富升的肩，笑道："我们两家住得最近了，以后我要用车，全靠你帮忙了。"

车海光在饭店做完午市，回家小憩两个钟头，刚打算回饭店开晚市，听到吴沛东的话，歪着嘴冷冷一笑，自顾自走了开去。马春辉正好没去上班，也扎在一群人里，看见车海光，叫了他一声："海光，我有件事和你商量。"

马春辉的单位利用在闹市的位置，破墙开了个饭店，派马春辉去当总经理，他正在负责招人。

车海光摇头道："我饭店里哪能走得开。"

马春辉急忙道："不用真的做，只要你挂个名，经常在店堂里露个脸，像现在这种晚饭前的时间就可以，'上海名厨坐镇'，我的广告做出去就响亮了。我每月付你五百块，你另外帮我找几个有时间赚外快的厨师，一人做一个晚上，当天结账，每晚五十块。"

一个月五百块的外快对车海光颇有吸引力，他想了想，说要和老婆商量一下，他老婆让他赶紧答应下来，免得马春辉找到别人后不再需要他。第二天一早，车海光就敲了马春辉家的门，说没问题，他可以做。马春辉勾着他的肩道："我们是近邻，有好事我自然先想到你。"

周家别墅里最早坐上何富升车子的是沈珏。何富升要到火车站去接惠厂长，刚打开房门，见沈珏正从楼梯上走下来，问她道："阿珏，现在出门吗？"

沈珏说想去买双皮鞋，何富升说那就载她到南京路。

何富升开着车问道："阿珏，今天晚上有空吗？我请无锡来的客人在希尔顿酒店吃饭，吃完去卡拉OK唱歌，你一起去吧？"

沈珏喜出望外："真的？晚上怎么和你碰头呢？"

"六点半我回来接你和惠小江，你打扮好等在家里。"

何富升他们回到周家别墅时大约凌晨一点半。

沈珏一进家门，袁辰就怒气冲冲地掀开被子，从床上跳下来，责问她去了哪里鬼混。沈珏不搭他的腔，走去洗漱。

听袁辰嗓音大了些，老沈咳了一声，躺在床上道："小袁，今天是楼下老何请客吃饭，对面小江也去了，阿珏是代表我去的，晚点就晚点，安全回来不就没事了？"

袁辰听丈人这样讲，不好再说什么。

第二十七节

周宁寒假里要回家住，何学新将钢丝床撑开，在自己房间的一角搭起张床铺。

礼臻有些歉意："我们三个人还住着，让你们不方便了。"

何学新摇头道："这样讲就不是一家人了。"

礼臻趁假期带着两个女儿去杭州西湖观光，楼下车海光的儿子去了外婆家，周家别墅里难得静静的。周宁以为楼里只有她一个人，刚开门打算去浴室，却正好看到沈珏走下楼梯的背影，破天荒地，沈珏脚上只穿了袜子。

从浴室出来，周宁想先去厨房倒杯水才回房间。经过楼下的走廊时，她听到了从她舅舅何富升屋里传出的一阵不同寻常的声音。何富升喘着粗气，一口一个"阿珏"地低声叫唤着，沈珏也没有压低她的呻吟声，她那再熟悉不过的声音灌入周宁耳中，她想起这几天丁莉和何伟正在老家，不由得倒抽了一口冷气，逃也似的回到楼上，扯过毛毯捂住头，窝进沙发里一动不动。

此刻，在楼下与和她同龄的沈珏苟且的那个男人正是她的亲舅舅，可沈珏早已认了何富升做干爹的啊！楼里突然静得可以听得到一根针掉在地上的声音，周宁听得见沈珏蹑手蹑脚地回到楼上的窸窣声。

周宁浑身不自在起来，她无法忍受和这两人一起在同一栋楼里待着。她拨了尹晓风的电话，那时他进了美国领事馆附近的一家翻译社工作。

"你脸色不好，病了？"尹晓风边急匆匆地吃饭边看着她。想出国的人多，递进他们这官方认可的翻译社等着翻译的资料堆积如山，只有午餐时间他才可以离开办公室半小时，他拉周宁陪他一起在单位附近的小店吃盒饭。

"没事，大概是天太冷。"她不想对任何人说她舅舅和沈珏的事。

初六那天下午，袁辰从老家回来，周宁在楼梯口碰到了他。见到周宁，袁辰的表情总有些奇怪，不知道是因为他曾追求过她，还是怕有天她会将他如何甩掉林倩的事说出来。而周宁通常是用不屑的眼光看袁辰的,和他说话的语调中也总带一丝讥诮。这天她却主动地招呼了他:"袁老师,新年好!"袁辰诧异地看着她,她抢先一步上楼进了自家的门。

窥破沈珏和何富升之间的秘密,反倒使周宁对袁辰生出些同情。她看书久了走到阳台上休息时,袁辰正在院子里修剪伸到车道上方的树枝。惠林之后,院子的树木花草一直是礼全在打理,如今袁辰也常帮着做些事。见袁辰抬起头,周宁向他挥了挥手。

丁莉并没如原先计划好的那样春节之后才来上海,想到大年三十丈夫一个人过,她改变了主意,又惦记着和在周家别墅附近搭着的几个麻将搭子好好打几个八圈,小年夜那天,她带着何伟来了上海,同来的还有何艳。

丁莉将带来的土产拿到楼上时,告诉周宁:"我想我还是早点出来,陪你舅舅在上海过年。"

"可怜的女人。"周宁垂下眼帘不敢看她舅母。

第二十八节

礼臻打开信箱,一眼看到一个贴了外国邮票的航空信封,中央收信人的名字写的是她。她将信将疑地小心拆开信封,先看落款,映入眼中的果然是杨毓琳几个字,好端端地,她的眼泪就掉了下来。

"快来帮我一下。"等礼全到家,趁他还没去楼下何富升家吃饭,她心急火燎地说要到露台上收被单,让礼全搭把手。她不想在房间里当着女儿说什么。

见露台上并没有东西晒着，礼全正想问，礼臻拿出杨毓琳的信来。

"毓琳要来上海是件好事，应该让大家都知道啊！"礼全脸上漾开坦然的笑意。

礼全的反应让礼臻觉得有些意外，她不禁沉默下来，难不成他真的不理解她不当着何学新的面说起毓琳的用心？坚信杨毓琳才应该成为自家最理想的儿媳妇，是她母亲尚明心中的执念，不知是不是受母亲影响，礼臻也曾经将毓琳看作自己未来的长嫂。只是，在礼全心里，毓琳如今只是一个普通的故人，看着礼全的背影，礼臻自嘲地苦笑了一下。

礼臻和毓琳一见面，禁不住紧紧相拥，分别的情景仿佛还在眼前，这一拥抱却隔了三十年的韶光，芳华已逝，情谊弥深。

屋外春雨连绵，两个女人以舒适而不失优雅的姿势坐在临窗的沙发上喝着咖啡。礼臻将一家人在上海的事用尽量简短的话说完，毓琳也娓娓道来："我三十几岁时，遇到从洛杉矶到香港工作的泰勒，和他结了婚。为了陪我照顾我父母，泰勒留在了香港。直到我父母去世，我跟他去了美国。他遇到了他以前的女朋友，他去香港后她结过婚又离了，带着两个孩子，穷困潦倒，见泰勒继承了我父母的财产有了钱，又开始重新追求他。我看出泰勒对我的态度有了变化，既然不是他唯一爱的人，我就和他分了手。我和泰勒没有孩子，离婚时，我分了一半财产给他，好让他抚养两个继子。之后，我就一直一个人过。我很想念你们，却不敢到上海来。有一天，我在街上听到一个像是到美国出差的人在说上海话，突然冲动得想立即上飞机。"毓琳的语调平稳，像是在诉说一个别人的故事，礼臻却从她的话中听得出一个女人身处异乡的酸甜苦辣。

毓琳放下咖啡杯，抬眼间，只见一个高挑的身影用不急不缓的步伐向自己走来，有一瞬，她感觉这渐渐走近的仿佛就是尚明。

等周宁走到她们面前，礼臻介绍道："毓琳姐，这是哥哥的女儿周宁。"又转向周宁，"这位就是毓琳姑姑。"

"看第一眼我就知道是她，这眉眼和神态，不是姆妈的孙女，还能是谁？"毓琳抓起周宁的手，握在手心，端详着她的容貌。

周宁笑着看着毓琳："我小时候常听祖母说起你。"

何学新对那三个人间的亲热有些不以为然，礼臻还说得过去，但毓琳从未见过周宁，却和她一见如故，待她如自己的女儿一样，周宁看毓琳的眼神中也满是温馨。

"不难理解，她们三个属于一类人。"礼全无法准确地说出他是依据什么将那三个人分为一类的，他感觉得到，何学新身上缺失的一些元素令她永远无法真正融合到她们中去，也许他和她们也隔了一段距离，但他不打算改变自己，现在这样，站在不太远处带着欣赏的心态观望也很不错。

毓琳见到礼全时的从容，也出乎礼臻的意料。

"当我看到眼前的礼全，就知道现在的他再也不是我记忆里的那个人了。All gone. Let go. "她夹进英语，将手覆在礼臻手背上，"你们都是我的家人。"

礼臻宽慰地相信，此时的毓琳和礼全都已真的将对方看作了兄弟姐妹。

毓琳到周家别墅去的那天，看着礼全和何学新，温和而坚决地说："我想征得你们的同意，让周宁大学毕业后到美国去。"

"出去一段时间也好，有你在那里，我再放心不过了。"礼全点头道。

早些日子，何学新听了单位里的总工程师向她介绍送女儿出国留学的情况，已经和礼全商量过周宁的事，毓琳的提议让她喜出望外："我正想让礼全向你打听，怎样办留学手续。"

还有个托何学新打听出国留学的事的人是何艳。这个侄女令何学新回忆起到上海求得秦兰英支持自己继续求学的往事。客观地看，何学新觉得何艳并不具备去美国留学的条件。好在何艳比较现实，听了她姑妈转告的留学的要求，认为自己确实不够条件，也就不再抱任何幻想。

何伟在企业挂了名却不用去上班，成天和朋友瞎混打发时间，见周围出国的人多了，心思也活络起来，一心想去美国。

得知杨毓琳要来，何富升觉得儿女出国的事有了希望，听说留学必须通过要求极其严格的英语考试，他又泄了气。

"你有钱有什么用，早没有花在培养一下你的宝贝儿子上！美国就不要想了，要出国的话，只有去日本，不需要懂英语，就是花点钱。"当初何伟一到上海，何学新感觉不能像小时候那样再捣蛋也只当他是古灵精怪。秦兰英对何伟也颇有微词，只是他父母从小宠他到了这个地步，身上的毛病也不是一时改得好的。事到如今，何学新总算找到机会对她兄弟发一通脾气。

何富升又四处打听了一番后，也明白过来，何伟没有常性，又吃不起苦，就算去日本都学不到真本事，他也没必要像别人那样去赚辛苦钱，劝何伟还是打消出国的念头。

第二十九节

钱丽华和林倩没有悬念地被分回原籍。

毕业前不久，钱丽华和相处了快一年的男朋友分了手。"我们本来就说好，我毕业典礼的这天就是我们合同到期散伙的日子。"

"你舍得？"林倩当了真，笑着调侃。

"当初说好的，谁也不欠谁。"钱丽华一副无所谓的样子。

半夜里,钱丽华的床位那里传出一阵压低的抽泣。周宁撩开蚊帐钻了进去,在她耳边轻声问:"丽华,你还好吧?"

"我的心好痛。"钱丽华终于承认,对自以为可以在异乡淋漓尽致地玩一场游戏然后潇洒退场、回到故乡过安分守己的生活的她来说,计划好的短暂激情,已不可抗拒地结成一颗沉甸甸的果子。然而再不舍,也只是她单方面入戏太深,她在校外实习时,那个尝到大学生活甜头的大一小男生已经找好了替补。

周宁本想在分别前再请两个好友去家里吃顿饭,却担心林倩和袁辰会在周家别墅遇到,正犹豫着,袁辰却先到学校找了林倩。

周宁和钱丽华在洗衣房商量了一下,决定给林倩和袁辰一些单独相处的时间。"我相信林倩做得到平心静气了。"钱丽华和林倩朝夕相处,比周宁更了解她。

两小时后她们回到宿舍时,袁辰已经离去,桌上放着一个信封。林倩当着两位好友的面取出信封里的一沓钱来:"袁辰说他很后悔当初对我的伤害,他从来没有忘记我,以前他做的所有违心的事,都是为了在上海立足。我毕业,他不知道该送什么礼物,说我肯定用得到钱。"

"今后你们打算怎么办?"钱丽华抬了抬眼镜,瞪大眼看着林倩。

"袁辰快离婚了。我先回老家,到学校分配的单位报到,再想办法调到上海来,实在办不成,就干脆辞职,来上海另找工作。"

按林倩的性格,断不会做出如此大胆的决定,钱丽华怕她再次被袁辰迷惑:"你自己有理想,当然可以来上海闯荡,但如果只是为了袁辰,我觉得你还是要慎重考虑。还有,他是否值得你背上个破坏别人家庭的罪名。"

林倩一笑,从容而坚定:"我愿意。"

周宁相信,是对袁辰一如既往的感情给了林倩莫大的勇气,她甘愿冒险接受他为她的将来做出的安排。各奔前程前,她需要和不明就里的钱丽华谈谈,她不希望她带着对林倩和袁辰的成见和他们分别。

"我也能体谅袁辰的苦衷,只是他在和林倩分手的事上做得太绝了。其实在学业上他挺优秀的,我还佩服过他的那股钻劲,他只是不甘平庸,"钱丽华看向操场上空,"周宁,不是人人都和你一样幸运的。"

想起有一阵没和金志良约出去吃饭,何富升打了电话给他,自然还叫上了林盛强。喝了几杯后,金志良透露出一个信息,按政策,国内厂家的出口产品可以卖给国内的单位,只要收到的是现汇,可以算在需要完成的出口指标上。"现在市场为大,政府管得没那么严了,有擦边球好打。"

何富升看到了新的机会,机警地看了林盛强一眼,发现老林也正在看他。"那国内单位拿不出现汇怎么办?"他想到一个关键问题。

金志良先是故作神秘地笑了笑,又用轻松的口吻道:"美元额度是有市场价的,我们公司就可以代他们从拿得出现汇的单位调剂。"

信息就是金钱。当晚回到家,何富升当机立断地决定,设法去找符合条件的购买方,介绍他们经金志良的公司购买出口产品,自己从中赚得差价,他确定这中间的差价不会小。他家里已经装好一部电话,接了台可以兼打电话的传真机。但他不可能一直守在家里接电话,他需要物色一个职员,做大生意,首先必须有腔势。

丁莉虽成天在家,但她乡音太重,听起来不专业,文化也跟不上,决不能让她接客户的电话,他的生意可不是夫妻老婆店。他思忖了一下,决定让刚好今年毕业的何艳来做自己的助理。

何艳在南京没有找到合适的工作,暂时回了离桥,正打算动身再去南京，接到何富升的电话，立即来了上海。跟着父亲到外面应酬得多了，她很快学会一套见风使舵的说话本事。

相比怎么也学不会生意经的儿子，何富升对继承了自己机灵劲的女儿更为满意，她来上海没多久，就给家里买回一台体积庞大的二十四英寸彩电，原先周家别墅里有的只是几台九英寸或是十二英寸的黑白电视机。

林盛强通过关系，已经物色到老家的一家大型民营企业，想介绍给金志良他们公司，又都担心会被跳过。何艳却胸有成竹："我敢打包票，我们公司绝对不会被'飞过海'。"

第三十节

"我妈让你星期天到我家吃饭。"周五下午，尹晓风给周宁打了电话。周宁毕业在即，他母亲找她过去该是为他们的婚事着想。看着母亲在姐姐去世后骤然苍老许多的容颜，除了点头答应，他想不出其他的话来。母亲常抱怨，如果儿子不是为了等周宁，他们早就抱上孙子了。他答应了母亲尽早结婚，她脸上才露出如释重负的微笑。尹晓风却有些心烦意乱起来，他没敢告诉他母亲，直到那时，他还从没以男朋友的身份见过周宁父母。

"你脸色不好，身体还好吧？"母亲问周宁话的样子有些紧张，尹晓风明白，与其说是关心，她更在意的是未来的儿媳身体状况直接影响生育。

幸好周宁完全不懂她这话背后的意思，爽快地答道："我身体没问题，脸色不好，可能是最近准备考托福熬夜的关系。"

他霎时警觉起来："你打算出国？"他母亲不懂什么是托福，

但一听到"出国"两个字,立刻变了脸色。

周宁没有察觉到空气中的异常,坦然地答道:"是啊,我刚选好美国的大学,只要托福分数考到,应该不会有问题。"

"你怎么从来没有告诉过我你要出国?"尹晓风皱紧眉头看着周宁。

也许他质问般的语气让周宁感到意外,她看了他一眼:"我是想等有点眉目了才告诉你,现在不算晚啊。"

尹晓风僵在那里,他母亲带着愠怒的神情拉着他父亲走出门去。他预感到了自己和周宁之间不可避免的变故。

他想起大学毕业那年第一眼看到这个身材修长的女孩时,她正以轻快的步履独自走在校园的林荫道上,十七岁的脸上似笑非笑的神情充满自信,聪慧的目光里隐隐地闪动着一丝傲气,那不就是他心目中那个清纯脱俗的女孩吗?

但他刚刚成为一个教师,职业道德的约束让他不能对她表白。一面是独自忍受,另一面,他却不能抑制走进她生活的愿望,他想至少他可以接近她。终于在一个星期天,他到学校去取备课笔记时遇到了在小路上独自行走的她,她扶着他坐在他后座的感觉令他心醉神迷。就算等三年又如何,他暗想。

她毕业的那个暑假,他是希望每时每刻都陪在她身边的,但他必须听从小野的调遣,在小野的驱使下,他无法从那份节奏疯狂的工作中脱身。直到亲眼看见周宁和赵哲在宿舍楼前的临别一吻,他才忽然意识到,原来再长情的等待都只是他的一厢情愿,在他缺席的时间里,她身边已经有了别人的陪伴。

他突然心生怨愤。如果说之前他没有在乎过自己因为周宁所受的委屈,此刻,他却开始为自己不值。

饭桌上,他母亲板着脸一言不发。

见周宁只知趣地吃着自己碗里的白米饭,他也顾不上替她夹菜,闷着头喝了两杯黄酒,站起身,对周宁扬了扬下巴:"走吧,我送你回家。"

"过几年,我会回来的。"路上,周宁的语气温柔了许多。

"为什么非要出国?为那些看起来时髦的东西?那都是少年时追求的东西,毕业后做份稳定的工作,建立一个安逸的家庭,有什么不好?"尹晓风刚抽完一根香烟,又掏出另一根准备点上。

周宁按住了他握着打火机的手:"我的一个朋友不喜欢迷宫,说没有时间浪费在排除人为设立的障碍物和盲目寻找目的地上。"

这句话的意思,于尹晓风而言,仿佛云山雾罩,他忘记了他也曾对她说过些令她难忘的话。她继续对他道:"曾经有人对我说过,等我长大了,就会明白一些事,我恨不得马上长大,总觉得时间过得太慢。现在应该是时候了,但是不看到外面的世界,有些疑问怕是不会有答案。"

他伸出双手握住她的肩膀,用央求般的语气说道:"你一个女孩子,读书读到大学毕业,还不满足吗?有什么事非要你去弄懂?你一毕业我们就结婚吧,我父母急着抱孙子。"

尹晓风是在向周宁求婚,在不恰当的时候,用了不恰当的理由。他没有肤浅到不明白她希望朝着更高的目标一路攀登,但他不得不驻留在原地。

她不再说话,只是用一种奇怪的眼神看了看他,推开他的手,转身大步往车站走。

他犹豫了一下,还是跟了上去。"周宁!"他急切地叫了她一声,她没有理会,继续朝前走。"你说的是那个人吧?你要去找他?"终于,他还是说出了一直在他心里作梗的那件事。他停下了追赶她的脚步。

电车缓缓启动,隔着窗玻璃,他们对视着,他毫无表情,她泪流满面。

当晚，他将他父亲喝剩下的一瓶苏州桥白酒喝得精光，坐在灯下提笔给周宁写信。

"选择放弃最初的选择，是我最终的选择，对不起。"撕碎许多张写得密密麻麻的信纸，他只写下这短短的一句话。不告而别是懦弱的，而这匆促的单方面的通知亦可说是鲁莽无情，但他无法对他做这决定的理由做出解释，撕碎的纸上那些试图得到她谅解的说辞全部显得苍白无力。

周宁最后一次敲开尹晓风家的门，已是几个月之后。

他母亲隔着纱帘认出是周宁，只将门打开一条缝。

"阿姨，晓风回来了吗？"

"没有，"尹晓风母亲的手放在了门把手上，一副随时关门的姿势，冷冷地对周宁说道，"你以为除了你，就没有别人追求晓风了吗？我还是告诉你实话的好，他刚和你断掉，就和相亲时看中他的女朋友领了结婚证，你不要再来找他了。"

周宁对着掩上的门沉默了片刻，才说："请转告他，我是来和他告别的，我马上要去美国了，今后不知道什么时候可以再见。"

她在他家附近一个商店的台阶上坐了下来。快到下班时间了，她想等到他亲口道别，哪怕再看他一眼也好。听到轰鸣的马达声，她站起身来。骑车的人放慢车速，翻起头盔前的眼罩看着她。那是一双她再熟悉不过的眼睛。

摩托车缓缓从她面前驶过，后座的女子双臂紧紧地环在尹晓风腰间，棕色的卷发在鲜红色头盔的边沿下飘动。周宁仰头长长地呼出一口气，缓缓走过悠长的窄弄，站在黄昏的街边等着红灯翻绿时，路灯无声地亮了起来，她抬头望了望，心里一片释然。绿灯亮起，她步履轻快地穿过马路。

黑暗里，尹晓风用指尖擦去眼角的泪，他想起白天她站在路边无望地看着他时的眼神，忍不住想再次伸手抚摸她的脸。但不是他不愿等她，而是守住诺言的代价太大，他负担不起。从今以后，海阔天空，任她自由飞翔，而他的翅膀被无形的绳索捆绑着，他不想尝试挣脱，因为他肩上扛着的是两个人的重量，为了历经苦难的父母，他必须面对这沉重的现实。

第三十一节

周家别墅和周围一片房子的户口已冻结了一段时间，市政建设的蓝图中，立交桥的匝道恰会从周家别墅的位置经过。

还在很早的时候，高荣生家附近的许多人家竭尽所能，将任何转得进去的户口都转到那里，尽管那里早已人满为患。令人意外的是，和周家别墅一路之隔的这片拥挤不堪的平房区却被划在拆迁圈之外。

整个周家别墅里，心情最复杂的一个人当属周礼全。他从抽屉里取出一个牛皮纸档案袋，解开缠绕的蜡线，抽出一个包裹在绸缎里的镜框。那是一张泛了黄的黑白照片，照片上除了有他祖父周锦顺、祖母朱玉莲、父亲周云祥、姑母周云怡，还有设计建造这个周家别墅的英国建筑师哈特先生一家。

礼全闭上眼，想象着几十年之前的岁月，那曾是怎样一个风起云涌的时代啊！哈特先生绝对不会想到，他亲手为他的朋友周锦顺打造的这栋花园洋房，会成为那么多人的家园，他更不会想到，这栋精致坚固、足以稳稳地矗立两三个世纪的楼房，在落成的一个甲子后将会为了一个更加辉煌的时代而被夷为平地。

动迁组的工作人员进驻了居委会，和居民们开始了关于拆迁安置和分配新居的谈判。动迁组的领导亲自告诉周礼全夫妇和礼臻，他们可以分得三居室和单居室的全产权单元各一套。

礼全思忖了一下，问道："我想再了解一下，按我家的情况，有没有其他可能？"何学新猜到了礼全的心思。

"两套两居室的也可以。"领导说出第二种方案。

"可否容我们再商量一下？"礼全慎重地要求道。

回到家，何学新看礼全欲言又止的样子，干脆替他把话说了出来："你是不是想拿两套两室的？"

"礼臻带了两个女儿，一居室太小。"礼全试着替礼臻说话。

"高群和高颖的户口还在高荣生家老房子，拆迁只是时间问题。"何学新直言。

丁莉背着何富升，在何学新那里施展出浑身解数，她的目的只有一个，就是让何学新在新居为何艳保留一个房间。"将来你女儿不在身边，亲侄女住过来照顾姑母是天经地义的事。"她借了秦兰英当年接纳何富升和何伟的举动来暗示何学新。她算计过，周宁一出国，房间自然就会空出来，反正户口不如以前重要，房子才是关键。

何学新的亲情被能言善道的丁莉激发起来，她思前想后，对自己过去亏欠娘家感到内疚，但这个促使她反对让房给礼臻的出发点，她却没有向礼全提起。

周礼全有些两难，他所能想到的只是让掉房子对何学新不公平。

周宁开口打破了沉默："我就要去美国了，家里不需要为我保留房间，只要符合分配原则，我愿意把我的那份让给姑姑，那样她和小群、颖颖可以住得宽敞些。"

礼全看着周宁，宽厚地笑了笑。周宁开口这样说了，何学新也不好再坚持。

既然礼全说让出一间房是他们三人的决定，礼臻也就接受了下来。在新居的位置上，他们一致选择了浦东。周家成了周家别墅里最早和动迁组达成协议的家庭。

沈家虽然只有一间房，却住着两对夫妇，因此至少可以分到个两居室的单元。申国香想要去梅陇，沈珏却坚持要去浦东。沈珏的原因很简单，何富升必然会和周家一样选浦东。

沈珏终于横下心来，向她父母宣告了要和袁辰离婚的决定。没想到他们并不吃惊，更没有说一句反对的话。只是这个节骨眼上新到手的房子如何分割，实在是件令人头疼的事。

"瘪三，短裤木拖板进的家门，现在还要分我家的房子，休想！"老沈怒火中烧，说话不免难听，他要等袁辰下班回来和他算账。沈珏想到自己和何富升的事，竭力阻止她父亲教训袁辰的想法，说还是求个天下太平的好。

申国香也怕事情闹开，赞成息事宁人的做法。她灵机一动，动起单位里一个独立的小房间的脑筋。那小房间是以前街道的杂物间，拨给服装厂派了用场，她用来保存旧的原始资料。"现在厂已经改了公司几年了，老的数据到了可以销毁的时间。这间房空出来以后，再派什么用场，还不是你说了算？小是小了点，不过对袁辰来讲，实在已经是便宜了他。"

周宁带了袋从学校食堂买的馒头回来，从里面拿出三个，放在一个碗里，趁袁辰去厨房，她递了碗给他。"谢谢你，周宁。"他知道她成了他在周家别墅唯一的精神盟友。

何伟分到一套一室户。何富升想能在自己一番苦心操作后，凭空在上海得到一套房子，已是占尽好处，爽快地在第一时间签了字。

马春辉和惠小江两家的情况也没什么可议，各分得一套两室的单元。

到了车海光这里，拆迁组却遇到了阻力。车海宏复员回家时，户口落在周家别墅。他结婚后人住去老婆家,户口却没有迁走。车家在周家别墅占的面积小,只能分个两室户。车海宏不可能和哥嫂侄子同住,但既然有个户口,他也要有个说法。兄弟俩和各自的老婆一商量,立刻有了矛盾。车海宏说,当年是靠老头子车保根当上劳动模范,才奖励到周家别墅一间房,兄弟两人都有份,应该各人一半。车海光说,分房子按户口说了算,谁让弟媳投机,等娘家房子拆迁,甘蔗没有两头甜。

兄弟俩各执一词,在动迁办软磨硬泡,想分一套两室另加一套一室户。动迁组坚决不同意。"你们看看周家,人家原来是整栋楼的房东,现在面积比你们大得多,不也只分了两套两室的?人家兄妹互相谦让,你们兄弟互相争抢,你们先回家商量好再来。"

车海宏碰到吴沛东,听他说按他家的条件,分三室不够,只能拿个两室户,但那样等于浪费三个多平方米的额度。车海宏头脑灵活,立即找红芳商量,说可以私底下贴钱给她,让她主动要求动迁组将她的额度让给自己。吴沛东听车海宏说愿意贴钱,鼓动红芳接受他的提议。动迁组正为兄弟俩头疼,红芳去提了要求,他们见还算说得过去,也就顺水推舟,给了车海光一套两室,车海宏一套一室。作为报酬,车海宏给了郑红芳五千块钱。

平房里的老梁怡然自得地过了多年单身汉的生活,却在原单位安排的退休职工体检时,查出得了肺癌。想到要进进出出医院做化疗,没人照顾自己不成,他托妹妹从金山介绍了个保姆到市区来。他妹妹找来的是年轻的寡妇李桂芳。

李桂芳在老梁身边服侍了几个月,和他领了结婚证,将两岁的女儿小芳也从金山接了来。老梁撑了两年多,还是故去了。李桂芳独自领着女儿在周家别墅生活了几年。这次她分到个一室户,闷声不响最早从周家别墅搬了出去。她早已盘算好,搬到新居后,将自己和老梁这段短暂的婚史抹去,对任何人都说自己只结过一次婚。

小芳还小,长大后不会对老梁有印象,李桂芳也从没让她叫过老梁爸爸。

想到自家分到的两室户里还有惠小波的一份,徐燕有些担心,又不知惠小江怎么打算,从旁试探:"你妹妹一把年纪了,仍旧一副不男不女的样子,还不知道有没有男朋友。"惠小江明白她怎么想,安慰道:"放心,小波不会来住的,她对房子、钞票这些身外之物无所谓,再说她总要结婚的,到时候叫她把户口迁到男家去就是。"

惠小江搬到浦东的新居后,徐燕说到隔壁一栋楼去认认马春辉家的门。马春辉热情地开门迎了他们进去。只见客厅四面墙的上半截贴了泛着淡金色光泽的墙纸,下半截被褐色的护墙板包了起来,护墙板上嵌着涂成金色的装饰木条,四壁都闪着金晃晃的光泽。抬头看去,淡紫色的灯光从天花板上吊顶的缝隙里透出来。马春辉啪地按下墙上的开关,房间中央的吊灯霎时亮了起来,一颗颗鸽蛋大的水晶珠折射出色彩斑斓的光芒,抛光的宽条企口地板反映出水晶吊灯金灿灿的倒影。

"我原来的灶批间太糟糕了,这次我好好地装修了厨房。"马春辉说他最得意的就是他那间精装的厨房。带咖啡色花纹的黄色瓷砖在灯下泛着亮光,上下两排整齐的白色橱柜,大理石台面上放着新的不锈钢煤气灶具,旁边还有几个印了厨具餐具图案的新纸盒,靠近厨房门口的角落里,还放置着一台崭新的双鹿牌双门电冰箱,两个门把手上都绑着红绸花球,看起来像是礼物。

惠小江夫妇瞠目结舌,同样是两室的房子,惠小江只是找来厂里的几个工友,用淡绿色的涂料粉刷了家里的墙壁。地板是惠小江用最便宜的小木条一条一条地拼出方格来的,厨房和卫生间墙上,保持着房子分到手时的原样,只有铺到齐腰高的普通白方瓷砖。惠小江夫妇刚因拥有独门独户的新房子产生的满足感顿时烟消云散。

借政策的光当上单位三产饭店的负责人后,马春辉的路数多了起来,撇开各种便利和好处不说,这次装修房子,他没有出一分钱,负责给饭店供禽蛋的南汇张老板叫来了装修工,只用了半个月就替他的毛坯房改头换面,厨房找的是专门给他们饭店保修厨房设备的工程队,规格自然超出每一角钱都恨不得掰成两半花的惠小江夫妇的想象。

第三十二节

"宁宁,到露台上透透气吧。"礼臻拉住周宁的手,不由分说地将她拉到露台上,她察觉到了侄女情绪的波动。

读完尹晓风信上决绝的字句,周宁的心仿佛黑不见底的冰窟。回到家的一刻,她用以在别人面前装作若无其事的能量悉数耗尽,从白瓷挂钩上取下毛巾后,她终于坐在破损的浴缸边缘掩面痛哭了一场。

"遇到什么不开心的事了吗?"她知道姑姑想要开导自己,但她并不愿向任何人倾诉。她希望独自面对这场躲不过的劫数,勇敢也好,无奈也好,她都要尝试,由经历过程到接受结果。

"没什么要紧事,已经解决了。"她亲昵地挽住礼臻的胳膊,将头靠在她肩上。

申国香察觉到何富升和沈珏的关系有些异常后,悄悄地告诉了沈兴福。老沈胸闷了一阵,何富升这个老于世故的生意人,竟也做了没分寸的事。想了半天,反安慰起申国香来,老何是不会让阿珏吃亏的,他再三关照申国香,不要去插手女儿的事,千万不要弄得里外不是人。中国香知道处理起大事来，自己远远不及丈夫老到。她觉得以前自己还想靠女婿的学历盖过周家人的风头，简直幼稚愚蠢，已是讲真金白银的年代，换不来钱财的文凭与废纸无异。

袁辰拖着两个大箱子搬进那个杂物间的当天，将林倩从火车站附近的招待所接到了那里。他带着歉意对她说："这地方小了点，也破了点。"

林倩却看着他，心满意足："没关系，我们俩不都是只带了个箱子来上海上学的吗？至少，现在已经有一片只属于我们的天地了，只要能和你在一起，比什么都好。"

新华在电话里告诉了红芳他和李靖离婚的消息。

"你确定舍得雪莉吗？"生了女儿后，红芳的一切都围绕着孩子这个中心，孩子是夫妻的连接点，她怕有朝一日他会因为孩子而后悔。

新华理解红芳的意思，他不避讳地对她说出他的想法："我会和以前一样对雪莉的。一对夫妻在一起生活，没有幸福的感觉，分开时也没有痛苦的感觉，困在那样的婚姻里，对两个人来说都是残酷的，对孩子也不好。"

红芳不想和哥哥在这个问题上多谈。她早已告诉新华，礼臻的单元和她在同一栋楼里，因为她和吴沛东说好，哥哥离婚后可以来自己家过渡。吴沛东想让她选梅陇的房子，她没有同意："礼全哥说了，隧道一通，浦东比梅陇方便，发展前景也更好，再说那样我哥哥和礼臻姐还可以天天见面。"

新华只想马上见到礼臻。刚刚交付的新房，礼臻还只去过一次。接到新华的电话，她邀他一起去看看："怎么装修，你也出出主意。"

两人下了公交车，拐进一条路口有家便利店的小街，没走多少路，眼前便只有一片开阔的遍布白霜的泥地。新华有些疑惑，礼臻笑了笑："再朝前走三分钟，你就不会用这种眼神看我了。"两人在没有路的泥地上朝前走了一段。果然，前方的地平线上冒出好几栋崭新的六层楼房。他们一路小跑到了最东边的一栋楼前。

"你先上楼，501室。"礼臻有点跑不动了，递上钥匙对走在前面的新华说道。

新华转过身，一把拉住礼臻的手："快到了，加油！"

当礼臻打开门的瞬间，他们看到的是冬天的上午洒落窗前的一地阳光。礼臻转过身，目光闪动，告诉了他另一个好消息："我要开始新的生活了！"

关仲良从青海退休回到上海，住回了原属于他的公寓。几个白发苍苍的老同学约了在他家聚会，言谈间，他与陪父亲同去的汪阳结成忘年之交。汪阳是一家新成立的集团公司的总裁，正需要找一名精通英语的专职翻译，仲良毫不迟疑地向他推荐了礼臻。汪阳早已听说过周家的往事，也了解仲良与周家的渊源，约礼臻见了一面后，直接将她聘为总裁助理。

"那是这个时代产生的更适合你的新舞台。"新华由衷地为她高兴。

"好了，试试看。"新华为礼臻新买的一套家庭影院装置接好最后一根音响线，走去浴室洗手。《春之圆舞曲》动人心弦的旋律从环绕声效果极佳的喇叭中奔涌而出，两人在搬家后尚未拆封的纸箱旁轻移舞步。握着礼臻的手，新华终于发现，唯有当精神和肉体合而为一，爱才可达完美的境界。

第三十三节

何富升站在大门口,忧心忡忡地伸头张望。已是半夜,何艳还没有到家。前些天,有个从南京来的小伙子找到周家别墅,丁莉在旁边问了几句,马上明白,这在南京时和何艳同班的小伙子是何艳的男朋友,老家在离桥附近的另一个镇上,毕业后在南京找了份工资刚够租房吃饭的工作。

"不许女儿和他继续来往。"丁莉决定快刀斩乱麻,让何富升在上海替女儿物色个好人家。

"老金家不是什么大富大贵,但他有实权,外快挣得多,闷声大发财的那种,他儿子好像还没女朋友。"何富升觉得能和金志良做亲家不错,那样,有好的机会,肥水不流外人田,老金肯定会先照顾自己,到时候,就算不再和老林搭伙,都不会背上过河拆桥的名声。再说老金和何艳已经熟络,今后能成一家人,也是美事一桩,他打算择日邀老金父子一起出来吃顿饭。

久等仍不见人影,何富升转身往回走去。刚走上台阶,就看见车灯射到墙上的影子,一辆熟悉的桑塔纳轿车停在大门外,车内的灯光再暗淡,他还是看得见何艳和金志良纠缠在一起的身影。金志良胖嘟嘟的嘴唇在何艳胸前最后亲了一下,何艳才从车里跨了出来。

一瞬间,何富升的世界轰然崩塌,似乎动用了全身的力气,他才能移动身体,在何艳看到他之前悄然隐入门厅。这天夜里,平时丝毫不曾影响何富升的丁莉的鼾声在他听来如同雷声轰鸣,他辗转反侧,彻夜未眠。想自己平日小心翼翼,察言观色,自以为四处逢源，八面玲珑，不承想行错一步，淫人妻女的恶报即在他身上应验。蔫了几日，何富升痛下决心，决不再和老婆之外的任何女人苟且。

他想过给沈珏一笔分手费，却马上改变了主意。他知道过去俞先生离开秦兰英时，是留过一笔钱给她的，但他不想效仿俞先生，现在已经不是他们的那个年代了。给沈珏个小数目，他拿不出手，若真要拿出一大笔钱给沈珏，他又觉得没必要。何况，丁莉掌管着家里的财权，万一给丁莉察觉到账目大数不对，他不敢想象事情会发展到什么程度，还是不要节外生枝的好。

他约了沈珏在他们常去的宾馆见面。浑然不知发生了什么的沈珏一如往常，日益臃肿起来的身体像柔软的棉花糖一样紧紧贴在何富升身上，他原先设想只说出分手的话就和她分头回家，被沈珏的双臂环住，他还是没能抵挡住内心的欲望，最后和她缠绵了一番，才向她摊牌。他以为沈珏会痛哭流涕，没想到，她却在愣了一下后，冷冷地从鼻子里哼了一声。

从此两人对彼此视若无睹。

何富升的身心同时回归温暖的家庭，和丁莉出双人对，形影不离。

很快，何富升在离桥设立了个分公司，派了何艳过去做总经理，借此将她打发回老家。何艳不是不知道，老金是只连窝边草都吃的兔子，但便宜是互相占的，她得到过老金不少好处，不亏。离开了老金，何艳和前任重归于好。丁莉仍想棒打鸳鸯，却被何富升制止了，他给那小伙子也在离桥派了个差事，任女儿和他双宿双飞。

老金做着生意，就有女人上来施美人计，他从中尝到了甜头，对这种女人来者不拒。老何虽讲义气，何艳对他不过是逢场作戏，她回老家，他并不在乎，求他办事的老板中，明的暗的送上老婆情人的都有。何富升跟前，他照样若无其事地和他谈生意。

"周宁，有空出去坐一会儿吗？"周宁有些吃惊地看着沈珏，长大后她们再没单独交往过。

两人在南京路的一家咖啡店坐了下来。"有不少事，我一直想告诉你，又怕你知道后觉得我不好，"沈珏开口说话时看着窗外，"但我认识的所有人中，你最可靠，我的事不同你讲，就再也没人好讲了。"周宁没有想到沈珏对她有这样的评价，眼睛一热。

"我和你舅舅的事，我想你是知道的，你不要怪我，起先我是真的觉得他这个人好，比起袁辰来，他是真男人，只有和他在一起，我才感觉被男人关心。我曾经打算不管年龄，也不要名分，只要可能，以后就一直这样和他在一起。没想到，他突然和我提分手。"

关于沈珏和何富升的事，周宁宁愿不要知道。袁辰那里还好，若是丁莉知道，她不知道如何解释她的知情不告。周宁从来没相信过何富升会和丁莉离婚。离桥这个地方，小镇上所有的人似乎不单互相认识，还有牵丝绊藤的关联。她小时候跟何学新去探望外婆，不管到谁家，别人都会盘点一番人名，告诉她该怎么称呼那些大人，她开口舅舅阿姨、姨婆姨公地叫人，口袋里便会被塞进各种糖果零食。舅舅何富升带她去丁莉娘家，她看到他和他们相处得鱼水交融。何富升归根到底是属于离桥的，他割不断他和那里千丝万缕的连接。和这样一份浓厚得根本化不开的亲情对抗，沈珏不可能有胜算。

说到被何富升甩，沈珏脸上看不出有难过的样子，她呷了口咖啡，用幸灾乐祸的语调说道："我下中班时看到大门口有部车等着，你舅舅正从家里把那台彩电搬出来。听说是老金出事了。"何富升说过电视机是被何艳带到乡下去的。

说完何富升，她马上又告诉周宁另一件事："你知道吗，袁辰和你的那个同学又搭上了，前几天那个女的来找过我。"

"林倩？她不是回东北工作了吗？"周宁疑惑地看着沈珏。她感觉意外的不是林倩和袁辰间的峰回路转，而是好友到了上海竟然没有通知她，这让她想起钱丽华来。或许再要好的伙伴，总有各奔前程的时候。

沈珏的话打断了周宁的思绪："对，就是她，她早辞了老家的工作，到上海等袁辰。我真后悔当初上了袁辰的当，没看穿他的目的。"再说起袁辰，沈珏和她父母一样咬牙切齿，看得出，她对袁辰已经心灰意冷。与这样的丈夫相处，何富升这样暖心的中年男人自然轻易地就俘获了沈珏的心。

袁辰得到自己想要的东西后，还是回到林倩身边去了。这是两个忠于本能的人，他们在一起，何尝不是一种绝配。周宁想劝劝沈珏，只不过，摆明了的是非，沈珏怎么会不明白，任何人从旁劝说，无异于枉费口舌的说教，周宁不想开这个口。沈珏主动找她，平心静气地坦承红杏出墙，还亲口说出被情夫和丈夫同时抛弃的事，应是早已看开、放下。

"你接下来打算怎么做？"周宁多余地问了声。

"我？在单位生离死别看得太多了，想得开。身边没男人，手上有房子，有稳定工作，以后对自己好点，开心地过咯！"沈珏潇洒地笑出声来。

第三十四节

清明前一个春寒料峭的日子，周礼全来到他祖父周锦顺的墓前。当眼前再次出现周家别墅在推土机的轰鸣声中成为一大片废墟的情景时，他潸然泪下。

"拆掉这样一栋楼，确实可惜！不过，这不只是我们一家人的事,为了将来,我们只有顾全大局。"他站起身望向远处,只见碧蓝的天空中,飘着丝丝缕缕的白云,田埂边迎春花的枝头,刚刚开出星星点点金黄的花朵,古老而坚固的石拱桥下,清澈的小河水依然静静流淌。

与此同时,毓琳位于美国加利福尼亚的家里,周宁三十岁的生日派对正要开始。已获得商业和经济学双重学位的她,正在一家财务公司工作。

那年毓琳回上海,礼全将母亲托付给他的一个精致的首饰匣交给了毓琳,他祖父周锦顺亲手制作的木匣里,装着的正是那对翡翠荷叶衬着白玉莲花、花瓣上停着金丝蝴蝶的耳坠。当年尚明几乎卖光了身边值钱的东西,唯独这对婆婆留给她的耳坠,她却一直珍藏着。

毓琳将耳坠作为生日礼物送给周宁。"今天我要把你曾祖母的心爱之物传到你手上。"看着周宁,毓琳只觉得她长得越发像尚明了,只是,周宁的神情中比尚明多了许多自信。戴上这对摇曳生姿的耳坠,再穿一袭湖绿色的连衣裙,周宁身上平添了几分温柔,毓琳赶忙拿出相机,她要让礼全看到这个时刻的周宁。

陈静一早就给周宁发来电子贺卡。尽管赵哲竭力表现得像个完美的丈夫,陈静还是和他离了婚。女人的修养在她们处理问题时表露得更加真实,另一个女人始终占据着丈夫的心,陈静懂得如何维护自己的体面。离婚后,她给自己另置了一套公寓,搬离了他们共同拥有的屋子。

"一个星期天的早上,我跑步时选了条和平时不同的路线。经过一个教堂时,我听到了一阵悠扬庄严的乐曲声,那是我听到过的这个世界上最美妙的音乐。我循着乐声一步一步走进教堂,就好像有双无形的手在牵引着我。现在,我很快乐。"那是陈静前些日子的邮件中的话。"愿主保佑你!"最后她祝福周宁。

"生日快乐！"赵哲捧着一大把黄色的玫瑰出现在门口，他是特地从旧金山湾区赶来洛杉矶。十年前错过她的二十岁生日，他不想再缺席这次的派对。

待所有客人离开，他们在屋后垂挂着夜灯的廊檐下并排坐了下来。

"过了这些年，遇到适合你的人了吗？"赵哲试探着问，他心里真的有些忐忑，周宁是那种容易吸引优秀男人眼光的女人。

周宁缓缓摇头："你有没有发现，身边来来往往的人那么多，可以相互爱慕的其实并没有多少。"

听她这样说，他心里一喜，仿佛此时和她花前月下的静坐，于他才有了失而复得的意味："一点不错，经过许多事，我越来越清楚，你就是我希望用下半生朝夕陪伴的那个人。"

"谢谢你！"她略举了举手中有柠檬汽水的玻璃杯，以三十岁的职业女性的习惯礼貌地向他致谢，但他看得到她脸上有一丝感动。

"人往往就是这样，走出去一段路，回头再看，才知道当初哪件事做得最英明，又会对哪件事追悔莫及。我曾经对未来充满好奇，总相信有更重要的使命在等着自己，但我付出的代价太大了。"他想起他们坐在操场上的那个晚上。

"我们都曾经年轻过，不是吗？干杯！"她用杯沿轻轻敲了敲他手上的酒杯。

"那就让我们重新开始，好吗？"他轻声问。

她没有直接回答他，只是带些伤感地说道："命运真会和人开玩笑，你来美国前，我已经准备好，从此置身于你的生活之外。"她眼前浮现出尹晓风的轮廓，只是，他的面容已经有些模糊不清。

"现在我们在遥远的地方重逢，难道不正是命运仁慈的安排吗？"他伸手托住她的脸。

他柔软的手指唤起了她的记忆，她的眼睛有些发热。

春夜清凉的风轻轻吹拂，令她想起他们曾于相似的天气里携手漫步在一条有着被藤蔓环绕的木栏杆、蜿蜒向树丛深处伸展的小径上。她轻声地向他描述起她由近至远关于未来的计划。说完，她不舍地抬头凝视他："可惜，又要分别了，将来有机会的话，我们上海见。"

周宁站在黄浦江边一栋摩天楼的顶层办公室里，隔着透明的玻璃幕墙极目远眺，鳞次栉比的屋顶尽收眼底。墙上的一张大幅照片上，弧形的立交桥拔地而起，层层叠叠，高高地耸立在一片绿地之上，照片中央那段倾斜延伸的匝桥下，正是周家别墅的原址。

周宁缓缓将目光转到江上，只见江水泛着金色的光芒，波浪轻轻涌动，点点船影点缀其间。她用只有自己听得见的声音自语，我不会再离开了。

听到不疾不徐的叩门声，周宁转过身，出现在她眼里的是赵哲明朗的笑容。他步履稳健地走到她面前："我也回来了。"他向她伸出手，那是只属于他们的暗语，她会心地将自己的手放进他的手里，掌心相贴，手指竖立着合在一起，辗转交错着紧握起来。

后 记

在南半球生活了二十多年后,关于故乡上海的记忆,一点一点从脑海深处浮现出来,且越来越汹涌地在脑海里翻滚,无法平息,难以忘怀。

说来也巧,我度过三十岁前的人生的几个地方,日后都成为上海这座城市中最为人津津乐道的热点。近几年通过智能手机上越来越多的应用,我看到了许许多多介绍这些地方的文章和视频,每次我都会发出会心的微笑。

我家的祖居在离黄浦江很近的浦东花园石桥路上,为我当年在江南制造局任职的曾祖父置地所建,位于现金茂大厦的位置。那是一个完整的院子,走进高高的墙门,右面是一栋灰砖黑瓦、三上三下的楼房,风格和石库门十分相近,只是两边的房间并未折转来和中间的客厅围成一方天井,而是按房间、客厅、房间和厨房的次序依次直线排列,因此楼前的天井就相当地长,隔着天井,左面还有一排原是杂物间的平房。这栋楼在延安东路隧道施工前被拆除,那时我还在读高中。

我记得我家所在的街上,有三栋这样的高大坚实的建筑,我家是其中一栋,另两家房东分别姓陈,姓包。或许有更多,但我只留下了对这三栋楼的印象。现在陆家嘴那里作为文物保留着的吴家建筑,以前我似乎并没有见过,或者因当年被周围其他房屋包围着不是那么显眼。我家左右两旁各有一个单层的大宅,一家姓钱,另一家姓张,我听老一辈的人讲起过我家与住在那两个大宅里的大家庭的渊源。住在附近的人大多知道,那两个大宅都有前后门,从前门走进去，穿过客堂出后门，就通到宅子后只容一个人通过的蜿蜒的窄小弄堂，要从花园石桥路走到陆家嘴路或杨家宅路去的人为少走几步，也不管认不认识，往往趁白天大门敞开着时抄个近路，凡见到借过的人，主人家一般都宽容地不加阻拦。

和我家同住一个大门里的邻居中，有从我小时候就像家人一样照顾我的长辈，也有我童年、少年时代最要好的小伙伴。小时候，父母早出晚归到离家很远的单位上班，自上小学起，我基本上独自来回，幸好那个时候安全。我没有兄弟姐妹，做完功课，常到邻居家待着。我称为隔壁阿奶的阿婆平日对我照顾最多，她家的小阿姨、小舅舅总很有耐心地和我一起在院里玩掷麻将牌、扔沙袋、跳绳、跳橡皮筋之类的各种游戏。

浦东开发前，只有沿黄浦江窄窄的一带才算市区，从南面的南市区、中间的黄浦区再到东面的杨浦区。虽然住我们附近的人身份证都是以310101开头，不少人还是戏称自己属于"黄浦二区"，拆迁时，我们和周围的邻居大多搬到了沿江向东约三站路的浦东其昌栈附近的栖霞路和乳山路。可惜拆迁后，大家各自陆续搬过不止一次家，我又出了国，老邻居们就这样渐渐失去了联系。回想起来，那时邻里间的亲密互动，完全就是"远亲不如近邻"这句话的具体表现。还有件说来很奇特的事，那时我们楼里有十来个我称他们为爷叔、阿姨或舅舅的七几届的年轻人，用现在的话来说，颜值都相当高，和当时的一批青年明星比，一点不逊色，而住在我们后面的一排矮平房里几户人家里，却有好几个智力或精神有些问题的年轻人，这和我们楼里的人形成了极其强烈的反差，周围讲迷信的老人常将此归结为我们这栋楼的风水不是一般的好。

后来，我从浦东搬到了当时属于卢湾区、现并入黄浦区的绍兴路，在那里住了八年，直到出国。那是一条充满文艺气息的林荫马路，我隔三岔五地会到人民出版社门口的书店和音像出版社的唱片店淘些好货，也几乎每天领孩子到绍兴公园散步。以前，除了家长到小学接送孩子时会在昆剧院附近的路边扎堆，其他时间里，在这条路上行走的人并不多。自从音像出版社旁开出海鲜城饭店，邻近的老洋房改建成卡拉OK夜总会，这条街的夜晚就喧闹起来，坐车来吃饭的人下了车，司机们就设法在路边停车，几乎每晚都有人为争一个好不容易空出的车位而扯着嗓子吵架。我也曾听隔壁几栋小楼里颤颤巍巍的老人们回忆他们的过往，多为不同凡响的故事。那里的汉源书店因有别于传统概念的书店而颇为有名，可惜当时我住几步之外，却总匆匆走过从未进去过。

　　刚刚移民到澳大利亚的头几个月，我天天去悉尼市中心一个政府专为技术移民安排的教育机构，学习融入当地职业环境的辅助课程。悉尼市中心众多的建筑物和外滩的楼群因照搬英伦风格而极其相似，墙砖上同样镌刻着百年岁月的沧桑痕迹。初来乍到的新鲜感很快过去，我常坐在海德公园的长凳上，看着眼前的高楼大厦，仿佛穿越回外滩的黄浦公园。我工作了十来年的公司在福州大楼里，那幢楼最早叫作汉弥尔敦大楼，属当年外滩老建筑群里最受欢迎的写字楼之一。第一次走进已有些残破的大堂，墙上保留尚好的告示牌就吸引了我的目光，玻璃门内的木框内，一片片木底板上镶嵌着标示楼内公司名称的铜字，颇有老英国正规写字楼的气派。我刚去上班时，大楼正门和福州路边门的电梯轿厢还沿用过去留下来的镶玻璃的木格子门，每层电梯口，都装了黄铜拉栅，有专门的电梯工操作，后来大修，电梯换成了和新造的高层一样的绿漆铁皮门，一关上里面就像闷罐，再看不到外面一层一层掠过的打蜡地板。因那时的工作都须与金融机构和政府部门打交道，我几乎每天都穿梭在外滩的马路和高楼间。若偶然经过那里的人会顿时生出感触来，我想我就是无法回避地沉浸在充满怀旧气息的氛围之中。思绪万千下，我意识到，离开家乡的人怀念的不单单是故乡的景物，更是景物背后的故事，因为故事里包含着一段段不同的感情。

澳大利亚是一个英语国家，工作中必须全部用英语。很多年里，除了和家人或同是从国内去的亲友打电话、碰面，基本上没有任何场合可以说中文，更不用说用中文书写了。我在悉尼东区一个叫Chifley的区住了十几年，那是个传统的欧裔区，邻近的小店每天只进很少的中文报纸，还基本上是店附近一个街区里的中国人的，等我们有空去那里时，报纸常常已被卖完，附近的图书馆也只有寥寥几本陈旧的繁体字中文书。一想到或许再没有机会使用中文，我只觉万分遗憾。十几年前，互联网虽已普及，却还没有什么高效的社交媒体，和国内的联系非常不便，更不像现在一样可以随时读到铺天盖地的自媒体文章。我开始在工作之余的零星时间写起小说来，这样至少可以借这种方式使用中文。

我的第一部长篇，写的是20世纪八九十年代移居澳大利亚的中国人的故事。小说出版后，我的心情没有平静下来，因为在我心里始终认为，上海，我的祖籍地、出生地，我生活了三十年的故乡，涌现过多少风云人物，又发生过多少惊世传奇。

一个朦胧的愿望渐渐在心里成形：让国内的人了解普通海外华人生活，同时，将亲眼所见、亲耳所闻的上海故事讲给对上海心怀友好却又因不甚了解而充满好奇的来自世界其他地方的人听。2019年起，我开始接着写一部被半途搁置起来的长篇。最初，我对这部跨越整整一个世纪的小说该如何取舍题材、又如何收放驾驭这些题材并没有十足的把握。我无数次凝神回忆以往的岁月，那些曾被眼前的日常挤到记忆的角落里、不再清晰的旧事渐渐被激活，一个个在我生活中出现过的人的形象也变得越来越鲜明。从未谋面的先人、长辈口中的故人，到朝夕相处的邻居、同学和同事，甚至工作中打过交道的江浙皖的民营企业家，想得起想不起名字的人，都在我脑中过了一遍。

往事再点滴细碎，总归有特别的难忘之处：一位亲戚在解放后被政府安排住进汾阳大楼，三年自然灾害时她坐月子时没什么营养品补身体，隔壁从前的资本家太太却只喝鸡汤，鸡则由保姆吃掉，资本家太太偶尔送吃的给我亲戚，她却不敢接受，怕自己被资产阶级的生活方式腐蚀；另一位长辈住瑞华公寓时，曾穿戴得整整齐齐、特地擦亮皮鞋郑重其事地去敲邻居家的门，为的是解决两家小孩子间的纠纷；为讨好听上去有权势的邻居不惜编造谎言、搬弄自家亲戚是非的市侩小人；为攀附有门路的官员送上亲手纺织的土布当礼物却被嫌弃的农村亲戚；为争夺父母房产反目的亲兄妹……最令我不能释怀的一件事，是一位嫁去日本的昔日好友被日籍丈夫殴打致残，只能坐在轮椅上生活，她母亲在上海听到宝贝女儿的消息，突发脑溢血去世，从此我和好友失去联系，至今不知她的生死。

我花了近两年的时间，将记忆中那些真实的片段拆零，选择一些补充填入虚构人物的经历中，哪怕这样做后能让人物比原先丰满一丝一毫都好。2021年初，我终于完成了全部上、中、下三卷故事。

近几十年里，已有几代人写过开埠后的上海，我只想用朴素而真心的描写叙说那段时光里上海人家的故事。在离开故乡如此久之后才动手写，我感觉实在是太迟了。近几年读到介绍，不断有新老作家创作出关于上海的好作品，身在异国虽没有先睹为快的便利，我仍十分欣喜，因为至少有那么多人与我志同道合。如将上海比作钻石，不同角度的棱角折射出的光芒会令她璀璨，更异彩纷呈，越多人从不同方位看上海写上海，汇拢来得到的上海形象也会更立体、更饱满。

图书在版编目（CIP）数据

方圆 / 海洛著. -- 上海：文汇出版社，2022.4
ISBN 978－7－5496－3744－7

Ⅰ.①方… Ⅱ.①海… Ⅲ.①长篇小说—中国—当代 Ⅳ.①I247.5

中国版本图书馆CIP数据核字（2022）044340号

方圆

作　　者 /	海　洛
责任编辑 /	周卫民　乐渭琦
装帧设计 /	张　晋
出 版 人 /	周伯军
出版发行 /	文匯出版社
	上海市威海路755号
	（邮政编码200041）
经　　销 /	全国新华书店
照　　排 /	上海歆乐文化传播有限公司
印刷装订 /	上海新文印刷厂有限公司
版　　次 /	2022年4月第1版
印　　次 /	2022年4月第1次印刷
开　　本 /	890 × 1240　1/32
字　　数 /	230千字
印　　张 /	9.125
书　　号 /	ISBN　978－7－5496－3744－7
定　　价 /	42.00元